코로나
시대의
편지

코로나 시대의 편지

박종호 지음

PUNG
WOL
DANG

홀로 있어도 풍성하게,
풍월당이 보내는 편지

들어가며

　이 책은 서울에 있는 작은 음반 가게 풍월당이 어떻게 3년여의 코로나 시절을 보냈는가에 관한 기록이다. 풍월당은 단지 가게만이 아니라 감상자를 위한 예술 아카데미여서 언택트 시대의 어려움을 온전히 함께 겪었다. 감염병이 도니 때때로 문을 열지 못했고, 모일 수 없으니 클래식 음악 강의도 멈출 수밖에 없었다. 풍월당을 창립하고 키워 온 박종호 대표는 누구보다도 성실하게 방역 원칙을 따랐지만, 만나지 못하여 마음까지 멀어지기를 원하지 않았다. 한곳에 모여 예술가가 아름답게 변모시키는 시간을 공유하는 것이 음악의 본질이라면, 코로나 시대에는 어떻게 그것을 지켜 갈 수 있을까 하고 고심했다. 코로나는 우리에게 '홀로 있음'을 강제했다. 그런데 생각해 보면 '홀로 있음'이란 우리에게 꼭 필요한 일이 아니던가. 그는 결국 '홀로 있음'을 방해하지 않으면서도 만날 수 있는 방법, 아니 그 '홀로 있음'을 오히려 풍성하게 만들 수 있는 최상의 지혜를 찾아냈다. 그것은 바로 '편지'였다.

아무도 편지를 쓰지 않는 시절이 되었다. 하지만 그는 그동안 진행해 왔던 대면 강의를 영상강의로 전환하면서 매주 편지를 함께 보냈다. 편지의 수신인은 수년간 그의 강의를 들어 왔으니 오랜 제자라 할 수도 있고, 때마다 한결같이 풍월당을 격려하고 키워 주었으니 스승이라 해도 좋았다. 이 '제자 선생님들께' 2년 반 5학기 동안 80여 통의 편지가 배달되었다. 이 책에는 그 절반쯤을 추려 실었지만, 한 통 한 통의 편지에는 받는 이와 나누고 싶은 글쓴이의 이야기가 굽이치며 흐른다. 잔잔한 웃음과 세심한 배려가 행간마다 넉넉하다.

무엇을 썼을까. 그저 안부만 주고받았다면, 금세 그치고 말았을 것이다. 그러나 편지는 우리 모두가 처음 겪어 보는 난감한 현실을 그대로 대면하고 있었다. 그 화두는 '어떻게 인간답게 홀로 있을까' 하는 것이었다. 아니, 조금 더 적극적으로 표현한다면, '어떻게 홀로 인간답게 만남의 끈을 이어 갈 것인가'에 관한 글이라 할 수 있다.

편지를 쓰는 동안 저자는 산책자의 삶을 살았다. 하루 몇 시간씩을 걸으며 만날 수 없는 시대에 만날 수 있는 사람들을 만났다. 전통 시장의 상인들, 택시 기사들, 택배 기사들, 취업이 되지 않는 젊은이와 이제는 불러 주는 곳이 없는 노인들을 만났다. 때로는 관찰자로, 때로는 이것저것 묻는 여행자처럼 말이다. 그러나 산책이라고 바깥세상을 걷는 것만을 뜻하지는 않는다. 그는 골방에 앉아서도 산책을 계속하고 그의 걸음은 사색으로 이어진다. 책 속의 문장들, 시 한 편, 노래 한 굽이가 자꾸 풍성한 이야깃거리를 찾아내는 까닭에 전에 보았던 것도 새롭고, 새로 만나는 것은 예기치 못한 즐거움이 된다. 그러니 이 편지들은 그야말로 발걸음으로 쓴 글이며 밖으로 또 안으로 '홀로 산책하는' 비법이 가득 담겨 있다.

많은 독자들이 저자에게서 오페라나 음악 이야기를 기대할 법하지만, 음악은 이 편지들에 아주 적게만 등장한다. 그것은 편지의 수신인이 이미 클래식 음악에 관한 강의를 듣고 있음을 고려한 것이다. 또 음악을 직접 다루지 않더라도 저자의 이야기에서는 가쁘지 않은 호흡의 템포, 걸음걸이의 템포 안단테가 줄곧 흐른다. 하지만 예민한 독자라면 재담이 점점 무르익었을 때에 이야기가 점점 흥겨워지는 걸 느낄 수 있을 것이다. 또 이 편지들에는 반복해서 등장하는 주제가 있다. 어머니, 추억, 우리가 잃어버린 미덕, 이웃에 대한 적선 등이 그러하다. 이 주제들은 너무나 중요한 것이어서 후렴구처럼 우리 마음을 울린다. 가끔은 시가, 추억이, 내면의 목소리가 읽는 이를 정적의 쉼표로 안내하기도 한다. 그런데 바로 이런 것이 일상의 음악 아닐까. 이 '음악'을 느끼기 위해 저자의 여러 생생한 표현이 담긴 구어체 표현을 굳이 문어체로 정돈하지 않았음을 밝힌다.

풍월당은 코로나라는 이 '겨울'을 편지로 났다. 홀로 있는 시간이 풍성하도록 책과 음반을 함께 보냈으니 그것들도 실은 편지였다. 받는 사람이 설레는 기다림을 되찾을 수 있도록, 홀로 있어도 함께 있다는 마음을 전하고 싶어서 정성스럽게 포장한 손길들이 있었다. 편지를 교정보고 오탈자를 잡아낸 눈길들도 있었다. 언젠가 풍월당에 방문하여 풍월당 명패를 단 직원들을 보시거든, 그들도 이 편지의 공동 저자임을 기억해 주시기 바란다.

매주 편지를 읽으며 격려와 성원을 보내 주신 '제자 선생님'들이 안 계셨더라면 이 '겨울'을 무사히 넘길 수 있었을까? 전국에 하나 남은 클래식 전문 음반 가게 풍월당은 그분들 덕분에 살아남을 수 있었다. 머리 숙여 감사 드린다. 그분들이 지켜 주신 것은 비단 가게만이 아니라 읽기와 듣기의 공동체였다. 가슴 따뜻한 공동체가 살아 있는 한, 코로나든 사회를 잠식하는 그 어떤 불안이든 인간의 인간다운 만남을 훼손하지 못한다는 것. 그것이 지난 3년간 풍월당이 얻은 배움이었다. 코로나가 끝나더라도 홀로 산책하는 이들의 진실한 만남이 여전히 풍성하기를 소망한다.

2022년 12월
풍월당

차례

들어가며　　홀로 있어도 풍성하게, 풍월당이 보내는 편지　　4

1부　　언젠가는 다시 만나게 될 여러분에게　　12
　　　　나는 세상에서 잊히고　　17
　　　　생각하라, 저 등대를 지키는 사람을　　24
　　　　그리운 선생님　　33
　　　　아버지의 수첩　　43
　　　　세상의 모두가 우리 아버지들　　50
　　　　어린 시절의 영화 구경　　61
　　　　잊을 수 없는 영화 친구　　70
　　　　작약이 흐드러지는 계절에　　79
　　　　우리 안에 있는 우리가 만든 사슬을　　85
　　　　나 하나만이라도　　94
　　　　30년을 넘어 날아든 시집 한 권　　101
　　　　모든 것을 버림으로써 해방된 남자　　114
　　　　우리가 먹을 것을 집까지 가져다주는 분들　　122

2부　　마지막 사랑을 향해서　　130
　　　　우유를 데우면서　　142
　　　　평전을 읽는 즐거움　　150
　　　　고독으로만 이룰 수 있는 위대한 것들　　161
　　　　그날에 내가 품위를 지킬 수 있기를　　171
　　　　책을 통해서 꿈꾸는 상상의 세계　　180
　　　　힘든 시기에 더욱 뚜렷해지는 사랑의 의미　　188
　　　　가을이 오면 그리운 도시　　197

	청라언덕이 생각나는 저녁에	205
	산자락에서 매일 음악과 함께했던 시간	213
	평생을 헌신한 가장들이 마지막에 모이는 곳	222
	우리는 육체라는 그릇에 담긴 존재	230
	이토록 예술가적인 예술가	237
	우리에게 주시는 한 해의 마지막 기회	244
3부	공부하는 노년	254
	책 읽는 여행	265
	삼촌, 우리가 잃어버린 이름	272
	들판의 출판사, 밭두렁의 서점	278
	길 위에서 만나는 천사들	289
	홑청의 추억	301
	지금도 어디선가 고통 받는 사람들	314
	지하철 학교	323
	소유적인 삶과 존재적인 삶	330
	구세군 냄비와 할머니	339
	택시운전사	345
	빅토르 위고를 생각하며	353
	반중 조홍감	360
	서로의 삶을 맞바꾼 일생	369
마지막 편지	우리에겐 음악과 예술이 있어요 - 만나지 않아도 자라는 우리의 우정	376

너를 만나면
우선 웃어야지
그럼 나는
두 배나 커지겠지
너를 만나면
가을이 오겠지
세상은 온통 가을이겠지

너를 만나면 - 이승훈

1부

발렌틴 시도로프, 「봄의 시작」 (1965)
캔버스에 유채, 128×148cm
사로프 미술관 소장

언젠가는 다시 만나게 될 여러분에게

- 코로나 시대의 편지를 시작하며

코로나가 세상을 휩쓸고 있습니다. 이전 같으면 새봄을 맞아서 개강을 할 때이지만, 이번에는 힘들어져 버렸습니다. 대신에 강의 영상과 편지로써 여러분과 만나게 될 것 같습니다. 모두가 고통스럽고 다들 사정이 좋지 않으니, 함께 잘 참고 견뎌야 하겠습니다.

사람의 진가는 위기에 처했을 때에 드러나는 법입니다. 좋을 때에는 누구나 멋지고 관대할 수 있습니다. 대신 시련이 닥쳤을 때 얼마나 의연한 모습을 보이는가에 따라서 그의 품격이 결정된다고 생각합니다. 저도 이렇게 큰소리를 쳤습니다. 그러니 이제는 우리도 하는 수 없이 품위를 유지하면서 당당하게 살 수밖에 없게 되었습니다. 힘들어도 멋지게 보이도록 해 봅시다. 누가 알겠습니까? 그러다 보면 정말로 멋져질 수도 있겠지요.

전염병이 빠르게 퍼진다는 것은 바이러스만이 아니라, 불안이 확산되는 것이기도 합니다. 또한 편견과 편협함도 퍼져 나갈 것입니다. 위생에도 유의하고 건강도 챙겨야 하겠지만, 하루 종일 걱정만 하고 부정적인 생각으로 뉴스나 유튜브에만 빠져 있는 것도 어리석은 일입니다. 그런다고 사태가 좋아지는 것은 아니죠. 더 큰 적은 우리 마음속에 있습니다.

얼마 전에 청도의 한 병원에서 많은 희생자가 나온 것도 그분들이 오랫동안 마음의 병을 앓던 분들이기 때문이 아닐까 합니다. 몸과 마음은 분리되어 있지 않습니다. 장기간 불안하고 우울하게 지내 온 분들은 체력도 약해지고 면역력도 떨어집니다. 우리도 집 안에서 지내더라도 긍정적으로 사고하고 매사에 즐겁게, 범사에 감사하며 지내는 것이 중요합니다.

밖에 나가지 못하니 함께 모여 공부하던 시간이 그립습니다. 하지만 다르게 생각하면, 이렇게 종일 집 안에 있는 것도 다시없는 기회일지 모릅니다. 언제 우리가 밖에도 못 나가고, 쇼핑도 못 하고, 외식도 안 하고, 집에만 있겠습니까? 이럴 때에는 심리적으로 피로해질 수도 있지만, 도리어 정신력이 극대화되고 마음이 강인해지고 사고의 범위가 넓어질 수 있는 시기이기도 합니다. 그것은 각자의 노력에 달려 있습니다.

저도 젊어서는 마음을 잡지 못하여 걸핏하면 밖으로 튀어 나가곤 했던 시절이 있었습니다. 하지만 이제는 제 집의 작은 제 방이 가장 넓은 세상입니다. 좋아하는 책과 음악만 있다면 세상으로부터 조금은 떨어져 있을 때 세상이 더 잘 보입니다. 세상의 모든 곳을 다 여행하고 다닌 현자가 집에 돌아와서는 "세상을 다 다녀 보아도 가장 좋은 곳은 작은 내 방이구나"라고 했던 이야기가 다시 생각납니다.

희망은 강한 용기이며 새로운 의지다

마르틴 루터가 한 말입니다. 희망과 긍정적 사고는 참으로 중요합니다. 또한 헤밍웨이는 "해는 또다시 떠오른다"라고 말했습니다. 세상이 힘들고 답답하지만, 우리는 그래도 희망을 가지고 살아갑니다. 이번 코로나 사태는 괴롭지만, 시간이 지나면 언젠가는 좋아질 수밖에 없습니다.

이승훈李昇薰, 1942~2018 시인의 시 한 편으로 앞으로 매주 여러분께 보낼 편지들의 첫 문을 엽니다. 제가 오랫동안 마음에 담아 두고서 종종 꺼내어 읽는 시입니다. 요즘처럼 답답하고 힘들 때에 이 시를 읽으면, 희망이 다시 솟아오를 것입니다. 언젠가 우리도 마주 앉아서 오늘의 이야기를 추억처럼 나누는 날이 오겠지요.

너를 만나면 - 이승훈

너를 만나면
우선 타 버린 심장을
꺼내 보여야지
다음 식당으로 들어가
식사를 해야지
잘 익은 빵을
한 바구니 사야지
너를 만나면
우선 웃어야지
그럼 나는
두 배나 커지겠지
너를 만나면
가을이 오겠지
세상은 온통 가을이겠지
너를 만나면
나는 세 배나 커지겠지
식사를 하고

거리를 걸으면

백 개나 해가 뜨겠지

다신 병들지 않겠지

너를 만나면

기쁘고 한없이 고요한

마음이 되겠지

아아 너를 만나면

감기로 시달리던

밤들에 대해

전쟁에 대해

다시는 말하지 말아야지

너를 만나면

이렇게 비만 내리는

밤도 사랑해야지

나는 세상에서 잊히고
- 물러났기에 더욱 아름다울 수 있는 만년

잘 지내고 계십니까? 오늘은 아름다운 소설 한 권을 소개합니다. 160쪽에 불과한 이 작은 소설은 지금의 우리가 꼭 알아야 할 주제들을 아름답게 또 재미있게 이야기하고 있습니다. 현재 세계에서 가장 주목받는 칠레 작가의 한 명인 루이스 세풀베다Luis Sepúlveda, 1949~2020(이 편지를 보낸 이후인 2020년 4월에 그는 코로나로 세상을 떠났습니다)가 쓴 『연애소설 읽는 노인Un viejo que leía novelas de amor』(열린책들)입니다.

으잉? 제목이 웃깁니까? 노인이 말이지, 채신없게 말이지, 연애소설이나 읽다니! ……라고 말씀하시는 분도 있겠지요. 그러나 이제는 세상에서 물러나 젊은 날의 사랑을 관조하며 음미할 수 있는 사람도 노인이 아니겠습니까? 하지만 정작 이 책은 연애소설이 아닙니다. 인생을 사랑하고 열심히 살았던 한 남자의 생애를 그린 것이며, 중요한 환경소설이기도 합니다.

한 노인이 아마존 밀림에서 혼자 살아갑니다. 정부는 아마존 개척을 위해서 개간을 하면 집과 농지를 준다고 광고를 했습니다. 그리하여 밭뙈기 하나 없고 기술도 없는 청년은 젊은 아내와 오지로 갔습니다. 하지만 밀림의 생활은 만만치 않습니다. 비가 억수로 퍼붓는 우기를 외딴집에서 부부 단 둘이서만 버티기는 어려웠습니다. 이곳은 원래 개간이 어려운 곳이었고, 생명력이 약한 아내는 두 해 만에 세상을 떠나고 맙니다. 그리고 노인은 홀로 남아 50년을 삽니다. 원주민들과 사귀고, 그들의 지혜를 접하고, 수렵과 낚시로 버팁니다. 아마존의 삶에 적응해 갔던 것입니다.

그런데 그곳에 백인들이 나타납니다. 광산을 노리는 노다지꾼과 밀렵꾼 그리고 정부에서 파견한 관리(전형적인 탐관오리) 등이죠. 그들은 자연의 질서를 해칩니다. 그중에 가끔 원주민들의 치아를 치료해 주러 오는 순회 치과의사가 있습니다. 노인은 그로부터 책을 한 권 빌립니다. 자신이 글을 잊었다고 생각했는데, 그는 아직도 천천히 조금씩 읽을 수 있다는 것을 깨닫습니다. 그때부터 치과의사가 올 때마다 책을 빌려서 몇 달 동안 읽고 또 읽습니다. 소리를 내 보고, 발음을 음미

하고, 문장을 이어 보고, 뜻을 새겨 봅니다. 노인은 "인간의 언어가 어쩜 이렇게 아름다울 수 있는가"를 깨닫고, 그 구절의 필요성이 존중될 때까지 읽고 또 읽습니다……. 진정한 독서의 모범을 보여 주지요.

노인은 치과의사에게 6개월마다 두 권의 연애소설을 빌립니다. 그는 '세상에서 가장 아름다운 이야기'만 달라고 합니다. "사랑하는 사람들이 만나서, 고통과 불행을 겪다가, 결국에 행복하게 되는 이야기" 말이죠. 노인은 책 읽는 맛에 빠집니다. 비가 하염없이 내리는 아마존의 우기에 그는 책을 읽으며 행복을 찾습니다. 낮에는 서서 책을 읽고(그는 신체의 노화를 막기 위해 높은 책상을 만들어 서서 책을 보고, 서서 밥을 먹습니다), 밤에는 해먹에 누워서 별을 보며 꿈을 꿉니다.

그러나 백인들의 탐욕으로 아마존의 평화가 깨지기 시작합니다. 백인들이 들어와서 재규어(책에는 살쾡이로 나옵니다)의 새끼들을 죽여 가죽을 모읍니다. 모피코트용으로 팔기 위해서죠. 모피가 어떻게 만들어지는지 강의 때 이야기했죠? 동물이 아직 살아 있을 때 가죽을 벗긴답니다. 사후경직이 일어나면 모피의 질이 떨어지기 때문입니다. 그리고 어릴수록 가죽이 부드럽죠. 어린 새끼 한 마리의 가죽을 펼치면 크기가 겨우 어른 손바닥 하나만 합니다. 이런 것 수십 개가 모여 코트 한 벌이 됩니다……. 인간의 사치와 탐욕 그리고 무지가 얼마나 많은 생명을 죽이고 자연을 훼손하는지 알 수 있습니다. 새끼를 잃은 어미 재규어는 인간을 공격합니다……. 저는 이 책의 마지막 문장이 감동적이고 인상적이어서 거의 외우다시피합니다. 이것은 바로 우리의 이야기이며 제 이야기입니다. 또한 제가 꿈꾸는 늙은 저의 모습입니다.

> 노인은 인간의 야만성을 잊게 해 주는 세상의 아름다운 언어로 사랑을 이야기하는 연애소설이 기다리고 있는 그의 오두막으로 걸어가기 시작했다……

세상보다 소설이 아름다운 경우가 많고, 세상의 사랑보다 소설 속의 연애가 더 아름답습니다. 그래서 이런 세상을 사는 우리에게 소설이 필요합니다. 세상에서 가장 아름다운 책과 감동적인 노인이 등장하는 소설을 여러분께 선사합니다. 아름다운 소설이 기다리는 방으로 들어가는 노인의 모습…… 모두가 그렇게 평화롭게 늙어 가시기를 빕니다.

이번 주의 음악으로 말러의 〈뤼케르트 가곡집 Rückert-Lieder〉을 추천합니다. 구스타프 말러 Gustav Mahler, 1860~1911가 독일의 시인 프리드리히 뤼케르트 Friedrich Rückert, 1788~1866의 시 중에서 다섯 편을 골라 음악을 붙인 것으로, 원래는 '뤼케르트 시에 의

한 다섯 개의 가곡'이라고 부릅니다. 연가곡이라고는 하나, 시도 한꺼번에 지어진 것이 아니고 음악도 연가곡으로 작곡한 것은 아닙니다. 그러나 이 다섯 곡이 뤼케르트와 말러의 조합이 주는 독특한 분위기를 지니고 있어, 자주 하나의 가곡집으로 취급합니다. 〈뤼케르트 가곡집〉의 다섯 곡은 줄거리나 인과관계가 없어서 순서를 바꾸어 연주하기도 합니다.

첫 곡은 「아름다움을 사랑한다면Liebst du um Schönheit」인데, 어떤 이들은 말러가 작곡한 유일한 사랑의 노래라고도 합니다. 말러가 결혼하고 처음 맞은 여름에 아내 알마에게 바친 노래입니다. 새로 생긴 연인에게 앞으로 진실한 사랑을 부탁하는, 시가 참으로 소중하고 음악은 더욱 아름다운 노래입니다.

아름다움을 사랑한다면, 나를 사랑하지 마세요.
차라리 태양을 사랑하세요, 황금빛 머리를 가진 태양을.
젊음 때문에 사랑한다면, 날 사랑하지 마세요.
봄을 사랑하세요, 해마다 젊은 모습으로 찾아오니까요.
보물을 사랑한다면, 날 사랑하지 마세요.
인어를 사랑하세요, 온몸에 진주를 두르고 있으니까요.
그러나 당신, 사랑 때문에 나를 사랑한다면,
네, 날 사랑하세요.
나도 영원히 당신을 사랑할 테니까요.

다음으로 「내 노래를 엿보지 마오 Blicke mir nicht in die Lieder!」, 「부드러운 향기를 맡았네 Ich atmet' einen linden Duft」, 「한밤중에 Um Mitternacht」 등의 곡들이 이어집니다. 마지막이 「나는 세상에서 잊히고 Ich bin der Welt abhanden gekommen」입니다. 영화 「가면 속의 아리아」를 기억하는 분이 계실 겁니다. 이 마지막 곡은 영화에서 음악교사로 출연한 벨기에의 베이스 호세 반 담의 멋진 가창으로 널리 알려져 있습니다. 저도 어려서 그 영화를 보고 이 노래에 매료되었습니다. 이 노래의 제목이 모든 것을 말해 줍니다.

세상을 잊고 은둔 속에 살아가는 사람의 마음을 어쩌면 이렇게 잘 그려 낼 수 있을까요? 아침 안개가 자욱한 산수화를 떠올리게 합니다. 말러는 처음 이 시를 읽고 깊이 공감하여 "이것은 나의 이야기다"라고 말했습니다. 저도 실은 저의 노래라고 말하고 싶지만…… 말러를 흉내 내는 것 같아서 참습니다. 「나는 세상에서 잊히고」는 7분이 넘는 대곡으로 전체 가곡집의 피날레에 해당합니다.

요즘 같은 세상에 집에서 혼자 책을 읽거나 음악을 듣는 사람이라면 누구나 공감할 가사와 음악입니다. 이 곡을 들어 보면 마치 앞의 『연애소설 읽는 노인』의 주인공이 숲속에서 홀로 부르는 노래 같습니다. 그렇게 저는 이 소설과 이 노래가 이어지는 느낌을 받습니다.

나는 세상에서 잊혔다.

너무도 많은 시간을 허비했던 세상으로부터.

그들은 오랫동안 내 소식을 듣지 못했으니,

내가 죽었을 거라고 생각하겠지.

허나 그들이 나를 죽은 사람이라 여겨도 상관없다.

부정할 수도 없다.

사실 그들에게 나는 죽은 거나 다름없으니까.

나는 떠들썩한 세상에서 벗어나 조용히 쉬고 있다.

내 하늘 안에서, 내 사랑 안에서,

내 노래 속에서 나 혼자서……

집에 있는 시간이 많아진 요즘, 세상을 좀 멀리해도 될 것 같습니다. 대신에 한집에서 함께 사는 식구들에게 더 관심을 가져 봅시다. 굳이 혈연이 아니더라도, 함께 사는 사람이라면 다 식구食口입니다.

지금은, 살가운 사랑을 잊었던 우리에게 하느님께서 식구를 사랑하라고 주신 기회일지도 모릅니다. 다음에 뵙겠습니다.

생각하라,
저 등대를 지키는 사람을
- 홀로 밤바다를 밝히는 등대지기처럼

「등대지기」라는 노래를 기억하십니까? "얼어붙은 달 그으~림자~……" 하던. 어렸을 때 저녁 뒷동산에 올라가거나 바닷가에 앉아서, 언니나 누나하고 아니면 어머니하고 한번쯤은 불러 보셨을 노래입니다. 저도 이 노래를 참 좋아했습니다. 어린 시절에 노래를 부르다가 홀로 캄캄한 바다를 지키고 있을 등대지기가 생각나서 눈물이 흐르곤 했던 기억도 있습니다. 우리나라 사람이라면 누구나 어렸을 때 정서를 풍부하게 해주었던 노래였을 것입니다.

얼어붙은 달그림자
물결 위에 차고(자고)
한겨울에 거센 파도

모으는 작은 섬

생각하라 저 등대를
지키는 사람의
거룩하고 아름다운
사랑의 마음을

이것은 제가 기억하는 가사입니다. 가사는 다들 기억이 조금씩 다르고 여기저기에도 다르게 소개되어 있습니다. 하지만 각자 자기 마음에 남아 있는 가사가 자기의 진짜 노랫말이겠지요. 최근까지 초등학교 교과서에도 실려 있었다고 합니다. 지금도 중학교 1학년 검인정 국어교과서(2010년, 지학사 등)에 나와 있는데, 시인 고은의 작시로 되어 있습니다. 이것은 고은이 자기 것이라고 말했는지, 혹은 착오로 그렇게 된 것인지, 아니면 알면서 그냥 내버려 두었는지 알 수 없는데, 실은…… 일본의 동요입니다.

정서는 한국이나 일본이나 다르지 않을 것입니다. 이 기회에 원작도 소개합니다. 원작은 1947년 일본 소학교 5학년 음악책에 나왔던 동요 「등대수燈臺手」(도우다이모리)입니다. 이걸 우리말로 더 예쁘게 「등대지기」(참, 예쁜 말입니다)로 번역한 것이지요.

얼어붙은 달그림자 하늘에 선명하고

凍れる月影 空に冴えて

한겨울의 거센 파도 부딪히는 작은 섬

真冬の荒波 寄する小島

생각하라 등대를 지키는 사람의

想えよ灯台 守る人の

존엄하고 우아한 사랑의 마음을

尊き優しき 愛の心

거친 비바람 북쪽 바다에

激しき雨風 北の海に

산 같은 거친 파도 미친 듯이 몰아치는데

山なす荒波 猛り狂う

이 밤도 등대를 지키는 사람의

その夜も灯台 守る人の

숭고한 정성이 바다를 비추네

尊き誠よ 海を照らす

 읽어 보면 우리말 가사라는 것이 일본어 원작을 거의 그대로 번역한 것이라서, 당황스럽습니다. 확실히 우리나라 창작은 아닌 것 같습니다. 하여튼 바다를 지키는 등대지기의 숭고함은 일본어나 우리말이나 다를 바가 없습니다.

　풍월당에 와 보시면 매대 위에 작은 등대 모형이 있습니다. 저는 등대를 아주 좋아합니다. 옛날에 외국 여행을 많이 할 때는 가까운 바닷가에 멋진 등대가 있다는 말을 들으면 택시를 잡아타고라도 가 보곤 했습니다. 등대들은 늘 바닷가 끝에, 위험한 바위 위에 홀로 정말 외롭게 서 있습니다. 그러니 등대가 있는 자리는 대부분 경치가 좋을 수밖에 없습니다. 그곳이 등대를 필요로 했던 자리인 것입니다.

　등대지기는 레이더도 없고 인터넷도 없던 시절부터 외딴섬에 살면서 수백 년간 폭풍이 치나 태풍이 치나 눈보라가 치나 하루도 빠지지 않고 밤마다 등댓불을 켜야 합니다. 밤부터 아침까지 매일 불을 켤 뿐만 아니라, 낮에도 기계와 시설을 유지 보수해야 하고, 기름을 준비하고, 비가 온 다음 날은 유리창을 닦고, 일지를 쓰고, 사고가 나면 보고를 하는 등 생각보다 일이 많다고 합니다. 그리고 등대지기는 규칙상 혼자서 지냅니다. 하나의 예외로, 부인만 같이 있는 것이 허용됩니다. 등대지기는 외롭습니다.

　큰 바다를 오고가는 많은 화물선과 여객선과 어선이 모두 이 불빛에 의지해 밤바다를 항해합니다. 그런데 배에 탄 사람들은 정작 등대의 어려움을 생각하지 못할 수도 있습니다. 자신들을 위해서 누군가가 잠을 자지 않고 밤마다 불을 밝히고 있는데 말입니다. 그 덕분에 배들이 편하게 항해하는 것입니다. 세상은 같이 사는 것입니다. 혼자서 잘 지내고 있는 사람도 실은 누군가의 도움에 의해서 살아가고 있습니다. 우리가 쓰고 버리는 전기와 수도와 가스와 쓰레기만이라도 생각해 보세요. 세상은 누군가의 헌신으로 돌아가는 것입니다.

제 어렸을 적에 우리 집에는 어머님이 하시는 양재일 때문에 일하는 누나들이 많았습니다. 그중에 한 누나가 시집을 갔는데, 시집간 후에도 우리 집에서 기거하고 있었습니다. 그래서 알았는데, 그 누나의 남편이 우리 동네 뒤 수정산 꼭대기에 있는 레이더 시설에서 근무한다는 것입니다. 그 때문에 부부인데도 세 달에 한 번만 만난다는 얘기를 들었던 기억이 납니다. 그 남편도 우리 사회를 안전하게 돌아가게 해 주는 등대지기였던 것이죠.

지난주에 읽으셨던 필립 로스의 다른 책이었던가요? 제목은 정확히 기억나지 않는데, 아마도 이런 이야기가 나옵니다. 학교의 한 반에 부잣집 아들이 있는데, 자기 아버지는 큰 비행기를 타고 먼 나라로 출장을 다닌다고 자랑합니다. 가난한 집 아이는, 자기 아버지는 출장이라는 것을 간 적이 없으니 대꾸할 수가 없습니다. 그러던 어느 날 이 가난한 아이가 집에 가서 아버지에게 물어보고 와서는, 다음 날 부잣집 아이에게 당당하게 얘기합니다.

"우리 아버지가 매일 철공장에서 정직하게 쇠를 만들기 때문에, 네 아버지가 안전하게 비행기를 타고 다니는 거래……." 맞습니다. 백번 맞는 말입니다.

우리는 자기 혼자 아무리 조심해도 사회의 다른 구성원이 조심하지 않고 씻지 않고 위생을 함부로 하면 다 같이 감염되는 전염병의 시대를 살고 있습니다. 우리가 집에서 몸을 사리는 지금 이 순간도 누군가는 사명감을 가지고 (재택근무 같은 것은 꿈도 꾸지 못한 채 매일 공장에 나와서) 마스크를 만들고, 소독약을 만들고, 방역을 하고, 우리가 손가락 하나만 까딱해서 주문한 식품을 더러워진 마스크를 갈아 쓰지도 못한 채 땀을 뻘뻘 흘리면서 우리 집 현관 앞까지 배달하고 있습니다.

그들이 등대지기입니다. 지금 우리 사회는 많은 등대지기들로 돌아가고 있습니다. 생각합시다. 등대를 지키는 사람의 거룩하고 아름다운 사랑의 마음을…….

오늘은 등대지기를 그린 영화를 소개합니다. 「파도가 지나간 자리」라는 영화인데요, 아름답고 감동적이고 슬픕니다. '풍월당 손수건'도 받으셨죠? 예쁘지 않습니까? 어린 아이들의 피부에 닿아도 되는 유기농 천으로 만들었습니다. 영화를 보기 전에 손수건을 준비하시기 바랍니다. 저는 이 영화를 보다가 세 번이나 세수를 했답니다. 이 영화는 호주의 작가 M. L. 스테드먼의 소설 『바다 사이 등대The Light Between Oceans』를 바탕으로 만든 것입니다.

호주 대륙의 남서쪽 끝에 있는 작은 외딴섬, 그리고 거기에 딸린 더 작은 무인도에 등대가 있습니다. 등대지기는 외롭습니다. 3개월에 한 번 오는 보급선 외에는 아무도 없는 외딴섬에 등대지기가 근무합니다. 그러다 그는 젊은 처녀를 만나고 결혼합니다. 둘은 행복합니다. 아내는 임신을 합니다. 그러나 유산과 사산이 이어지고, 하느님은 외로운 부부에게 좀체 아이를 주지 않습니다. 그러다 두 번째 죽은 아이를 묻던 날, 마치 하늘이 내린 선물처럼 강보에 싸인 아이가 바다에서 떠내려옵니다…….

더 이야기하면 안 되겠지요. 이 영화에는 반전에 또 반전이 있습니다. 하느님은 인간에게 인연이라는 것을 만들어 주고, 그러고는 그것을 다시 끊습니다……. 부모와 자식의 운명을 이렇게 가슴 때리게 그린 영화가 또 있을까요? 제목처럼 바다를 비추는 불빛은 곧 세상을 비추는 것입니다. '계몽'이라는 말도 영어로 '인라이튼먼트Enlightenment' 즉 '불을 비춘다'고 표현하니, 등대와 같은 의미인 것입니다. 어두운 세상의 사람들에게 불을 밝히는 것이 계몽이지요.

오늘 보내 드린 책을 보고 깜짝 놀라지 않으셨습니까? 네, 그림책입니다. 커다랗고 아름다운 그림책이 들어 있지요? 요즘 그림책이 얼마나 그림이 좋고, 내용의 수준이 높고, 또한 책을 잘 만드는지도 한번 보시라고 그림책을 선정했습니다.

저는 개인적으로 만화책은 좋아하지 않지만, 잘 그린 그림책은 좋아합니다. 제 책장에는 그림책이 꽤 꽂혀 있지요. 저는 외국에 나가면 꼭 서점에 들르는데, 서점에서 보내는 시간이 상당합니다. 물론 제가 외국어들을 다 읽지는 못하지요. 그래도 그냥 서점의 분위기와 책의 표지만 봐도 느끼고 배우는 것이 많습니다. 그중에서도 제가 꼭 챙기는 것이 그림책 코너입니다. 그림책은 글을 몰라도 됩니다. 슬로베니아어건 포르투갈어건 상관없습니다. 그림책은 글을 모르면 더 좋습니다. 글을 모르니 그림을 더 천천히, 자세히 보게 되고 결국에는 그 내용을 이해하게 되니까요. 여행 중에 서점의 소파에 앉아서 천천히 그림책을 넘기는 맛은 최곱입니다. 그동안 지친 발도 쉬지요. 그러다 좋으면 책도 한 권 사고요.

제가 외국에서 봤던 그림책이 나중에 국내에 번역되어 나오는 경우가 있습니다. 책을 한글로 읽어 보면, 외국에서 짐작했던 내용과 거의 같습니다. 그러면 저도 모르게 미소가 지어지죠. 제가 눈치가 빠르다는 것이 아니라, 그만큼 그림만으로도 내용을 이해할 수 있게 잘 그렸다는 말입니다.

오늘 선정한 책 『안녕, 나의 등대 Hello, Light House』(비룡소)는 세계적으로 유명한 그림책 작가인 소피 블랙올 Sophie Blackall의 대표작입니다. 이 책은 2019년에 동화책의 노벨상이라 불리는 칼데콧 대상을 수상했습니다. 심사위원들은 "이토록 생생하고 아름다운 등대의 풍경을 묘사할 수 있는 작가는 소피 블랙올뿐이다"라고 극찬했습니다.

내용도 훌륭하고 그림의 묘사력과 구도, 섬세함이 탁월합니다. 마치 우리가 등대 속에서 등대지기와 함께 사는 기분이 들며, 시간에 따라 변하는 등대의 하루와 등대지기가 겪는 사계절의 삶이 그려집니다. 등대지기의 거룩한 삶이 더욱 실감 나게 느껴지실 겁니다.

그리운 선생님
- **이제야 깨달아 가는 선생님의 가르침**

　저는 강의시간에 종종 학창 시절 이야기를 재미로 하곤 했었는데요. 제가 똥통…… 아니, 좋은 고등학교를 나온 것은 아니라는 것을 알고들 계시겠지요(물론 지금은 많이 좋아졌다고 합니다만). 하지만 그런 학교에서도 생각나는 선생님들이 있기는 합니다. 저는 나중에 소위 일류라고 하는 학교에도 엉터리 선생님들이 있다는 것을 알았고, 일류가 아닌 학교에도 눈에 띄지는 않지만 올바른 선생님들이 있다는 것을 깨달았습니다.

　저의 고등학교 시절에 수업시간마다 바뀌면서 들어오는 선생님들을 보고 있으면, 한 마디로 '봉숭아학당'에서 번갈아 가면서 나오는 출연진이 연상되었습니다. 누가 봐도 집에서 밤새 달달 외운 수학문제를 종이에 잔뜩 적어 와서는 세상에 대해 한을 풀 듯이, 학생들은 보거나 말거나 알아듣거나 말거나 칠판에 수백 개씩 풀어 놓고 나가 버리던 수학 선생님. 대입 본고사에서 제2외국어가 빠지는 바람에 본인은 할 일이 없다면서(지금 생각하면 그런 것을 가르치는 게 참으로 중요한 일인데) 매일 영어 자습만 시키고는 영어 질문만 받던 독어 선생님. 교탁 위에 '삼강사와(기억나십니까? 과거에 판매했던 음료수랍니다)'가 올라와 있지 않으면 그냥 돌아서 나가 버리던 정치경제 선생님. 수업 중에 학생이 질문을 할라치면, "묻지 마라! 선생한테 묻지 마라! 학생이 선생을 시험할라카나!"라며 소리쳤던 지구과학 선생님. 피아노를 칠 줄 몰라서 모든 곡을 트럼펫으로 불던 음악 선생님. 생활이 너무 힘들다면서 수업 때마다 생활비 타령을 하시고, 출장 가다가 사고로 죽으면 얼마가 나온다던 지리 선생님. 수업 시간의 절반 이상을 머리 긴 아이를 찾아내서 구내 이발소로 보내고(우리는 이발소에서 돈 받아먹었다고들 말했죠), 체육복 안 가져온 아이들(역시 체육복 만드는 데서 돈 받아먹었다고 말했죠)을 뒷담 너머 덕명여상을 향해서 세워 놓던 체육 선생님······. 이쯤에서 "이제는 그분들도 다들 그립습니다"라는 말이 나와야 할 텐데, 솔직히 별로 뵙고 싶지는 않습니다······.

대신에 '더 가깝게 지낼 수 있었다면 참 좋았겠다. 그 시절로 돌아간다면 그래야지'라는 생각이 드는 선생님이 두 분 계십니다. 두 분 다 그 학교에서는 숨어 있는, 정말 진흙 속의 진주 같은 조용한 선생님들이셨고 두 분 모두 예술가였습니다. 한 분은 미술 선생님으로 유명한 판화가였고, 다른 한 분은 국어 선생님이셨죠. 두 분 모두 저와는 1년밖에 수업을 하지 않았던 짧은 인연이었지만, 졸업한 지 40년이 지난 지금도 가끔 그분들의 소식을 찾아보곤 하는 저 자신을 보면서 놀란답니다. 이제 두 분은 모두 돌아가셨습니다.

특히 국어 선생님은 우리 학교에서는 정말 외계인 같은 선비로서 당시에도 이미 등단한 시인이셨습니다. 제가 졸업한 후에 시집도 나왔습니다. '시인'이라는 분을 제 평생 직접 본 게 1학년 국어시간이 처음이었지요.

착하고 소박하게 생긴 젊은 선생님이 들어와서는 교과서를 펼쳐 글을 읽는데, 아, 글쎄 말을 더듬는 것이 아닙니까? '말을 더듬는 시인', 이런 거 보셨습니까? 이 얼마나 멋집니까? 까까머리들은 완전히 매료되었습니다. "하하하 하~늘을 우러러 하하하안 점 부~우~끄러엄이 어~없기를 이이이~잎새에 이는 바바바바바바바바(이건 프레스토 앤드 스타카토로 읽으셔야 합니다. 초성에 비읍이 올 때에는 유달리 힘들어하셨죠) 바람에도…… 나는 부부부부부부부(비읍이니 역시 프레스토 앤드 스타카토) 부끄러버했다……." 아, 정말 가슴에 이는 시였습니다. 진짜 부끄러워 보이지 않습니까? 시인의 언어는 가슴속에서 터질 듯이, 터질 듯이 가득 부풀어 오르다가 마침내 끓는 주전자의 뚜껑이 날아가듯이 터지면서 그그그그렇게 터져 나오는 것입니다. 저는 '그그그그 순간에 저저저저런 것이 시구나! 이게 시다! 저분의 시어는 진짜다! 저분은 참 시인이시다!'라고 느꼈습니다. 저는 그분의 수업만은 입시를 위해서가 아니라, 정말 문학의 세례를 받듯이 진지하고 행복하게 들었습니다. 그분이 시를 낭독할 때마다 유독 더듬었던 것은 분명 감정이 북받쳤기 때문일 겁니다. 그 열정, 그 순수함, 그 말더듬. 다 그립습니다. 덕분에 우리 친구들끼리 함께 공부할 때에도 국어책을 펼치면 다들 "바바바바바람에도 나는 부부부부끄러버라~~"라고 흉내 내면서 깔깔깔 좋아들 했지요.

선생님은 그렇게 말을 더듬으며 힘겹게 이어 가던 수업시간에도 틈틈이 본인이 공부했던 이야기를 해 주셨는데, 그 이야기들이 참 재미있었습니다. 중앙대를 졸업하셨던가? 기억이 정확하지 않은데, 아무튼 지방학생이 서울까지 유학을 했던 것이죠. 선생님은 대학 시절 자취를 하며 힘들게 지내고 있었는데, 하루는 교수님이 불러서 교수실로 갔답니다. 교수님께서 말씀하시기를 "학교 근처의 어떤 부인이 남편이 안 계시고 딸들만 데리고 사는데, 여자들만 사니까 무섭고 불편한 점이 많아서 남학생 한 명을 가정교사로 들이기로 했다"라고 말씀하시면서, 아무나 들일 수가 없어서 특별히 학교를 찾아와 교수님께 모범생을 추천해 달라고 부탁 드렸다는 것입니다. 선택된 남학생은 꽃밭 같은 그 집에 가서 예쁜 딸들 공부도 봐 주고 먹고 자고 공부하고 학교만 열심히 다니면 되는 것이었습니다. 그래서 교수님은 가정형편이 좋지 않은 학생 중에서 반듯하고 성적도 좋은 학생을 골랐던 것입니다.

이렇게 선생님은 흑석동 주택으로 들어갔습니다. 선생님은 부인과 인사를 나누고 식사를 하게 되었습니다. 식탁에 앉으니 몇 달 만에 보는 하얀 쌀밥이 윤기가 좔좔 흐르는 자태를 뽐내고 있었지요. 자신도 모르게 터져 나오는 말, "바바바바바바바밥 봐라!" ……그 말에 우리 교실은 모두 빵 터졌습니다. 하필 밥도 비읍입니다. 선생님은 TV 드라마에나 나오는 그런 2층집 내부를 그때 실제로 처음 보았다고 합니다. 집 안에 2층으로 올라가는 계단이 있었던 것이죠. "계계계계계단 봐라!" ……자기 방으로 올라갔더니, 이미 하얀 요와 이불이 깔려져 있는 것이 아닙니까? "이이이이이이불 봐라!"……선생님은 그렇게 대학 생활을 하셨답니다.

아직 안 끝났습니다. 졸업하고 교사가 되신 선생님이 부산의 우리 고등학교에 국어교사로 온 것입니다. 들은 얘기인데, 그분의 스승이셨던 서정주 시인께서 부산에 강연을 왔답니다.

강연이 끝나자 부산의 시인과 소설가들이 서정주 선생님 곁에 모였습니다. 술을 좋아하시던 그분을 중심으로 부산 문학가들이 막걸리판을 벌였겠지요.

그때 서정주 선생님께서 국어 선생님께 "아직 결혼 안 했냐?"라고 묻고는, 또 그 자리에 있던 다른 학교 교사이자 소설가이신 여선생님에게도 똑같이 물었답니다. 둘 다 미혼이란 말에 서정주 선생님은 "멀리서 찾을 거 있나? 마, 둘이 결혼해라. 주례 서 줄게" 하여, 그 자리에서 두 분이 그냥 맺어졌다고 합니다.

국어 선생님은 30년간이나 우리 고등학교에서 봉직하셨는데, 안타깝게도 얼마 전에 돌아가셨다는 소식을 들었습니다. 그분은 제가 졸업한 이후 30년을 어떻게 사셨을지? 여전히 시를 읊을 때는 말을 더듬으셨을까? 그분은 조용하고 성실하여 아마도 주변에 폐도 끼치지 않고 사셨을 것이라고 생각합니다. 새삼 추모합니다.

부산에 가서 지하철을 타면 지하철역에 선생님의 시가 붙어 있답니다. 저는 얘기만 들었고 아직 본 적은 없지만, 정말 자랑스럽습니다. 다음에 소개하는 시가 지하철역에 붙어 있다는 그 시입니다.

걸레질 - 오정환

반드시
무릎부터 꿇어야 하고
숨결부터 가다듬어야 하는
저 역동의 경건한 자세
아래로
바닥을 굽어보는 성찰

언제 어떻게 비롯하였나
때 묻은 살림 닦는 일
땀 흘리며 닦고 또 닦아온
어머니의 어머니
그전 어머니 적부터의
세상 가장 단순한 수고로움

고단한 하루를 접고
내일을 겨냥하는 마음
훔치고 밀어내는 것이
어찌 흙먼지뿐이었겠나

시인은 우리가 걸레질을 할 때 생각하지도 않았던 것을 생각하나 봅니다. 그래서 시인이겠죠. 여러분은 요즘 걸레질을 하십니까? 아마 하지 않는 분이 많으실 거라 생각합니다. 누군가 이 시에 대해서 이렇게 말했습니다. 여기에 김수우 시인의 평론을 조금 옮겨 보겠습니다.

우리 문명이 당면한 크고 작은 위기는 걸레질을 잊어버렸기 때문이 아닐까. 삶을 일구는 최초의 행위는 걸레질에서 시작되었는지 모른다. 수행의 가장 기본자세도 걸레질이 출발이다. 호흡도 명상도 아니다. 닦고 또 닦는 단순한 수고는 존재를 성찰하는 방식 그 자체이다. 하여 걸레질은 결코 기능일 수 없다. 걸레질은 남에게 맡겨 버리고 편리만 추구하는 방식으로는 생명을 깨닫기 어렵다. 모든 예술도 정치도 교육도 걸레질에서 시작해야 한다. 걸레질이 씨앗이다. 걸레를 많이 쥐어 본 사람이 정치를 해야 하고, 교육을 책임져야 한다. 아이들에게 걸레질을 가르치지 못하면 생각하는 법, 사랑하는 법을 습득시킬 수 없다. 걸레질에서 길과 자유, 사랑과 용서 그리고 혁명과 이별을 배운다. 그 단순한 노동을 잊어버린 순간, 무수한 왜곡과 경쟁에 휘말린다. 말하는 법만 익히고 듣는 법을 배우지 못한다. 걸레질은 침묵과 겸허, 청빈, 경청, 실천, 그리고 희망과 책임에 닿아 있다. 걸레를 쥘 때마다 우리는 빈손을 발견할 수 있음이다…….

걸레질이야말로 모든 운동의 기본 같습니다. 자기 걸레질은 남에게 맡긴 채로, 자신은 좋은 차 타고 체육관에 가서 비싼 돈 내고 딱 붙는 옷 입고 그러고는 매트 위에 엎드려서 또다시 걸레질 자세를 취합니다. 집에서 걸레질은 도우미 아줌마에게 시키고, 그 시간에 자신은 자동차 뒷자리에 앉아 산꼭대기까지 차로 올라가서, 절에서 걸레질 자세로 절을 합니다.

절에서 절하는 사람보다도 집에서 걸레질하는 사람이 더 부처님에 가까울 것 같습니다. 체육관의 걸레질 자세에는 정신이 있습니다. 그러나 진짜 걸레질은 삶의 수고와 겸허한 자세를 가르칩니다. 세상의 무엇 하나 몸을 직접 움직이지 않으면 이루어지지 않습니다……. 앞의 글처럼 걸레질에는 침묵, 겸허, 청빈, 실천이 있습니다. 어떤 수도사의 행위보다도 진실된 자세입니다.

학교에서는 아이들에게 걸레질은 시키지 않고 영어, 수학만 가르칩니다. 그렇게 배운 아이들이 나중에 어떤 세상을 만들겠습니까? 걸레질은 교육에서도 기본인 것 같습니다. 혹시라도 직접 걸레질을 하지 않으신다면 이 기회에 작은 것이라도, 하다못해 자신의 책상이라도 직접 걸레질을 해 보면 어떨까요? 그리고 나를 대신해서 걸레질을 해 주는 분들의 고마움도 생각해 보도록 합시다.

시를 읽으면서 옛 선생님의 가르침을 새삼 생각해 보는 저녁입니다. 오정환 선생님, 그립습니다. 그리고 여러분, 고맙습니다. 안녕히 계십시오.

아버지의 수첩
- **아버지의 마지막 나날을 상상해 봅니다**

　투표일입니다. 꼭 투표를 해야겠다고 결심했던 것은 아닌데, 새벽에 일찍 눈이 떠졌습니다. 고양이 세수를 하고 옷을 입고 슬슬 걸어가면 지척에 있는 투표소에 닿을 수 있습니다. 그래서 이왕이면 식전에 갔다 오자는 마음으로 나갔습니다.

　맞은편 골목에서 팔짱을 낀 젊은 커플이 걸어오는데, 여자가 남자에게 매달리듯이 함께 옵니다. 투표장에 도착하여 제가 그들 앞에 줄을 섰습니다. 제 뒤의 커플은 키득거리면서 마냥 즐겁습니다. 그런데 제 앞에 서 있던 키 크고 마른 노인이 홱 뒤돌아보더니, 저를 보고 저만치 떨어지라고 합니다. 아, 거리두기를 해야지요. 죄송하다는 몸짓으로 떨어져 섰습니다. 그러더니 그 어른은 이번에는 제 뒤의 젊은 커플에게 더 뒤로 떨어지라고 합니다. 그분은 어르신과 꼰대 사이를 아슬아슬하게 왔다 갔다 하면서 동네 규율을 잡고 있습니다. 다들 그분의 눈치를 봅니다. 저로서야 제가 해야 했을 말을 대신해 주셨으니, 고마울 따름입니다. 저는 앞의 어르신과 뒤의 커플 사이에 끼어 거리를 유지하면서 조금씩 앞으로 나아갑니다. 건물로 들어가니, 먼저 체온을 재고, 비닐장갑 끼고, 선거인명부 확인하고, 주민등록증 내고⋯⋯ 일련의 동작들이 잠이 덜 깬 이른 아침에 안개처럼 벌어집니다. 사람들은 마스크를 낀 채로 묵묵히 컨베이어벨트 위의 말없는 인형들처럼 움직입니다.

    그런데 제 앞의 키 큰 어른이 앞으로 나아가지를 않습니다. 그분 앞의 거리가 벌어집니다. 그분이 통지서를 찾지 못하여 주머니를 뒤집니다. 주민등록증도 못 찾아서 또 헤맵니다. 옷을 뒤지고, 주머니를 뒤지고, 마스크를 벗었다가, 아차 하고 다시 썼다가, 장갑을 벗어야 할지 껴야 할지 몰라 하면서, 그분과 그 앞의 거리가 더욱 벌어집니다⋯⋯. 제 뒤의 젊은 커플은 마스크로 가렸어도 입이 나온 것이 보입니다. 저도 답답하지만, 참습니다. 방법이 없습니다. 호기 있게 동네 젊은이들에게 거리두기를 호통치던 어르신은 점점 어깨가 움츠러듭니다. 키가 크던 분이 갑자기 초라해 보입니다. 결국 그분 때문에 줄은 뒤로 자꾸 길어졌고, 그분은 큰 잘못을 저지른 것처럼 고개를 숙인 채로 투표를 마치고, 컨베이어벨트의 마지막 과정을 따라서 밖으로 나갑니다.

투표가 끝났습니다. 젊은 커플은 휴일을 즐기러 가겠지요. 여자가 남자에게 다시 매달려서 둘은 신나게 돌아갑니다. 반면 노인은 어디로 가야 할지 모르는 표정입니다. 아마도 집을 향해 발걸음을 돌리겠지요. 그분은 새벽인데도 머리에서 신발까지 옷도 반듯하게 갖추어 입었습니다. 아마 투표는 오늘 그분의 유일한 외출일지도 모르며, 그분의 일상에서는 중요한 행사일 것 같습니다. 그냥 그런 생각이 듭니다.

　　저도 집에 돌아왔습니다. 오늘 종일 집에 있을 겁니다. 저야 원래 집에 있는 것을 좋아하니까요. 저는 집돌이 9단입니다……. 그런데 그 어른은 오늘을 어떻게 보낼까요? 자꾸 그분 생각이 납니다. 그 어른의 초라한 뒷모습에서 실은 제 아버지가 떠올랐습니다.

　　아버지가 돌아가신 지 몇 년이 흘렀습니다. 돌아가시고 좀 지났을 적에 아버지가 마지막으로 혼자 지내시던 실버타운의 방을 정리한 막내고모께서 풍월당으로 소포를 보냈습니다. "종호야, 내가 알아서 다 정리했다. 그런데 네가 가지고 있어야 할 것 같은 물건들이 있어서 보낸다"라는 메모와 함께였습니다. '우체국택배'라고 적힌 빨간 골판지 박스는 구두상자 하나보다도 작습니다. 그것이 아버지가 돌아가시면서 제게 남긴 물건의 전부입니다. 마지막으로 거처하던 지리산 밑의 시골

아파트는 실버타운으로 들어가실 때에 스스로 처분하셨습니다. 그러니 나와도 갈 데는 없었습니다. 나오지 못할 것을 아신 것이죠…….

저는 상자를 열지 못했습니다. 그걸 열면 저의 마음 깊은 곳에 묻어 둔 무언가도 함께 열려 버릴 것만 같아서, 열어 볼 용기가 나지 않았습니다. 아니, 정확히 말하자면 용기를 내고 싶은 생각이 없었던 것이지요. 감정에 휘말리기 싫어서 그냥 외면했습니다. 그렇게 그 우체국택배 상자는 우리 사무실 캐비닛 위에 방치되어 있었습니다. 이후 출판부서가 변화하면서 제 책상을 편집장에게 내주게 되자, 상자도 그대로 그의 머리 위에 남았습니다……. 그러다가 이번 코로나 사태로 시간이 생기면서, 이제야 저는 그것을 열었습니다.

박스를 열자마자 가장 먼저 나온 것은…… 제 사진이었습니다. 제가 싫어하는 젊은 날의 멀끔한 사진입니다. 주름도 없고, 머리도 검고, 고생도 모르고, 세상도 모르는 사진입니다. 20대 후반쯤으로 보입니다. 희멀건 것이 청년도 아니고 남성도 아닌, 애매하고 낯선 얼굴입니다. 그 사진이 들어 있는 액자는 제가 쓰던 것입니다. 그걸 아버지가 가져다 제 사진을 넣은 것입니다. 분명 가지신 액자들 가운데에서 제일 좋은 것이었을 겁니다. 거기에 저를 넣고 방에 세워 놓고 매일 바라보고 계셨던 것입니다. 당연히 저는 아버지 사진을 넣은 액자 같은 것은 갖고 있지도 않았습니다.

　다음으로 나온 것은 아버지의 일기장이었습니다. 일기장이라기보다는 수첩에 더 가까운 다이어리입니다만. 거기에는 그날그날의 일상이 간단히 적혀 있었습니다……. 그런데 거의 하신 일이 없습니다. 적은 일이라고는 의원에 간 것, 물리치료 받은 것, 약 탄 것, 침 맞은 것……그리고 국수 사먹은 것이 단 한 번 있습니다. 단 한 번의 외식 기록. 이것이 다였습니다. 어떤 만남도 어떤 모임도 없었습니다.

　페이지를 뒤로 넘길수록 그것마저도 점점 사라지고 아무것도 없습니다……. 나중에 알게 된 사실인데 아버지는 동네 의원에 가다가 넘어져 안면을 심하게 다친 적이 있었지만 그때의 일도 적혀 있지 않았습니다. 그리고 페이지가 뒤로 갈수록 필체는 점점 흐트러지고, 결국 마지막 며칠간은 글씨를 알아볼 수가 없습니다……. 돌아가시기 전날은, 그날도 날짜가 적혀 있습니다. 혼신을 다하듯이 덜덜거리며 숫자를 썼습니다. 날짜만 적혀 있습니다. 아무 글도 없습니다. 그리고 그날인가 그다음 날 아침에 돌아가셨다는 전화를 받았습니다. 제 아버지의 이야기와 거의 똑같은 내용의 시가 있습니다.

아버님의 일기장 - 이동순

아버님 돌아가신 후
남기신 일기장 한 권을 들고 왔다
모년 모일 '종일 본가終日 本家'
'종일 본가'가
하루 온종일 집에만 계셨다는 이야기다
이 '종일 본가'가
전체의 팔 할이 훨씬 넘는 일기장을 뒤적이며
해 저문 저녁
침침한 눈으로 돋보기를 끼시고
그날도 어제처럼
'종일 본가'를 쓰셨을
아버님의 고독한 노년을 생각한다
나는 오늘
일부러 '종일 본가'를 해 보며
일기장의 빈칸에 이런 글귀를 채워 넣던
아버님의 그 말할 수 없이 적적하던 심정을
혼자 곰곰이 헤아려 보는 것이다

투표를 마치고 집에 오니 아침 6시 반입니다. 오늘은 저도 '종일 본가'를 하려고 합니다. 갈 데가 없어서이기도 하지만, 갈 필요도 없고, 굳이 나가고 싶지도 않습니다. 그동안에도 자주 종일 본가를 하면서, 책도 읽고 음악도 듣고 글도 썼지만, 오늘은 계획 없이 진짜 종일 본가를 해 볼까 합니다…….

　유달리 투표소의 그 어른의 모습이 눈앞에 아른거립니다. 그분은 오늘 하루를 어떻게 보낼까요? 종일 본가를 하실까요? 아버지는 생전의 마지막 나날들을 어떻게 지내면서 하루하루를, 적적한 날들을 살았을까 하는 생각을 합니다.

　우리를 이끌어 갈 분들을 뽑는 날이라지만, 투표소에 다녀온 후 그런 생각은 더 이상 들지도 않습니다. 종일 본가를 하면서 시간을 죽이고 있는 세상의 많은 외로운 사람들 생각만 했습니다. 종일 먹먹한 슬픈 투표일이었습니다.

세상의 모두가 우리 아버지들
- 끊을 수 없는 아버지와 아들 사이의 끈

　오늘로써 4월도 지나가니, 이제 봄도 멀어져 가는 것 같습니다. 봄은 참 다채로운 계절입니다. 겨울이 가고 처음으로 봄의 기운이 도는 첫봄이 있고, 꽃들이 피어나면서 들로 산으로 마을로 지천에 희고 노랗고 분홍 꽃들이 피는 봄이 있습니다. 그리고 5월이 되면 산과 나무의 초록이 점점 짙어지면서 생명력 넘치고, 약간은 후덥지근해지는 그런 봄도 있지요.

　제가 각별하게 생각하는 봄의 모습 중 하나가 '동백꽃이 떨어지는 봄'입니다. 부산의 동백섬이나 태종대에도 동백꽃이 많지만, 고창 선운사의 동백은 특히 유명합니다. 봄이 되면 커다랗고 붉은 동백꽃들이 하나둘씩 봉오리째로 뚝뚝 떨어집니다.

　이제는 이미 다 떨어졌을 것입니다. 금년에는 코로나 때문에 선운사에 갈 수가 없었습니다. 그러나 금년에도 또 동백은 그렇게 피었을 겁니다. 그리고 오는 이도 보는 이도 없어도 그렇게 또 뚝뚝 떨어져서는 붉은 피를 토하듯이 땅바닥에 뒹굴고 있을 것입니다. 그곳에 가면 생각나는 유명한 시가 있지요.

선운사 동구 - 서정주

선운사 골째기로
선운사 동백꽃을
보러 갔더니
동백꽃은 아직 일러
피지 안했고
막걸릿집 여자의
육자배기 가락에
작년 것만 상기도 남었습디다
그것도 목이 쉬어 남었습디다

'동구(洞口)'란 국어사전에 "마을이나 절로 들어서는 목의 첫머리"라고 적혀 있습니다. 그러니까 선운사 동구란 선운사로 들어가는 입구의 동네라는 뜻입니다. 선운사 동구에 지금은 풍천장어집들만 늘어서 있는데, 이전에는 주막도 있었나 봅니다. 저도 다음에는 장어집 말고, 막걸릿집을 찾아볼까 합니다. 육자배기를 부를 여성은 더 이상 없겠지만, 여전히 동백은 필 것입니다.

전북 고창은 선운사 외에도 돌아볼 곳도 많고 생산되는 것도 많은 풍요로운 고장입니다. 그중에서도 시인 서정주의 고향이라는 점을 빼놓을 수 없습니다. 요즘은 그의 친일 행적으로 말이 많지만, 친일 이전의 그의 시 세계는 우리 문학에서 하나의 경지를 이루었다고 저는 생각합니다. 그래서 오늘 아버지를 생각하면서 떠오른 시는 서정주의 「자화상」입니다. 제 아버지가 고창 분은 아니지만, 고창고보 출신이셨습니다.

자화상 - 서정주

애비는 종이었다. 밤이 깊어도 오지 않았다.
파뿌리같이 늙은 할머니와 대추꽃이 한 주
서 있을 뿐이었다.
어매는 달을 두고 풋살구가 꼭 하나만 먹고 싶다
하였으나······
흙으로 바람벽한 호롱불 밑에
손톱이 까만 에미의 아들

갑오년이라든가 바다에 나가서는 돌아오지 않는다 하는
외할아버지의 숱 많은 머리털과 그 크다란 눈이 나는
닮았다 한다.

스물세 해 동안 나를 키운 건 팔할이 바람이다.
세상은 가도 가도 부끄럽기만 하드라
어떤 이는 내 눈에서 죄인을 읽고 가고
어떤 이는 내 입에서 천치를 읽고 가나
나는 아무것도 뉘우치진 않을란다.

찬란히 틔어 오는 어느 아침에도
이마 위에 얹힌 시의 이슬에는
몇 방울의 피가 언제나 섞여 있어
볕이거나 그늘이거나 혓바닥 늘어뜨린
병든 수캐마냥 헐떡거리며 나는 왔다.

그토록 아름다운 고창에서도, 태어날 때부터 23년간 수치와 모멸 속에서 살았던 사내가 있었던 것입니다. 서정주의 아버지는 시에서 고백한 것처럼 몸종이었습니다. 서정주의 아버지는 고창의 대부호 김성수 댁의 마름이었습니다. 경성방직과 『동아일보』를 설립하고 고려대학을 세운 그분입니다. 고창에 가서 김성수 집을 찾으면 99칸짜리 기와집이 잘 보존되어 있습니다. 집 앞에서 저 멀리 바다도 살짝 보입니다.

    그 집을 나와서 서정주의 집까지 걸어 보았습니다. 5분 정도 걸립니다. 「자화상」에 나오는 서정주의 '종 아버지'가 밤이 깊을 때까지 기다리는 아들을 향해서 고단한 하루를 마치고 걸어갔을 그 길을 말입니다. 시 속의 부자父子의 심정을 느껴 보려고 일부러 천천히 걸었습니다. 약간의 경사 위에 있는 작은 초가에 다다르면, '서정주의 집'이라는 푯말이 있습니다. 툇마루도 있습니다. 그곳에 누워서 어린 시인의 심정을 생각해 봅니다. 23세가 되도록 종의 아들로 자란 서정주. "세상은 가도 가도 부끄럽기만 하드라······." 어려서 그는 자신의 잘못이 없는데도 죄인이고 천치였습니다. 그러나 그는 자라서 큰 시인이 되었습니다.

    이 시를 읽으면서 느끼는 것은 부자관계입니다. 아버지가 종이란 것이 아들에게는 천형天刑이었습니다. 아들은 아버지의 부끄러움과 못남을 평생 이고 살았습니다. 이전에 책읽기로 추천했던 『웃는 남자』에서 귀족이나 부자의 아들들이 아버지의 특권을 유산으로 이어받는 이야기를 지적하듯이, 이 시에서는 그 정반대에 서 있는 최하층의 유산을 얘기합니다. 돈이나 권력이 아니라, 손가락질과 멸시와 냉대와 차별을 유산으로 물려받은 아이들······ 지금도 그것은 우리 사회에 팽배하지요. 이런 유산이 그를 시인으로 키웠습니다.

서정주가 1975년에 내놓은 시집 『질마재 신화』는 어린 시절 그가 고창의 여기저기서 들었던 민초들의 이야기를 모아 갈무리한 것으로, 우리나라 시문학계에 한 획을 그은 작품입니다. 한때 노벨상 후보로까지 입에 오르내리기도 했었지요.

저 어려서 어머님은 집에 있던 『질마재 신화』를 읽으시고는 우리 정서에 공감하시며 감탄하셨습니다. 그러고는 제게 일일이 설명해 주셨습니다. 그때 저는 우리나라의 정서와 우리말이 얼마나 절묘하고 섬세한지 처음 느꼈지요. 『질마재 신화』 중에서 첫머리에 나오는 「신부新婦」를 읽어 봅시다. 시는 소리 내어 읽어야 느낌이 더 잘 다가온답니다.

> 신부는 초록 저고리 다홍치마로 겨우 귀밑머리만 풀리운 채 신랑하고 첫날밤을 아직 앉아 있었는데, 신랑이 그만 오줌이 급해져서 냉큼 일어나 달려가는 바람에 옷자락이 문돌쩌귀에 걸렸습니다. 그것을 신랑은 생각이 또 급해서 제 신부가 음탕해서 그새를 못 참아서 뒤에서 손으로 잡아당기는 거라고, 그렇게만 알곤 뒤도 안 돌아보고 나가 버렸습니다. 문돌쩌귀에 걸린 옷자락이 찢어진 채로 오줌 누곤 못쓰겠다며 달아나 버렸습니다.

그러고 나서 40년인가 50년이 지나간 뒤에 뜻밖에 딴 볼일이 생겨 이 신부네 집 옆을 지나가다가 그래도 잠시 궁금해서 신부방 문을 열고 들여다보니 신부는 귀밑머리만 풀린 첫날밤 모양 그대로 초록 저고리 다홍치마로 아직도 고스란히 앉아 있었습니다. 안쓰러운 생각이 들어 그 어깨를 가서 어루만지니 그때서야 매운재가 되어 폭삭 내려앉아 버렸습니다. 초록 재와 다홍 재로 내려앉아 버렸습니다.

체호프의 단편을 능가하는 감동과 유머가 있습니다. '서정주의 집' 가까운 곳에 '서정주 문학관'이 있습니다. 폐교를 재활용하여 문학관으로 만든 곳입니다. 그곳에 가 보면 서정주 부부에 관한 이야기를 볼 수 있습니다.

서정주 선생의 부인이 먼저 돌아가시자, 선생께서는 장례를 치른 다음 날부터 곡기를 끊고 방에 가만히 누워 계셨다고 합니다. 그러고는 보름 정도 후에 뒤따라가셨다고 합니다. 이게 사실이라면 「신부」의 '신부'보다 '시인'의 지조가 더 훌륭합니다. 고개를 숙입니다.

오늘의 책읽기는 미국의 극작가 아서 밀러Arthur Asher Miller, 1915~2005의 『모두가 나의 아들All My Sons』(민음사)입니다. 이 작품은 희곡입니다. 희곡은 잘 읽지 않으려는 분들이 계신데, 이

번 기회에 시작해 보세요. 우리가 알고 있는 많은 고전들이 희곡입니다. 셰익스피어의 모든 작품은 말할 것도 없고, 그 많은 그리스의 비극이나 희극들도 그러하고, 푸시킨, 체호프, 괴테, 실러, 레싱 등의 고전들도 상당수가 희곡입니다. 근대의 중요한 사상을 담은 입센이나 스트린드베리나 하우프트만 그리고 브레히트의 작품들도 다 희곡입니다.

희곡은 쉽게 말해, 소설에서 따옴표 안의 말들로만 이어지기 때문에 도리어 독자가 머릿속으로 상황을 건설해 가는 재미가 있습니다. TV 드라마에 익숙한 분들은 유리할 수도 있습니다. 그리고 처음에 나오는 지문을 잘 읽어서 자신의 머릿속에 스스로의 무대를 지어 보는 맛도 있습니다. 꼼꼼하게 잘 지을수록 그다음부터 읽는 재미도 나고 속도에도 탄력이 붙습니다. 희곡의 또 다른 장점은 소설처럼 긴 작품이 별로 없다는 것입니다. 읽기보다는 공연을 가정하고 쓴 것이니, 밤새도록 공연을 할 수는 없는 것 아닙니까? 보통 공연 길이가 두어 시간을 넘지 않으니, 길지 않은 시간 안에 한 권을 독파할 수 있는 것도 희곡입니다.

아서 밀러의 대표작 세 편이 모두 민음사 세계문학전집으로 나와 있는데, 다들 분량이 150쪽 정도입니다. 대부분 쉽게 읽어 낼 수 있습니다. 희곡 읽기의 첫 시도로 선택하기에도 좋습니다. 또한 대표적인 희곡이라 불리는 그리스 비극이나 셰

익스피어 혹은 실러의 역사 희곡들이 복잡한 인명이나 지명, 역사적 사실 등의 사전 지식이 좀 있어야 하는 데 반해서, 밀러의 희곡들은 20세기 미국의 중산층을 배경으로 하는 작품들이라 우리의 시각에서도 쉽게 읽어 낼 수 있다는 장점이 있습니다.

아서 밀러는 현대 미국에서 최고로 손꼽히는 희곡 작가입니다. 그는 폴란드에서 미국으로 망명을 온 유대인 가족의 후손으로, 뉴욕에서 태어났습니다. 그의 아버지는 미국에서 의류공장을 운영하던 기업가여서, 그는 윤택한 어린 시절을 보냈습니다. 그러나 14세 때에 경제공황이 닥치면서 아버지의 회사가 파산하고 가정이 몰락합니다. 그러면서 그는 문학의 길로 들어섭니다. 이렇게 그의 작품들은 피고용자의 이야기를 다루고 있을 뿐만 아니라 기업가의 입장에서 쓴 책들도 많습니다. 『모두가 나의 아들』 역시 아버지가 회사를 경영했던 밀러 자신의 경험과, 미국에서 군납업자 비리를 그의 딸이 양심고백한 실화를 바탕으로 합니다.

작품에서 비행기 부품 공장을 운영하는 사업가인 아버지는 다복한 가정을 꾸리고 있습니다. 그는 사업을 하면서 공장에서 일어난 아주 작은 잘못을 눈감아 버립니다(자세한 줄거리는 여기서 다 소개하지 않겠으니 직접 읽어 보세요). 그것은 오직 자신의 회사와 가정, 무엇보다도 아들들이 잘되도록 하기 위한 일이었습니다. 하지만 부품을 잘못 장착한 공군 전투기들이 스물한 대나 추락하는 일이 벌어집니다. 물론 그 원인을 제대로 아는 사람은 아버지 자신뿐입니다. 한 번의 부정으로 다른 이들의 아들이기도 한 꽃다운 청년 스물한 명이 목숨을 잃습니다. 그는 그런 결정에 대해서 자식들에게 "다 너희들 잘되라고 한 짓이다"라고 말합니다. 우리가 어렸을 때부터 부모님으로부터 무수히 들었던 말이죠.

이 책을 읽고 나면 말미의 해설을 꼭 읽으시기 바랍니다. 밀러의 세계를 아주 잘 정리하고 있습니다. 여담으로 아서 밀러는 대단한 멋쟁이에 매력남이었는데, 유명한 여배우 마릴린 먼로가 그의 외모뿐 아니라 지성에 반해서 부인이 되었습니다.

이 작품은 사업가라면 특히 더 읽어야 합니다. 어디 강연에서 백날 기업윤리를 듣는 것보다 낫습니다. 기업가들은 역사의 도상에서 국가 발전의 일익을 책임지는 분들입니다. "과거는 묻히거나 잊히는 존재가 아니라, 끊임없이 현재에도 영향을 미치는 법이다"라는 말은 이 희곡의 큰 교훈입니다. 사람의 과거는 세월이 흐르면 잊히기도 하지만, 기업의 과거는 기록으로 남습니다. 이런 점에서 밀러는 입센 희곡의 계승자이며, 미국의 입센이라 할 수 있습니다.

『모두가 나의 아들』에 나오는 아버지와 아들 같은 상류층

은 상류층대로 아버지의 행형(行刑)을 자신의 업보로 여기면서 살아가고, 서정주의 「자화상」에서의 하류층은 그들대로 아버지의 신분을 천형으로 안고 살아갑니다. 아버지와 아들의 관계를, 우리 아버지의 삶을 다시 한 번 진지하게 생각하게 되는 아침입니다.

이 책을 읽고 마음에 든다면, 다음에는 작품 제목으로도 알 수 있듯이 영업사원의 세계를 그린 『세일즈맨의 죽음』을 읽으시기 바랍니다. 그리고 다음으로 『시련』을 읽으면, 밀러 3대작의 세계를 다 알게 되는 것입니다. 밀러 맥주를 마시면서 말입니다.

끝으로 로시니의 오페라 〈기욤 텔(윌리엄 텔)〉에 등장하는 아주 아름다운 테너 아리아 「아버지의 집」을 소개하겠습니다. 오페라에서 아들이 아버지를 생각하면서 부르는 아리아는 많지 않습니다만, 이 곡은 들을 때마다 가슴이 저려 옵니다. 가사가 이러합니다.

> 어릴 때에 아버지와 함께 놀았던 그 집을 찾았네
> 그 집은 그대로이나, 나와 놀아 주시던 그는 더 이상
> 세상에 없네

어린 시절의 영화 구경
- 나의 할리우드 키드 이야기 1

어려서부터 저는 보는 것이라면 다 좋아했던 것 같습니다. 이른바 '구경'을 좋아했습니다. 지금도 저는 그야말로 구경꾼입니다. 그것이 발전하여 오페라나 도시 구경 등으로 이어진 셈이죠.

아무튼 어려서 영화라는 세계는 저에게 놀라운 경험이었고, 좁은 동네를 떠나서 더 넓은 세계를 볼 수 있는 창문이자 만화경이었습니다. 그래서 꼬마 때부터 처음에는 동네 형들이나 친구들과, 나중에는 혼자서도 영화를 많이 보러 다녔습니다.

그때는 영화관을 보통 '극장'이라고 불렀지요. 제가 살던 동네에는 미성美星극장과 수정水晶극장이라는, 지금 생각하면 이름도 빛나는(그때는 아름다운 이름인지도 몰랐습니다만) 두 개의 극장이 있었습니다. 이 두 극장은 3류 극장으로, 전문용어로 재개봉관이라고 하지요. 시내의 개봉관에서 상영이 끝난 영화를 들여와 동시 상영하는 것입니다. 여기서는 장르 불문, 국적 불문하고 마구마구 아무것이나 다 상영하지요. 두 편을 교대로 보여주는 2본* 동시 상영은 기본이고, 나중에 미성극장은 "전국 최초의 3본 동시 상영!"이라는 광고까지 내걸었습니다.

당시 입장권이 어른이 30원, 어린이가 20원인가 했는데, 저는 단골이라서 자주 가니까 아저씨가 표도 안 끊고 돈을 받고 넣어 주었습니다. 그 돈이 어디로 갔을지는 짐작하겠지요? 그러니 아저씨가 부르는 게 값이었습니다. 어느 날 제가 가진 것은 하얀 5원짜리 동전(50환짜리를 5원으로 사용했지요) 하나뿐이어서 내밀었더니, 아저씨가 그것을 받고 들여보내 주었던 기억이 납니다. 그렇게 5원으로 세 편을 보았으니 영화 한 편당 1원 70전도 안 되는 것이었습니다. 영화를 보면서 속으로 계산해 보았답니다.

그 시절에 봤던 영화들은 지금도 기억나는 것들이 많습니다. 제임스 딘이 나오는 「자이언트」에서 그가 비현실적인 미모의 엘리자베스 테일러에게 물을 주던 대목이나, 시추봉에서 석유가 쏟아져 나오던 장면이 기억납니다. 그가 연회장에서 술을 마시고 쓰러지는 장면에서는 어린 나이에 내용도 모르면서 인간의 몰락이라는 것을 처음 느끼고 가슴이 아팠던 기억이 납니다. 그 외에「길은 멀어도 마음만은」을 두어 번이나 보고 얼마나 울었는지 모릅니다. 오마 샤리프와 카트린 드뇌브가 나온「비우悲雨」는 나중에야 그것이 오스트리아의 루돌프 황태자 이야기를 그린「마이얼링Mayerling」이란 것을 알게 되었지요. 그가 자살하기 직전에 내다본 창문 밖 눈밭으로 사슴이 달리는 대목은 지금도 눈에 선합니다. 40여 년이 지나서 저는 결국 이 장면을 잊지 못해 영화를 촬영했던 그곳까지 찾아가게 되었지요.

그렇게 미성극장에서 한참 영화에 빠져 있을 때에, 갑자기 극장 뒤편의 문이 열리고는 "종호야!"라고 저를 찾는 여성의 목소리가 들립니다. 저는 놀라서 어둠 속으로 숨지요. 그러면 좌우측의 출입문에서도 누군가가 들어와서 또 "종호야!" 합니다. 심지어 "종호야!"는 "종호야, 밥 먹어라!"로 발전합니다. 극장까지 와서 밥 먹으라는 소리를 들은 사람은 아마 저밖에 없을 겁니다. 제가 보이지 않으니까, 어머니의 명령으로 집에서 일하는 누나들(어머니의 양재일을 돕는 누나들, 소위 '시다' 누나들이 저희 집에는 항상 많았지요)이 극장까지 와서 저를 찾는 것입니다. 제가 또 영화 보러 간 줄을 어머니가 아시면 분명 어머니에게 맞을 테니(어머니는 원단을 재는 길이 한 마[91센티미터]짜리 '마자'로 걸핏하면 저의 등이나 어깨를 내려치며 저를 키웠답니다) 저는 다른 문으로 달아나서 집으로 들어갔습니다. 그래도 물론 나중에 혼이 났지요.

이렇게 저는 초등학교 때부터 영화의 맛에 들려 낮이고 밤이고 극장으로 뛰어다녔습니다. 중학교 때에는 부모님이 잠드시면 밤에 거실에서 TV로 명화극장을 보다가 또 얼마나 혼이 났는지 모릅니다. 그런데 그때 봤던 영화들이 지금도 하나씩 생각이 납니다. 어떨 때는 책을 읽다가 그 문장이 불현듯 보이고, 음악을 들으면 그때의 선율이 떠오르고, 외국 여행을 하다가는 그 영화 속 광장 가운데에 제가 서 있어서 놀라곤 한답니다. 이렇게 제 어린 시절의 한쪽에는 영화라는 부분이 자리 잡고 있었습니다.

나중에는 저의 나와바리⋯⋯ 죄송합니다, 영역이 점점 넓어져서 범일동의 삼일극장과 삼성극장, 나아가 새로 생긴 보림극장까지 진출하게 됩니다. 그곳들은 집에서 좀 멀어서 버스를 타고 두어 정거장을 가야 하는 곳이었지만, 어린 저는 늘 걸어서 다녔습니다.

그러다가 부산에「벤허」가 들어왔는데(첫 개봉은 아닐 겁니다만), 우리 동네가 아니라 시내의 개봉관에서 하는 것이었지요. 아마 문화극장이었던 것 같은데 확실하진 않습니다. 당시에는 아침 신문에 대문짝만하게 새 영화의 포스터가 나왔고, 그 밑에 보면 전국의 개봉극장 이름들이 문패처럼 검정바탕에 흰 글씨로 나열되어 있었습니다. 포스터의 아래 양쪽에는 서울의 개봉관 두 개가 보통 '대한'이나 '국도', 아니면 '명보'나 '피카디리' 이런 식으로 떡 하니 붙어 있고, 그 옆으로 좀 작게 대구 어디, 광주 어디, 부산 어디 극장 이런 식으로 나오죠. 그래서 저는 포스터만 보고도 「벤허」가 얼마나 대단한 작품인지 알았습니다. 아카데미상이라는 남자의 전신 모양 트로피가 무려 열한 개나 버티고 서 있었으니까요.

국민학생이던 저는 돈을 있는 대로 모았습니다. 결국 입장료 400원을 모았는데(앞에서 5원 주고 본 것을 생각하면 정말 비싼 것이지요. 요즘으로 치면 4만 원 정도의 체감이라고 생각합니다), 한 푼 한 푼 모았던지라 지폐는 하나도 없이 10원짜리 동전으로만 40개를 모았습니다. 그렇게 저는 누렇다 못해서 갈색이 된 동전 40개를 손에 꼭 쥐고, 다시 그 손을 제 호주머니에 넣은 채로 걸어서 광복동까지 갔습니다. 극장 앞에 갔더니, 표를 사려는 행렬이 장사진長蛇陣을 치고 있는 게 아니겠습니까? 저는 줄의 맨 뒤에서 기다렸습니다. 줄은 점점 줄어들어 갔지만, 표도 줄어들고 있었습니다. 매표소 앞에 있던 아저씨가 표가 거의 다 나갔다고 말하는 겁니다. 영화가 무려 4시간짜리니까, 이번 영화를 놓치면 저는 집에 가야 합니다. 그런데 제 두어 명 앞에서 표가 다 팔리고, 딱 한 장 남았다는 것이 아닙니까? 아저씨가 마지막 남은 한 장을 손에 들고 "한 명! 마지막 한 명!"이라고 외쳤습니다.

그런데 사람들이 나서지 않았습니다. 왜냐면 당시 영화구경이라는 것은 대부분 두 명씩 데이트 삼아 다니던 시절이어서, 혼자 온 사람이 없었던 것이죠. 그러니 제가 돈만 내밀면 마지막 티켓은 제게 돌아오고 상황은 끝나는 것이었습니다. 사람들은 모두 그 남자의 손에 쥐어진 마지막 「벤허」 표 한 장을 바라보고 있었습니다. 그런데 저는 손이 나가지 않았습니다. 다들 지폐를 내는데, 동전 40개를 모은 손이 어린 마음에 너무 부끄러웠던 겁니다. 여기까지 올 때에는 극장 창구의 유리를 반원형으로 잘라서 만든 구멍에 조용히 동전 40개만 내밀면 될 줄 알았는데, 이렇게 주목을 받으니 낯을 가리던 저는 차마 동전을 내밀 수가 없었습니다. 그렇게 망설이던 사이에 어떤 남자가 세종대왕이 그려진 100원짜리 지폐 네 장을 떡하니 내밀고 표를 받아 가는 게 아닙니까?

저의 불쌍한 동전 40개는 그렇게 호주머니 안에서 볕도 쬐지 못한 채로 남아 있었습니다. 어떻게 집으로 돌아왔는지는 기억도 나지 않습니다……. 그 후로 명절에 TV에서 「벤허」를 상영해 줄 때마다, 저는 그때 10원짜리 동전 40개를 쥔 소년의 모습을 떠올립니다.

　나중에 보게 된 「벤허」는 한동안 제 마음에 최고의 영화로 자리 잡았습니다. 그 이후로 비슷한 형태의 스펙터클 사극들은 모두 보았습니다. 「십계」, 「쿠바디스」, 「클레오파트라」, 「스파르타쿠스」, 「르 시드」, 「성의聖衣」, 「율리시즈」 같은 것들이지요. 그러나 그 어느 것도 「벤허」의 감격을 맛볼 수는 없었습니다.

　사람들은 「벤허」에 나오는 예수의 모습과 벤허의 행로를 보고 감동했을 겁니다. 그러나 솔직히 국민학생이었던 저는 그런 내용을 이해하지도 못했습니다. 다만 어린 저에게는 거기에 나오는 그 스펙터클한 화면, 카리스마 넘치는 인물들, 화려한 세트들, 섬세한 의상들, 특히 붉은 망토를 두르고 투구에는 흰 깃털을 꽂은 로마군의 모습이 깊이 남았습니다.

　나중에 알게 된 사실인데, 영화 「벤허」는 미국 영화이지만 역시 이탈리아에서 촬영된 것이었습니다. 당시 1950년대 로마 교외에 있던 거대한 치네치타 스튜디오에서 모두 촬영했습니다. 많은 의상도 이탈리아에서 만든 대단히 섬세한 것이었습니다. 고대 신발들을 만들기 위해서 토스카나의 제화공 수백 명이 참여했고, 수백 개의 가발을 만들기 위해서 피에몬테의 수많은 여성들이 머리를 잘라서 제공했습니다. 거기다 엑스트라까지 모두 이탈리아 사람이었으니, 외형적으로도 로마 제국의 모습을 충실히 재현해 낸 셈입니다.

그러니 어린 제 눈에 보였던 이미지들은 진짜 이탈리아의 것이었으며, 그런 인상 때문인지 그 후로 이탈리아에 관련된 시각 이미지는 늘 저에게는 친근하고 멋져 보였던 것도 같습니다. 그렇게 어린 저는 늘 극장 부근을 어슬렁거리면서 영화를 보며 꿈을 꾸곤 했습니다. 결국 어른이 되어서도 똑같이 극장(오페라 극장으로 바뀌었을 뿐 결국 같은 극장이죠) 부근을 어슬렁거리는 아저씨가 되어 버렸습니다.

안정효 선생의 소설 『헐리우드 키드의 생애』가 나왔을 때, 그것을 읽고서 얼마나 놀라고 설렜는지 모릅니다. 소설 속의 많은 이야기가 제 이야기였던 것입니다. 물론 그 소설과 비슷한 기억을 가진 분들이 적지 않으실 겁니다만.

하지만 소설의 주인공과 달리 저는 영화감독도 시나리오작가도 안정효 같은 번역가도 소설가도 되지 못했습니다. 저는 꿈도 제대로 꾸어 보지 못했고, 제 꿈은 40개의 동전들처럼 주머니 속에서 나와 보지도 못한 꿈이 되었습니다. 그렇게 저는 지금의 구경꾼이 되고 말았습니다. 하지만 그래서 참 행복합니다.

영화판이든 음악판이든 안으로 들어가지 않아야 더 좋게 보고 행복하게 바라볼 수 있습니다. 남이 상을 타거나 작품이 잘되어도 시기나 질투를 할 필요가 없으며, 욕심으로 또 새로운 계획을 계속 세울 필요도 없습니다.

대신에 어려서 구경을 많이 하는 것은 참 중요하다는 생각을 합니다. 요즘 아이들도 그런 영화들을 보는지 모르겠습니다. 아마 잘 안 보겠지요…… 좋은 영화들이 참 많았는데 말이죠.

잊을 수 없는 영화 친구
- 나의 할리우드 키드 이야기 2

지난번 편지에 어린 시절에 영화 보러 다닌 이야기를 썼더니, 옛날 생각이 난다는 분들이 적지 않게 계시더군요. 피드백을 많이 받았습니다. 그 이야기를 쓰면서 저도 어린 시절로 돌아간 것 같았습니다. 그리고 저로서는 빼놓은 이야기가 아직 남아 있어서, 한 주일 내내 밀린 숙제를 못한 것 같은 기분이 들었습니다.

그래서 오늘은 지난번에 미처 다 하지 못했던 영화 이야기를 이어 가겠습니다. 지난 편지가 초등학교 시절의 이야기라면, 오늘은 중학교 시절의 이야기가 되겠네요.

제가 다닌 중학교는 미술부 활동이 활발했습니다. 중학교인데 조소도 하고 동양화도 했습니다. 1학년 첫 미술시간에 들어오신 예쁜 여자 미술선생님께서 제 그림을 보더니 "수업 끝나고 미술실로 와"라고 말씀하셨습니다. 미술부가 되고 싶었던 저는 속으로 쾌재를 부르면서 그날로 미술부원이 되었지요.

그런데 미술부는 그림만 그리는 곳이 아니었습니다. 2, 3학년 미술부 선배들은 그림만 잘 그리는 것이 아니라, 공부도 잘하는 형들이 많았습니다. 그리고 그 형들의 친구들도 방과후면 미술실로 와서 떠들며 놀곤 했습니다. 그들은 다양한 관심사를 얘기했는데, 지금 돌이켜 보면 아이들답지 않게 정치 이야기에 역사, 문학, 예술 이야기 같은 것들이 많았습니다. 연예인 이야기나 진학에 관한 이야기는 거의 없었던 것 같습니다. 비록 10대들이지만 나름 세기말 빈의 딜레탕트들이 모여들었던 카페 분위기와 흡사했다고나 할까요?

그래서 저는 이젤을 펴서 석고상을 그리면서도 귀는 쫑긋하게 세워서 제 뒤편에서 떠드는 형들의 이야기를 들었던 것이죠. "제가 지금 알고 있는 것은 모두 미술실에서 배웠다……"까지는 아니지만, 뭐 그런 분위기였습니다. 하여튼 제 중학교 생활의 중심은 교실이 아니라 미술실이었고, 같은 반 급우들보다도 미술부원들과 더 붙어 다니곤 했습니다.

어느 날 미술실에 들어갔더니, 새로 들어온 아이가 있었습니다. 저와 동급생인 J는 장난꾸러기였습니다. 선생님이 들어오시기 전에 출입문 위에 분필가루가 묻은 칠판지우개를 올려놓는다든지, 다른 아이가 앉을 의자에 물감을 칠해 놓는다든지 하는 것은 모두 J의 짓이었습니다.

저는 J와 친해졌습니다. 그는 끊임없이 이야기를 하고 저는 그림을 그리면서 듣는 역할이었습니다. 그는 입만 열면 영화 이야기를 했습니다. 지난 주 편지에 썼듯이 저도 초등학교 때부터 영화를 좋아했고 극장도 좀 다녔던지라 그가 재미있었습니다. 처음 만났을 때 J가 저를 보고 대뜸 했던 말이 "세계 4대 영화사가 뭔지 알아?"라는 것이었습니다. '아니, 영화사라니? 영화배우도 아니고? 이게 중학교 1학년이 할 대화인가?' 싶었지만, 그래도 저는 MGM과 20세기폭스 정도는 맞추었습니다. 그러자 J는 제가 자기 친구 자격이 있다고 판단했는지 "다른 두 개는 파라마운트와 워너브라더스인데……"라고 일러 주었습니다.

그때부터 J는 그림 그리는 제 옆에 앉아 끊임없이 영화 이야기를 펼쳤습니다. 우리는 당시 아이들 사이에서 유행하던 중국 무술영화나 한국 에로영화가 아니라, 주로 미국이나 유럽의 예술영화 이야기를 했습니다. 이탈리아 영화나 프랑스 영화가 많았고, 더불어 칸초네나 샹송도 함께 들었습니다. 그가 영화 이야기를 하면 저는 음악 이야기를 했습니다. 그러면서 방과 후에는 함께 영화를 보러 다녔습니다.

당시 초량의 중앙극장에서「엘비라 마디간」을 본 다음 날 카세트테이프로 된 삽입곡을 샀습니다. 게저 안다가 피아노를 쳤던 모차르트 피아노 협주곡 21번이었지요. 그리고 둘이서 종일 모차르트를 들었습니다. 영화는 '미성년자 관람불가'였지만 우리는 몇 번이나 봤던 것 같습니다.

또한「모정」을 보러 갔던 기억도 선합니다. 그것도 '미성년자 관람불가'였지만 우리는 용감하게 표를 샀습니다. 입구에서 아저씨가 야단을 치더니, 이내 목소리를 낮추어 "2층에 올라가서 조용히 봐라"라고 하셨습니다. 그래서 까까머리 둘은 사람 없는 2층에 앉아 제니퍼 존스의 미모에 침을 꼴딱꼴딱 삼키면서 넋을 읽고 봤습니다. 그런데 J는 다음 일요일에 다시 가서 조조부터 마지막 상영까지 종일 예닐곱 번을 보았다는 것입니다. J는 마음에 드는 영화가 있을 때마다 걸핏하면 조조부터 마지막까지 다 보고, 대사를 외우다시피 하며 다녔지요.

그러던 우리는 시중의 영화만으로 욕구를 채울 수 없는 지경에 이르렀습니다. 우리나라 TV에도 '주말의 명화'가 있었지만, 그것은 일본 방송을 본뜬 것으로 일본 TV에서도 주말 저녁에는 명화를 내보냈지요. 그런데 국내에서는 보기 어려운 영화들이 많았습니다. 위성방송도 없던 시절이지만 부산의

TV에서는 바다 건너 후쿠오카 방송이 잡혔습니다. 특히 바닷가에서는 일본 방송이 잘 나왔지요.

그래서 토요일 저녁이면 저는 J를 따라 해운대로 갔습니다. J의 집이 해운대에서 큰 온천여관을 하고 있었던 것입니다. 우리는 손님 없는 빈 여관방에 들어가 TV를 켜고 영화를 보았습니다. 더빙을 해서 마릴린 먼로도 "곤니치와" 하고 인사했지만, 우리는 아랑곳 않고 열심히 보았습니다. 그런데 한참 재미있게 영화를 보고 있으면, 밖에서 일하는 누나가 들어와서는 "J야, 손님 받아야 한다"며 우리를 내쫓습니다. 그러면 우리는 책가방을 들고 다른 빈 방으로 쫓겨 갑니다. 그리고 새 방에서 다시 TV를 켜고 채널을 맞춥니다. 그렇게 TV를 좀 보려고 하면, 또 밖에서 "손님 오셨다"라고 하는 겁니다. 그럼 또 다른 방으로 갑니다. 그런 식으로 우리는 방을 몇 개씩 옮겨다니면서 영화를 보았고, 그런 탓에 내용을 제대로 알 수 없었던 기억도 있습니다. 아무튼 J네 여관이 장사가 잘되었던 것은 분명했습니다.

그 후로도 좋은 영화를 하면 J네 여관으로 갔습니다. 영화가 끝나면 둘은 해운대 백사장에 앉아서 늦도록 배우와 감독 이야기를 했습니다. 돈이 생기면 보수동 책방골목에 가는 것도 큰 즐거움이었습니다. J는『스크린』같은 일본 영화잡지의 과월호들을 챙겼고, 저는 주로 클래식이나 오페라 서적, 때로는 『베이스볼』 같은 야구잡지도 샀습니다. 그러나 J는 오직 영화였습니다. J는 항상 "난 영화감독이나 제작자가 될 거야"라고 말했습니다.

　소년기는 지나갔고 우리는 각자의 길을 가느라 소식이 끊겼습니다. 이후 언젠가 제가 주간지에 오페라 칼럼을 연재한 적이 있었습니다. 그러다 제가 쓴 칼럼을 스크랩해야 할 일이 생겼습니다(요즘은 그런 일은 창피해서 절대로 하지 않지만요). 가위로 한 쪽짜리 칼럼을 오려서 파일에 끼우려고 보니, 제 칼럼 뒷장에 영화 칼럼이 실려 있는 것이 아닙니까? 필자는 J였습니다.

　그때부터 저는 매주 제 글을 오리고 뒤집어서 J의 글을 읽었습니다. 그 글에는 얼굴을 보지 않아도 행간에 장난 가득한 그의 눈이 선하게 보였습니다. 그때 우리는 보지 않았지만, 매주 그렇게 지면에서 만났습니다. 얼굴을 보는 것이 아니라 글로써 등을 맞대고 말이죠. 전화번호야 신문사를 통하면 알 수 있었겠지만, 일부러 연락하지는 않았습니다. 아마 J도 저를 기억하리라 생각했습니다. 미술실에서 함께 영화와 오페라 얘기를 하던 두 소년이 30여 년이 지나서 매주 등을 맞댄 채로 옛 친구의 따뜻한 등을 느꼈던 것입니다. 우리의 칼럼은 서로에게 다시 들려주는 옛날이야기 같았습니다.

J가 다시 제 눈앞에 등장한 것은 부산국제영화제였습니다. 사실상 그 영화제를 탄생시킨 역할을 J가 했던 것입니다. 영화제 전면에는 정치인이나 배우들의 이름이 나왔지만, 사실상 J가 프로그램을 만들고 큰 기여를 했다는 것을 알았습니다. 그 영화제는 이란이나 인도 등 소외받던 아시아 영화를 조명하여 주목을 받았는데, 그때 J가 아시아 부문의 프로그래머였습니다. 그러다가 J는 수석프로그래머가 되고 부집행위원장이 되었습니다.

그는 세계의 영화제를 직접 찾아다니며 감독과 제작자들을 만나 부산으로 초빙하고 프로그램을 기획했습니다. 그때 그가 영화에 대한 해박한 지식을 발휘하여 그들을 감탄시켰다고 하는데, 그 말을 전해들은 저는 "당연하지" 하면서 자랑스러워했습니다.

그러던 어느 날 칸 영화제에 참석했던 그가 칸의 호텔방에서 그만 하늘나라로 떠나 버렸다는 소식이 들려왔습니다……. 여러 신문과 잡지에서 그의 업적을 기리는 기사들을 실었습니다만, 저에게 J는 다만 자신의 꿈을 좇던 소년이었습니다. 한국영화계의 큰 별이 떨어졌다고 떠들었지만, 저에게는 한 소년의 꿈이 사라진 것이었습니다. 세상과 타협하지 않고 계산도 없이 오직 꿈만을 위해서 하늘의 별만 바라보고 뛰어다니던 그 즐거운 중학생 말입니다.

J와 함께 봤던 숱한 영화들이 생각납니다. 해운대 밤하늘을 보며 나누었던, 말도 안 되는 우리의 이야기들이 30년이 지나서 놀랍게도 거의 다 이루어진 것입니다. 그것은 소년이 꿈을 놓지 않았기에 가능했던 것입니다. 그것은 우리가 밤새 영화를 이야기하던 그 해운대에 부산국제영화제라는 이름으로 남았습니다.

저는 J를 추억할 때마다 저 자신에 대해 부끄러움을 느낍니다. 저는 부모님의 권유대로 적당하게 진학하고, 안정적인 전공을 찾고, 세상에 순응하면서 살았습니다. 사회에 자리를 잡고 돈 몇 푼을 벌면서, 그것으로 제가 잘난 줄 알고 자족했습니다.

그것은 또한 그만큼 꿈을 잃어버리는 것이었습니다. 마냥 즐거웠던 어린 시절, 해운대 밤하늘에 펼쳐지던 은하수들이 해변을 점령한 고층빌딩들을 피해서 저 너머로 사라져 갔듯이 저의 별들도 멀어져 간 것입니다.

하지만 J는 한순간도 꿈을 잃어버리지 않았습니다. 꿈을 향한 길이 아름답고 좋은 것만은 아니지요. 또한 그 길이라고 해서 고난만 있고, 이 길이라고 해서 안정만 있는 것도 아닙니다. 둘 다 가질 수 없고 어느 쪽이라도 갈등과 고민이 있다면, 어느 시인의 말처럼 "다들 가지 않는 길"을 간 것이야말로 가치 있는 삶입니다. 힘들었겠지만 나름 보람이 있었을 것이며 작은 기쁨도 있었을 것입니다.

지금도 영화를 볼 때면 J가 생각납니다. 특히 요즘은 국내에서도 쉽게 접할 수 있는 이란 영화나 튀르키예나 요르단 혹은 이스라엘 영화들을 보면서, 그 뒤에서 J의 수고가 얼마나 컸을지 생각해 봅니다. 영화는 제 추억이고 친구와 저의 지나간 꿈들입니다.

작약이 흐드러지는 계절에
- 꽃의 계절에 생각하는 꽃의 추억

　힘든 시절이지만 어김없이 시간은 흐르니, 전염병도 계절을 막지는 못하나 봅니다. 흔히 '계절의 여왕'이라는 5월이 되었습니다. 전제시대를 연상시키는 탓에 평소에 여왕이라는 말이 탐탁지 않았는데, 화창한 5월을 맞으니 어울리는 단어인 것도 같네요.
　제 책상 위에는 어느 때보다도 많은 작약이 흐드러지게 피어 있습니다. 어머니께서 유달리 모란과 작약을 좋아하셨습니다. 어려서는 몰랐는데, 저도 나이가 드니 화려한 모란과 작약이 좋아졌습니다. 실은 요즘 제가 가장 좋아하는 꽃입니다. 제 생일이 있는 5월이 하필 작약의 계절이기도 합니다. 제 생일을 기억하는 분들이 작약을 보내 와서 종종 이렇게 작약이 많이 꽂혀 있곤 합니다. 보내 주신 분에게나, 키우신 분에게나,

작약에게나 모두 참 고맙게 생각합니다.

   흔히 작약을 함박꽃이라고 부르기도 하는 것 같은데요(혹시라도 어떤 분은 서로 다르다고 말씀하실지도 모릅니다만). 처음에는 꽃봉오리가 커다란 왕 눈깔사탕처럼 반짝이는 빛깔로 입을 오므리고 있던 것이, 어느 날 점점 벌어지더니 나중에는 천지를 모르고 커져서 정말 '아이 머리만큼 큰' 모양이 되었습니다. 보통 꽃은 벌어지면 예쁘지 않은데, 이것은 다르군요. 마치 "에라, 모르겠다" 하면서 아침저녁으로 흐드러지며 자꾸 커지는 것이 성숙한 아름다움이란 어떤 것인지를 보여 주려는 것만 같습니다. 이놈이 다 떨어지고 나면 그때야말로 봄은 가고 여름의 더위가 찾아오겠지요.

   작약의 꽃말이 수줍음 혹은 부끄러움이라고 하네요. 처음에는 벌어지기 전의 부끄러움을 일컫는 것인가 하고 생각했는데, 이놈(하도 크고 빨리 꿈틀거려 '이것'보다는 동물을 연상시키는 '이놈'이 더 어울립니다)이 사정없이 벌어지니, 이제는 헤벌어진 농염한 자태에 제가 눈이 부시고 부끄러워져서 제대로 쳐다보지도 못할 지경입니다. 제일 큰 놈은 지름이 20센티미터가 넘습니다. 여러분도 꽃을 키우고 파는 농부와 소상인들을 도울 겸, 한 열 송이쯤 사서 꽂아 놓아 보세요. 어떤 보석보다도 빛납니다. 세상에 이런 사치가, 이런 호사가 없습니다.

모란이 피기까지는 - 김영랑

모란이 피기까지는
나는 아직 나의 봄을 기다리고 있을 테요
모란이 뚝뚝 떨어져 버린 날
나는 비로소 봄을 여읜 설움에 잠길 테요
오월 어느 날, 그 하루 무덥던 날
떨어져 누운 꽃잎마저 시들어 버리고는
천지에 모란은 자취도 없어지고
뻗쳐오르던 내 보람 서운케 무너졌느니
모란이 지고 말면 그뿐 내 한 해는 다 가고 말아
삼백예순 날 하냥 섭섭해 우옵네다
모란이 피기까지는
나는 아직 기다리고 있을 테요, 찬란한 슬픔의 봄을

　이건 모란에 관한 시입니다만, 모란이나 작약이나 사실 거의 비슷한 시기에 피고 흡사한 분위기입니다. 모란이 뚝뚝 떨어지면, 비로소 봄을 잃어버린 슬픔에 잠길 것이라는 시인의 말이 새삼스레 가슴에 와서 닿습니다. 학창시절로 돌아가서 다시 한 번 천천히 읽어 봅니다. 이 영랑의 시가 워낙 좋습니다만, 작약에 대한 이런 시도 있습니다.

함박꽃 - 오세영

빛이 꿈꾸는 다이아몬드라면

소리가 꿈꾸는 웃음이라면

향기가 꿈꾸는 꽃이라면

그 빛과 향기와 소리가 한데 어우러져

마침내 이루는 보석도 있나니

광부가 어두운 지층에서 원석을 찾듯

깊고 깊은 산속

녹음 짙은 골짜기를 헤매다 보면

아는 듯 모르는 듯

향기에 취해 그대 어딘가 이끌려 갈지니

발을 멈추어 선 그곳에

오뉴월 내리는 함박눈처럼

아, 함박웃음을 머금고

바라보는 꽃,

빛과 소리와 향기가 어우러진

꽃들의 꽃이 거기 있나니

꽃에서 소리가 들린다고 말하는 것이 독특하지요. 그 소리가 우리가 말하는 '함박웃음'의 소리입니다. 함박웃음이란 작약, 즉 함박꽃이 필 때처럼 환하게 웃는다는 뜻입니다. 그래서 시인은 함박꽃을 볼 때면 함박웃음의 웃음소리도 함께 들린다고 말합니다. 빛과 소리와 향기가 어우러진 꽃, 다이아몬드만큼이나 화사하고, 웃음처럼 반갑고, 향기를 가득 품은 꽃이 함박꽃, 바로 작약이라는 것입니다. 시인들은 꽃을 참 유심히 보았나 봅니다.

김영랑은 전남 강진 출신이고, 오세영은 전남 영광 출신입니다. 또 이전 편지에서 말했던 서정주는 고창 출신입니다. 지금은 고창이 전북이지만, 과거에는 전남에 속했었습니다. 그러니 다들 출생지가 거기서 거기입니다. 한 분은 모란을, 한 분은 작약을, 또 한 분은 동백을 노래했네요. 강진이나 영광이나 참 좋은 고장들이지만, 요즘은 가볼 수 없으니 이렇게 생각으로만 다녀옵니다……. 그런데 실제로 차 타고 고생해서 가는 것보다도 이렇게 책상에 앉아서 다녀오는 것이 더 좋기도 합니다.

오세영의 시 중에 「5월」이라는 작품이 저는 좋습니다. 이 시인도 5월에 태어났습니다. 5월이라 그런지, 영광 출신이라서 그런지, 이분의 시에는 봄이나 꽃에 관한 것들이 유달리 많습니다. 요즘 같은 계절에 꺼내어 다시 읽어 볼 만합니다.

5월 - 오세영

어떻게 하라는 말씀입니까
부신 초록으로 두 눈 머는데
진한 향기로 숨막히는데
마약처럼 황홀하게 타오르는
육신을 붙들고
나는 어떻게 하라는 말씀입니까
아아, 살아 있는 것도 죄스러운
푸르디푸른 이 봄날,
그리움에 지친 장미는
끝내 가시를 품었습니다
먼 하늘가에 서서 당신은
자꾸만 손짓을 하고

우리 안에 있는
우리가 만든 사슬을
- 카잔자키스의 위대한 생애

요즘 마음대로 나다니지를 못하니, 자유롭게 다닐 때가 얼마나 좋았는가를 생각하게 됩니다. 자유의 의미를 책에서나 보는 추상적인 것이 아니라, 실생활에서 직접 느끼고 생각해 보기는 저도 여러분도 처음이셨을 겁니다.

그런데 우리의 진짜 자유는 어디에 있는 것일까요? 여행을 마음대로 하고 비행기를 마음대로 타는 것이 자유일까요? 어쩌면 저는 그것도 스스로를 구속하는 것이라고 생각합니다.

진정한 자유는 여행을 해야 한다는 마음에서 벗어나는 것이 아닐까요?

카잔자키스의 소설 『그리스인 조르바』는 사실 자유에 관한 이야기입니다. 주인공 남자는 작가의 분신인 셈이죠. 그는 좋은 집안 출신이고 공부도 많이 했고 돈도 많고 사랑도 많이 했으며 사업도 하고 있습니다. 그러나 그는 자신이 자유롭다고 느끼지 않습니다. 그런 그가 크레타 섬의, 집안에서 물려준 땅에 탄광채굴 사업을 하러 갑니다. 그는 거기서 노동자 계급인 조르바란 남자를 만납니다. 그러면서 그는 무식한 조르바가 진정한 자유인이며 자유를 행동으로 누리고 있다는 것을 깨닫습니다.

우리를 묶고 있는 사슬은 바로 우리의 욕심입니다

유명상표 핸드백을 사지 못하는 상태가 구속이 아니라, 그 핸드백을 사야겠다는 마음이 바로 구속입니다. 그것이 쇠사슬입니다. 그런 사람은 원하던 옷 하나를 사면 당장은 자유로워지는 것처럼 느끼겠지만, 그것은 며칠 정도입니다. 어쩌면 하루로 끝날지도 모릅니다. 대신에 이번에는 또 다른 핸드백이 보이고, 또또 다른 모델이 보입니다. 그다음에는 또 다른 목표가 생길 겁니다. 결국 끊임없이 사야 하고 끊임없이 나가야 하는 길고 긴 사슬로 본인의 몸을 칭칭 동여매게 됩니다. 하지만 한 번만 그 사슬을 끊으면, 그때부터는 세상이 달라 보이고, 영혼에서부터 자유로움을 느낍니다.

『그리스인 조르바』의 작가 니코스 카잔자키스^{Nikos} $^{\text{Kazantzakis, 1883~1957}}$의 무덤에 적힌 묘비명은 아주 유명합니다. 죽음을 앞둔 그가 미리 써 놓은 것입니다.

> 나는 아무것도 바라지 않는다
> 나는 아무것도 두려워하지 않는다
> 나는 자유다

『그리스인 조르바』는 많은 분들이 대부분 읽었을 것이라 생각합니다. 읽지 않으신 분은 이번 기회에 읽어 보세요. 이왕이면 문학과지성사의 새 번역판을 읽어 보시기 바랍니다. 2018년에 나온 이 번역판이 우리나라에서는 최초로, 그리스어로 쓴 오리지널 판을 그대로 번역한 것이라고 합니다.

그런데 『그리스인 조르바』에 대해서는 다들 어느 정도는 들어서 알고 계시지만, 정작 니코스 카잔자키스라는 인물의 생애에 대해서는 잘 모르실 겁니다. 그의 생애를 상당히 잘 그린 영화가 최근에 나왔습니다. 그리스 영화 「카잔자키스」(2020)입니다. 혹시 '카잔차키스'로 검색하시면 나오지 않는 경우가 있는데, 이 영화명은 '카잔자키스'입니다. 번역가 유재원 교수가 정확한 표기는 카잔차키스가 아니라 카잔자키스라고 해야 한다고 주장하여, 문학과지성사의 책은 작가 이름을 바꾼 것이고, 이 영화도 거기에 따른 것입니다.

영화에는 그리스 독립전쟁 이야기가 나옵니다. 어린 시절 카잔자키스의 아버지는 대단히 용맹한 전사였습니다. 대장이었지요. 그는 크레타의 독립을 위해서 튀르키예와 싸웁니다. 그런 그는 어린 아들 니코스에게 전쟁의 참상을 보여 주면서 나라를 구하는 씩씩한 사나이로 키우려고 합니다. 그는 아들에게 매질을 하면서 교육합니다. 이후 튀르키예는 물러가고 그리스는 해방을 맞이합니다. 그 소식을 들은 아버지는 할아버지의 무덤으로 달려가서 엎드려 웁니다. 그것을 어린 니코스가 지켜봅니다. 그는 자신이 미워했고 자랑스러워했던 아버지의 이야기를 나중에 소설 『미할리스 대장』에 담아냅니다. 이 책에서 그는 아버지를 영웅으로 만듦으로써, 죽은 아버지에 대한 빚을 갚습니다.

여기서 재미있는 대사가 나옵니다. 어린 니코스가 아버지에게 묻습니다. "할아버지는 무엇을 하셨어요?" "할아버지는 전쟁을 하셨지." "전쟁을 하지 않을 때는 무엇을 하셨어요?" "……산을 바라보면서 담배를 피우셨다……." 너무 멋진 대사입니다. 아버지는 가깝지만 사실 할아버지는 먼 존재입니다. 할아버지는 손자를 귀여워해 주시기는 하지만, 손자는 할아버지의 정신이나 사상을 알 수 없습니다. 하지만 이렇게 그를 설명하는 대화 한 번이 평생 손자의 마음에 할아버지의 이미지를 심어 놓는 것입니다. 용돈만 주고 장난감만 사줄 것이 아닙니다. 한번쯤 어린 손자와 산책을 하면서 세상 얘기를 들려주세요. 당신의 철학을 얘기해 주세요. 아이들은 나중까지 다 기억합니다.

참 과묵하셨던 제 할아버지와 한 마디 대화도 못 해 본 제가 드리는 말씀입니다. 농사를 지으셨던 할아버지는 저를 이뻐하셨지만, 거의 말이 없으셨습니다. 그러다가 별안간 제 대학원 한 학기 등록금을 보내 주셨습니다. "한 번도 학비를 대준 적이 없어 미안해서 그랬다"라고 말씀하시면서 말이죠. 지금 생각해도 참 고맙습니다. 하지만 그 외에 저는 할아버지의 생각도 철학도 잘 모른답니다. 그러니 손자에게 당신의 사상을 얘기해 주세요.

영화 「카잔자키스」는 우리가 잘 모르는 그리스의 현대사를 카잔자키스라는 한 소설가의 삶을 통하여 잘 그려 내고 있습니다. 그것은 우리나라의 현대사와 다를 바 없습니다. 그림 같은 지중해의 바다 풍경은 덤입니다. 조국의 독립을 위해서 싸우는 그들은 기도합니다.

주여, 저를 당겨 주십시오. 저는 주님의 활입니다.
주여, 너무 힘껏 당기지는 마십시오.

제가 부러질지도 모릅니다.

주여, 끊어져도 좋습니다. 모든 힘을 다해서

저를 당겨 주십시오.

카잔자키스는 부모의 바람대로 공부를 하고 육지로 나가서 아테네 대학 법대를 졸업합니다. 하지만 그는 변호사를 하지 않고, 인생의 답을 찾아서 온 세상을 여행합니다. 아토스 산에 올라서 그리스도를 찾고, 빈에 가서 매춘부를 만나고, 정신분석가를 만납니다. 베를린에 가서 미술관을 돌면서 독일인들이 약탈해 온 그리스의 유적을 보며 공산주의자 여성도 만납니다. 그 여성은 이미 이 땅에 예수가 왔다고 말합니다. 그 이름은 레닌이라고 합니다. 카잔자키스는 레닌을 직접 보기 위해서 모스크바까지 갑니다.

그는 예수와 오디세우스와 붓다와 레닌을 만나러 세상을 헤매며 진리를 찾아다닙니다 그러나 결국 그는 자신이 고용한 노동자 조르바를 만나면서, 그에게서 예수의 모습과 붓다의 모습을 발견합니다.

제2차 세계대전이 벌어집니다. 크레타는 철저하게 파괴됩니다. 크레타의 수많은 청년들이 죽습니다. 어느 부인은 아들 다섯 명을 잃습니다. 카잔자키스는 세상을 짓밟는 독일군을 보면서 "과연 저들이 괴테의 후손이란 말인가?"라며 탄식합니다. 거리의 노인이 그에게 말합니다. "아이를 많이 낳게. 크레타가 사라지지 않도록……" 대사 한 줄 한 줄이 아득합니다.

영화에는 카잔자키스 말고도 우스꽝스러운 시인이 한 명 나오는데, 그가 앙겔로스 시켈리아노스Angelos Sikelianos, 1884~1951입니다. 유명한 그리스의 민족 서정시인입니다. 영화는 시낭송과 연설을 잘하며 과장된 면이 있었던 그를 희화화해서 잘 보여 줍니다. 두 사람의 우정도 재미있습니다. 시인 시켈리아노스와 소설가 카잔자키스는 누가 노벨상을 탈 것인지를 얘기합니다. 두 사람은 둘이 함께 받는 것이 아니라면 절대로 노벨상을 타지 말자고 아이들 같은 약속을 합니다. 역사상 처음으로 둘이 함께 수상을 하면, "나의 관은 내가 너에게 씌워 주고, 너의 관은 네가 나에게 씌워라"라고 치기 어린 약속을 하지요. 나중에 실제로 그리스 정부는 사상 처음으로 두 사람을 동시에 노벨상에 추천합니다. 카잔자키스는 전쟁이 끝나고 독립한 그리스 정부에 입각합니다. 그는 장관이 되어 전국을 돌면서 전쟁의 참상을 살펴봅니다. 그러나 앙겔로스는 세상을 떠납니다. 조르바도 카잔자키스를 떠납니다.

카잔자키스는 남부 프랑스의 아름다운 마을 앙티브에서 아내 엘레니와 함께 살며 집필을 계속합니다. 그의 『그리스인 조르바』는 세계적인 베스트셀러가 됩니다. 그러나 그는 예수의 마지막 인간적인 면(이 걸작은 직접 읽어 보셔야 합니다)을 솔직하게 그린 소설『최후의 유혹』을 써서 교회와 엄청난 충돌을 일으킵니다. 그리스 정교회는 카잔자키스가 예수를 모욕했다고 비난합니다. 그러나 우리의 카잔자키스는 말합니다. "사제들이 그리스도를 사랑이나 할까……."

카잔자키스는 노벨상 최종 후보에 아홉 번이나 오르지만, 그리스 정교회의 방해 공작으로 수상하지 못합니다. 정교회는 카잔자키스를 파문합니다. 세상에서 가장 그리스도를 사랑하는 사람을, 솔직하게 사랑한다는 이유로 파문한 것입니다. 이에 노르웨이 정부는 그에게 노르웨이 국적을 줄 테니, 노르웨이 사람으로서 노벨상을 받으라고 합니다. 그러자 카잔자키스는 "내가 그리스인이 아니라면 의미가 없다"며 거부합니다. 1표 차로 노벨상을 수상한 알베르 카뮈는 수상 소감에서 "카잔자키스가 나보다 이 상을 받을 자격이 백배는 더 있다"고 말했습니다.

영화「카잔자키스」속의 앙티브에서 카잔자키스는 내내 펜으로 글을 쓰고, 그 종이를 엘레니가 가져가서 옆방에서 타자기로 옮겨 칩니다. 사랑하는 두 사람의 아름다운 모습입니다. 카잔자키스는 영화의 처음에 나오는 프라이부르크의 병원에서 그의 마지막 책이자 자서전인『영혼의 자서전』을 쓰다가 운명합니다. 엘레니는 평생 사랑했던 남자의 머리를 끌어안으면서 통곡합니다……. "주여, 저도 이 남자의 길을 따를 수 있도록 해 주세요……."

감동적인 영화입니다. 이야기는 넓고 내용은 깊습니다. 영화 한 편으로 문학과 그리스 현대사와, 사상의 지형도와 유럽 여러 도시의 풍경과 그리스의 민속과 음악과 춤…… 그리고 그들의 신앙과 사상과 신념과 사랑을 다 접할 수 있습니다.

우리나라에서는 조르바 열풍이 불었지만, 솔직히 지금 저에게는 조르바의 생애보다도 카잔자키스의 생애가 더욱 감동적입니다.

나 하나만이라도
- 미야자와 겐지의 생각과 삶

오늘 받으신 책은 특이하지요? 처음에 받으시고는 '그림책인가 보다' 하고 생각하셨겠지만, 그 그림들 밑에 적힌 한 줄의 글이 예사롭지 않지요? 네, 이것은 시집詩集입니다. 아니, 시집이 아니라, 겨우 한 수의 시입니다. 네, 책 전체에 걸쳐서 딱 한 수의 시가 실려 있는 것입니다. 그리고 그림이 아주 아름답죠? 정말 잘 그렸습니다. 시의 내용을 제대로 화면으로 옮긴 것 같습니다.

자, 이제부터 책의 첫 장을 펼치시고, 아주 천천히 각 페이지의 맨 밑에 적힌 글을 한 줄 읽으시고 위의 그림을 천천히 감상하시고, 그리고 한 페이지를 넘어갑니다. 그렇게, 그렇게 천천히 나아가시면 됩니다. 밥 먹을 때에 "천천히 꼭꼭 씹어서 먹어라"라고 하듯이 그렇게 천천히 꼭꼭 씹어서 음미하시기 바랍니다. 한 수라고 하지만 또한 결국 한 문장입니다.

비에도 지지 않고 - 미야자와 겐지

비에도 지지 않고

바람에도 지지 않고

눈에도

여름 더위에도 지지 않는

튼튼한 몸으로 욕심은 없이

결코 화내지 않으며 늘 조용히 웃고

하루에 현미 네 홉과

된장과 채소를 조금 먹고

모든 일에 자기 잇속을 따지지 않고

잘 보고 듣고 알고 그래서 잊지 않고

들판 소나무 숲 그늘 아래 작은 초가집에 살고

동쪽에 아픈 아이 있으면

가서 돌보아 주고

서쪽에 지친 어머니 있으면

가서 볏단 지어 날라 주고

남쪽에 죽어 가는 사람 있으면

가서 두려워하지 말라 말하고

북쪽에 싸움이나 소송이 있으면

별거 아니니까 그만두라 말리고

가뭄 들면 눈물 흘리고

냉해 든 여름이면 허둥대며 걷고

모두에게 멍청이라고 불리는

칭찬도 받지 않고 미움도 받지 않는

그러한 사람이

나는 되고 싶다

이 시는 일본에서 많은 사람들이 최고라고 말하는 시입니다. 짧은 시 한 수에 인생의 진眞과 선善과 미美가 다 담겨 있습니다. 세상에서 가장 아름다운 시 가운데 하나라고 생각합니다. 이것은 미야자와 겐지의 유고遺稿입니다. 사실 이 시의 원본에는 뒤에 불교의 기도문이 붙어 있습니다. 그렇게 보면 불교적인 정신을 담고 있다고도 볼 수 있지만, 종교를 떠나서 분명 아주 훌륭한 글입니다.

시를 쓴 사람은 미야자와 겐지宮沢賢治, 1896~1933입니다. 「은하철도 999」라는 만화 혹은 만화영화를 아시나요? 보지는 않았어도 제목은 들어 보셨을 겁니다. 「은하철도 999」의 원작소설이 『은하철도의 밤』인데, 이것을 쓴 사람이 미야자와 겐지입니다.

그의 생애는 아주 독특합니다. 그는 농부였습니다. 그는 어린 시절의 농촌 풍경을 주로 작품에 담아냈습니다. 그는 어려서 가난에 허덕이던 비참한 농촌의 경제를 개선하기 위해서 문학 활동을 시작했습니다.

미야자와 겐지는 일본의 이와테현 출신입니다. 이와테는 일본의 태평양연안에 있는 지방으로, 원전 폭발로 알려진 후쿠시마보다 더 북쪽에 있는 곳입니다. 아마도 일본의 여러 지역 중에서 우리나라 관광객이 가장 가지 않는 지방이자 일본 전체에서도 가장 낙후된 곳의 하나일 것입니다. 또한 높고 깊은 산악지방으로, 한 마디로 오지이며 깡촌이죠.

미야자와는 이 지방에서도 유복하고 독실한 불교문화를 가진 집안에서 태어났습니다. 그는 중학교 때부터 글을 썼고, 농업학교에 진학해서 농촌지도사가 됩니다. 그러면서 불교 공부도 열심히 했습니다. 젊었던 그에게 중요한 세 가지 세계는 농업, 불교 그리고 문학이라고 말할 수 있습니다. 그러나 더 중요한 점은 이 세 가지가 모두 농민들을 위한 일이었다는 점입니다. 그는 혼자 힘으로 가난한 농민들을 돕기 위해서 온 인생을 바쳤습니다. 그는 수확량도 적고 지주들의 수탈이 심하여 가난에서 벗어나지 못하던 농촌을 개선하기 위해서 오지를 돌아다녔습니다. 토양이나 비료에 대해 강의하고 지도했으며 스스로도 많은 연구를 했습니다. 그런 그는 농촌을 위해서 몸을 사르지 않고 돌아다니다가, 어느 날 급성 폐렴에 걸려 36세의 아까운 나이로 세상을 떠났습니다.

그는 숨을 거두면서 부친에게 일본어로 번역된 『묘법연화경』 1000부를 구입하여 가난한 농가들에 나누어 주라는 유언을 남겼습니다. 그는 생전에 단 한 권의 시집 『봄과 아수라』와 동화집 『주문 많은 요릿집』을 자비自費로 출판한 것이 전부였습니다. 그러나 그가 죽고 나서 50여 년이 지난 1990년대 이후부터 그가 새롭게 조명되기 시작했습니다. 최근에야 그는 일본의 선구적인 국민시인으로 추앙받기 시작했습니다.

그의 일생을 보면 어떤 생각이 드십니까? 그는 작은 몸집으로 아무도 알아주지 않는 작은 일을 했고, 그러다가 생을 마쳤습니다. 그가 이런 선지적인 생각을 실천으로 옮긴 것이 20세기 초반이니 벌써 100년이 되어 갑니다. 그는 별로 이룬 게 없다고 생각할지 모르지만, 그런 사람이 하나둘 모여서 사회가 발전하는 것 아니겠습니까?

요즘 코로나 사태로 많은 생각이 바뀌었지요? 그중에서 중요한 것은 인간은 혼자 사는 것이 아니라는 개념입니다. 이웃의 위생이 나쁘고, 내 옆 사람이 기침을 하고, 이웃나라에서 자연을 훼손하는 것이 이제는 다 우리에게 돌아온다는 것을 뼈저리게 느낍니다. 그럼에도 불구하고 마구 돌아다니는 사람을 비롯하여, 무신경한 사람, 쓰레기를 아무 데나 버리는 사람, 일회용품을 물 쓰듯 낭비하는 사람들이 여전히 많이 있습니다. 인간이 그렇게 발전만을 추구하다가, 지구 온난화와 미세먼지와 코로나를 만들어 낸 것입니다.

그럴 때에 여러분은 어떤 생각을 하십니까? 어떤 분은 '다 그러는데, 뭐. 나도 해도 괜찮겠지……' 그리고 또 어떤 분은 '나 하나쯤 그냥 해 버려도 무슨 영향이 있겠어?'라고 생각합니다. 그럴까요? 미야자와 겐지를 읽으면서 드는 생각을 한 문장으로 요약하면, 아무도 지키지 않는다고 하더라도 "나 하나만이라도"라는 정신이라고 생각합니다. 한 사람이 "나 하나 정도야"가 아니라 "아무도 하지 않아도, 나 하나만이라도 해야지"라면서 정도正道를 걷는다면, 우리 자식들의, 후손들의 세상은 점점 나아질 것입니다.

나 하나만이라도……

미야자와 겐지의 이 시 「비에도 지지 않고」가 감동적인 이유는 시도 좋지만, 그가 스스로 이런 삶을 살았다는 데 있습니다. 그래서 그의 시가 속 빈 강정처럼 문학가와 예술가를 자처하는 숱한 사람들의 가벼운 말과는 달리, 우리의 가슴을 두드리고 우리 깊은 곳에서 큰 울림을 주는 것이 아니겠습니까?

미야자와의 불교적인 사상이나 성 프란체스코의 기독교 사상이나 무엇이 다르겠습니까? 모두 세상을 사랑하고 세상 사람들을 위해서 하는 행동들입니다. 그들이 바로 부처요 예수가 아닐까요?

   이 긴 코로나 사태가 언젠가 끝나면(끝나야겠지요), 꼭 하리라고 제가 스스로 다짐한 것이 하나 있습니다. 앞으로 아침마다 이 시를 한 번 읽고 그리고 밖으로 나가려고 합니다……. 물론 나가자마자 이상한 옆집 사람을 만나면 화가 나겠지만……그래도 이 시를 생각하면 조금 덜하지 않겠습니까? 다시 한 번 읽어 보면서 편지를 마칩니다. 감사합니다.

> 동쪽에 아픈 아이 있으면 가서 돌보아 주고,
> 서쪽에 지친 어머니 있으면 가서 볏단을 지어
> 날라 줍시다

30년을 넘어 날아든 시집 한 권
- 시인과의 오랜 인연

　제 책상 위에 책이 한 권 도착했습니다. 열어 보니 30년 전에 저와 함께 군병원에서 근무했던 위생병이 보낸 것입니다. 처음엔 이름이 낯설어 의아했지만, 이내 그 병사, 황병장의 천진난만하게 미소 짓던 얼굴이 떠올랐습니다.

　30년 만의 연락도 놀라웠지만, 그가 소포로 보내 준 책은 더욱 감동적이었습니다. 그새 그가 시인이 되어 있었던 것입니다. 그가 자신이 펴낸 첫 번째 시집을 잊지 않고 저에게 보내 준 것입니다. 30년 전에 저를 '과장님'이라고 불렀던 병사가 이제 중년의 시인이 되어 저를 '형'이라고 호칭하면서 부쳐 온 시집은 감동적이었습니다. 그 자리에서 다 읽어 버렸습니다. 30년이라는 세월은 한 청년을 훌륭한 시인으로 만들었습니다.

그중에서 「영도 1」이라는 시를 읽어 드리고 싶습니다. 영도란 부산의 섬 영도를 말합니다. 지금은 갑자기 관광지가 되었지만, 원래 영도는 바닷가의 가파른 경사지에 가난한 피난민들이 힘들게 만든 판자촌이었습니다. 영도에서 나서 영도에서 자란 아이가 시인이 되어 과거를 추억합니다. 그것은 우리의 어린 시절이기도 하고, 민족의 과거이기도 합니다.

지금의 우리를 이루는 모든 것은 우리의 과거로 만들어진 것입니다. 그 감흥을 여러분과 나누고 싶어서 쓰다가, 그만 몇 수나 적어 버렸습니다.

영도 1 - 황경민

물미역이 사타구니를 핥았다. 먼저 죽은 아이의 머리카락이었다. 자살바위에 서면 누구나 새의 자식이 되었다. 새똥 같은 눈물을 흘리던 아이들은 일찍 철이 들었다. 술에 취해 바위에 앉아 있던 녀석을 파도가 삼켰다. 끄티에서 친 파도가 산복도로 하꼬방 루핑지붕을 덮쳤다. 발 디딜 데만 있으면 길이 생겼고, 몸 누일 데만 있으면 집이 생겼고, 몸 섞을 데만 있으면 아이가 생겼다. 바다와 산과 벼랑과 바람이 아이를 키웠다. 다리 아래서 났지만 모두 산 뱃속에서 자라 혈육이 된 섬, 골목마다 그림자가 비틀거리는 밤이 오면 영도는 제 그림자를 물안개

속에 숨기고서야 잠이 들었다.

엄마의 방식 - 황경민

남항시장에서 돼지빼다구 만 원어치를 샀는데
살키는 또 얼메나 마이 붙어 있든지
고오고 고오고 또 고아가
이우지 할마시들하고 한 그륵 하고
이우제 사는 여동생하고 한 그륵 하고
문상 갔다 들른 큰 딸, 큰 사우하고 한 그륵 하고
장가 몬 간 아들래미하고 한 그륵 하고
큰 아들내미 식구 오모 또 한 그륵 하고
아들내미 손에 세 봉다리 얼라가 보내고
아직 두 봉다리가 남아가 또 난중에 녹카 묵는,

아, 등골 빼먹힌 돼지빼다구,
뼈에 송송 구멍 난 엄마의 방식

오후 세 시 - 황경민

여든넷 혼자 사는 노모가
쉰셋 혼자 사는 자식에게 전화를 건다

밥은 뭤드나?
무찌요. 밥 뭤소?
때가 언제라꼬. 밥 무래이
야아
밥 묵고 댕기래이
야아

젖이 마른 엄마가
마른 젖을 내 주는 일요일 오후 세 시
밥 묵기도 안 묵기도 어정쩡한
혼자 사는 것들이 문득, 외로울 시간

    이 아름답고 절절한 시집 『통화중일 때가 좋았다』(글상걸상, 2021)를 쓴 황경민 시인은 이미 아는 사람들에게는 잘 알려져 있었으며, 부산에서는 여러 활동을 하고 있습니다. 오랫동안 철학 카페를 운영하기도 했고, 부산의 신문에 칼럼도 쓰고 있고, 소외된 분들을 찾아가서 노래도 불러 주는 등 좋은 얘기를 많이 듣는 시인이었습니다.

저만 몰랐던 것이죠. 그런데 그가 시인이 되고 나서 처음으로 시집을 낸 것입니다. 그는 20여 년 동안 수많은 시를 써 왔지만, 50세가 넘어 첫 시집을 냈습니다.

시집을 내려고 시를 정리하는데,
시가 보이지 않는다……
기백 편을 써 놨는데 시가 사라지고 없다……
하는 수 없이 시 아닌 걸 정리하는 수밖에 없다……
시집을 내려는데…… 시가 다 집 나가고 없다

서문도 없이 지은이 말도 없이, 시인은 오직 자신의 시가 시도 아니라고 썼습니다. 하지만 아름답고 진실한 시들입니다. 특히 가난한 동네 영도에서의 진실한 삶의 모습, 80대의 늙은 어머니와 또한 50대가 되도록 혼자 사는 아들과의 말없는 사랑의 교감(아들은 시인이지만 어머니는 글을 읽지 못합니다……), 그리고 자신보다 힘든 주변 사람들에 대한 따뜻한 시선, 정치와 사회에 대한 정의로운 시각 등을 보여 줍니다.

부산 사투리가 많아서 읽기가 힘드신 분들도 계시겠지만, 그가 사투리를 고수하는 것은 모든 것이 서울 중심으로만 돌아가는 우리 사회에 대한 시인의 조용한 항거이기도 합니다. 서울말로는 번역하기 힘든, 아름답고 함축적이고 상징적인 표현이 넘칩니다. 사투리가 이렇게 아름답구나 하는 생각도 들었습니다.

그와 저의 관계를 제가 구구절절 설명하는 것보다 황경민 시인이 그의 페이스북에 올린 글을 여기서 인용하겠습니다. 그의 입을 통해서 저와의 30년이 넘은 인연을 소개합니다.

이건 오래 묵은 이야기고, 좀 감동적인 이야기다. 나는 가 본 적이 없는 풍월당의 박종호 대표는 나하고 아주 인연이 깊다. 왜냐하면 30여 년 전 그와 내가 같이 군대생활을 했기 때문이다. 나는 당시 군대 정신병동의 위생병이었고, 그는 그 정신병동의 군의관이었다.
나는 24시간 환자들과 함께 먹고 자고 생활하며 정신병동을 지키는 정신과 위생병이었다. 우리는 그렇게 군대 정신병동에서 만나서 계급과 상관없이 많은 것들을 같이했다. 둘이서 참 많은 수작을 벌였다. 그가 하는 얘기는 내가 다 알아들었고, 내가 하는 얘기를 그는 늘 찬성하고 환영했다. 군 정신병원이었지만 당시 정신병동의 환자들은 최상의 인문학적 프로그램을 몸으로 체험할 수 있었다.

가령, 환자들과 위생병과 군의관은 매주 한 편의 영화를 보고 같이 토론했다. 환자들은 매주 한 편의 책을 읽고 독후감을 썼다. 환자들은 매주 편지를 썼다. 환자들과 위생병과 군의관은 매주 빙 둘러앉아 자유토론을 벌였다. 환자들과 위생병과 군의관은 매일 탁구를 쳤다. 환자들은 벽화를 공동 창작했다. 환자들은 연말 병실 대항 장기자랑 대회에 나가 대상을 받았다. 환자들은…….

박종호와 나는 참 죽이 잘 맞았다. 늘 새로운 무언가를 기획하고 시도했으며, 그 부분에서 그와 나는 최상의 콤비였다. 다만 한 가지 문제가 있었으니…… 문제는 그곳에서는 위생병과 환자의 구분이 잘 안 된다는 것이었다. 나는 가끔 환자복으로 갈아입고 투약하러 온 간호장교를 놀렸다. 대부분 적응장애를 앓던 환자들은 정신병동에 입원해서 한 달이 채 지나지도 않아서 대개 본래의 모습으로 돌아온다. 그러면 그들은 내 후배거나 친구와 다름없었다. 전태일의 기일에는 병동에서 기념행사를 벌이기도 했고, 사회과학 서적들을 몰래 반입해서 읽기도 했으며, 아주 가끔 술을 마시기도 했다.

    내가 병장을 달 즈음, 간호장교들 사이에서는 정신병동 위생병이 밤마다 술을 먹는다는 소문이 돌고 있었다. 물론 나는 그 사실을 까맣게 몰랐고, 날마다 술을 먹진 않았다. 그들이 그렇게 내게 의심의 눈초리를 보내고 있던 어느 날 밤, 사달이

나고 말았다. 일직사령과 일직간호장교가 정신병동에 들이닥친 것이다. 하필 나는 술을 먹고 있었다. 나는 완전군장을 싸서 연병장을 돌았다.

다음 날 난리가 났다. 출근한 박종호 대위는 엄청 분노했다. 설사 내가 술을 마셨다고 하더라도, 정신병동을 지켜야 할 위생병을 함부로 병동에서 분리시켜서는 안 되기 때문이었다. 그러나 일직사령은 막무가내로 내게 연병장으로 나가라는 벌을 내렸고, 나는 밤새 연병장을 돌았다. 그날 아침까지 연병장을 돌던 나는 당장 호출을 받고 정신병동으로 복귀했고, 박종호 대위는 안타깝고 어이없는 표정으로 나를 쳐다봤다.

    그가 물었다. "왜 술을 먹었냐?" 내가 대답했다. "이제 그만 내무반으로 복귀하겠습니다." 그가 말했다. "내가 다른 환자들은 다 컨트롤이 되는데 너만 어떻게 할 수가 없구나." 그렇게 나의 군 정신병동에서의 생활은 막을 내렸다. 그래도 그는 주말이면 나를 불러내 이동갈비를 사 주기도 하고, 뭐 좋은 게 있으면 가져다주기도 했고, 휴가를 갈 때는 금일봉을 주기도 했다. 내게 참 잘했다.

그때나 지금이나 나는 승질이 더러버가 "왜 술을 먹었냐?"는 말에 대답을 찾을 수가 없었다. 그냥 먹고 싶어서 먹었기 때문이다. 가령 그가 조심해서 먹으라고 했다든가, 앞으로 술을 먹지 말라고 했다면, 아마 죄송하다며 그냥 병동에 남았을 것이다. 나는 그렇게 말하지 않는 그가 섭섭했던 것이다.

그러나 한참의 세월이 흐른 뒤 그 일을 돌아보니까, 내가 상처를 받은 게 아니라 그가 상처를 받았을지도 모른다는 생각이 들었다. 그는 안타까워서, 답답해서, 혹은 내게 무슨 일이라도 있나 싶어서, 달리 특별한 말이 생각나지 않아서 "왜 술을 먹었냐?"고 물었을 것 같았기 때문이다. 어쨌든 그 뒤로 병동을 오며가며 그를 보긴 했지만, 언제 마지막으로 봤는지 기억이 나질 않는다. 그는 당시에도 클래식 음악과 오페라에 조예가 깊었으며, 늘 손에서 책을 놓지 않았던 기억이 난다.

가끔 그 시절이 생각났지만 그건 내 개인적 추억일 뿐이었다. 세월이 한참 지난 뒤 어느 날 그가 오페라 강의를 하고, 오페라 책을 냈다는 소식을 접했다. 그리고 풍월당을 열었다는 소식을 접했을 즈음, 나는 부산으로 내려왔고 괜히 바빴다.

가끔 페이스북에서 풍월당의 소식을 접하기도 해서, 잊을 만하면 그가 기억 속으로 호출되곤 했다. 그러다 엊그제 그 마지막이 너무 미안해서 그에게 시집을 보냈는데, 어제 시詩 수업 중의 쉬는 시간에 모르는 번호로 전화가 왔다.

"내 박종호다." "하하하하하." "우째 살았노? 니 시집 받아가 지금 다 읽었다. 정말 좋더라." "하하하하하." "웃는 거 보이 똑같네." "목소리 그대로네예. 하하하하하."

왜 이제사 연락을 했느냐, 나는 그 마지막은 모르겠고 니한테 좋은 기억만 있다, 왜 이제사 시집을 냈느냐, 니하고 내하고 같이 늙어 가는구나, 내가 부산 가꾸마, 언제 어디서 보자, 좋다 좋아, 풍월당 식구 중에도 시 쓰는 친구가 있는데, 니 시를 읽고는 울더라, 우짜모 니한테 좋노, 시집을 주문할 껀데 우짜모 되노?…… 나는 30년 전 국군일동병원의 정신병동에 있는 착각이 들었다.

전화를 끊고 채 여운이 가시기도 전에 글상걸상의 순호한테서 전화가 왔다. "형, 풍월당에서 형 시집 370권을 주문했는데, 그라모 3쇄를……" "구랴. 니가 알아서 해라."

끊겨 있던 30년이 이렇게도 가까울 줄이야. 그도 나도 서로가 좋아서 참 좋다.

황경민의 시는 누구만의 추억이 아니라, 세상을 살아가는 우리를 되돌아보게 합니다. 우리를 부끄럽게 합니다. 부산 영도의 가난한 동네에서 나서 영도에서 고등학교까지 나와서, 서울의 대학에서 문학을 공부한 그는 서울에서 대기업, 방송국, 관청 등의 여러 직장생활을 하다가, 40세가 넘어 고향인 부산 영도로 다시 내려갔습니다.

덕분에 홀로 사시는 어머니를 자주 찾아뵐 수 있는 효자가 되었으며(두 사람은 한동네에서 좀 떨어진 집에서 각각 홀로 산다고 합니다), 매일 어머니에게 걱정을 끼치는 불효자가 되었습니다. 그는 어머니뿐만 아니라 영도의 혼자 사는 많은 노인들을 일일이 챙기고, 그들을 위해서 노래를 불러 주고, 시를 쓰면서 삽니다.

실은 제가 시집을 받고, 서로 전화 통화를 하고, 며칠도 지나지 않아서, 그는 제가 보고 싶다면서 기타 하나를 둘러메고 열차를 타고 풍월당에 왔습니다.

그리고 제 앞에서, 저 한 명만 앞에 놓고, 저를 위해서, 혼자서 콘서트를 열어 주었습니다. 그가 불러 준 노래들로 우리의 30년이 바로 녹아내렸습니다. 30년 전 정신병동에서 환자들을 모아 놓고 앉아서 소총 대신에 기타를 들고 천진하게 웃던 그의 얼굴이 생각났습니다. 그가 부르는 모든 노래는 자신이 쓴 시에 자신이 곡을 붙인 것입니다. 직접 쓰고 짓고 기타 치고 노래 부릅니다. 정말 잘 부르고 또한 감동적입니다.

다른 사람들은 그를 가리켜 '한국의 밥 딜런'이라고 부르던데요. 글쎄요, 모르겠습니다. 저는 밥 딜런을 들으면서 울어 본 적은 없지만, 그의 노래를 듣고는 울었습니다. 세상에 이렇게 아름다운 노래가 있구나. 이렇게 가슴으로 노래하는 사람이 있구나…….

그런 그의 착하고 순수하고 가식 없는 생활은 그의 시에 그대로 묻어나 있습니다. 세상에는 시와 삶이 다른 문학가가 많습니다. 예술과 생활이 다른 예술가가 얼마나 많습니까? 하지만 하루 만난 그는 시와 가슴과 생활이 완전히 일치하여 살고 있었습니다.

이런 진흙탕 같은 세상에서 그를 한 송이의 연꽃에 비유하고 싶은 것은 결코 저의 과장이 아닙니다. 가슴이 참 따뜻해지는 시들입니다.

백주 9, 여름 오후 - 황경민

할머니
심심하셔서
낮잠을 주무시는데
손님이 찾아오셨다
누런 털에 검은 코
사랑을 받을 줄 아는 옆집 복슬이가
할머니
심심하신
손바닥을 핥았다

할머니와 복슬이는
지난여름 삼복더위를 같이 넘겼다
낮잠 자는 빈집들도 같이 넘겼다

모든 것을 버림으로써
해방된 남자
- 성 프란체스코의 일생

    오늘의 책읽기로 추천하는 책은 니코스 카잔자키스Nikos Kazantzakis, 1883~1957의 소설 『성자 프란체스코』(열린책들 혹은 애플북스)입니다. 성 프란체스코1182~1226는 가톨릭 성인聖人 중의 한 명으로서 13세기의 이탈리아에서 실존했던 인물입니다. 이탈리아에서는 '아시시의 프란체스코'라는 뜻으로 보통 산 프란체스코 다시시San Francesco d'Assisi라고 부릅니다.

    그는 우리나라에도 있는 유명한 프란치스코 수도회를 창설했습니다. 그의 사후에 나온 작은형제회와 카푸친 작은형제회, 꼰벤뚜알 작은형제회, 2회 형제회, 클라라 수녀회, 3회 재속회 등이 모두 프란치스코 수도회에서 갈라져 나온 수도회들입니다. 이것들만 보아도 프란체스코를 따르는 사람들이 얼마나 많았으며, 그의 가르침이 얼마나 영향력이 컸는지 짐작할 수 있습니다. 그런데 사실 프란체스코는 정식으로 사제 서품을 받은 적이 없었고 정식 수도사도 아니었습니다. 그는 다만 길에서 자신의 생각대로 사람들에게 하느님의 말씀을 전했는데, 그를 따르는 무리가 점점 많아졌던 것입니다. 나중에 그들이 로마 교황에게 정식으로 수도회로 인정해 주기를 청원하여, 교황의 특명으로 수도회가 되었습니다.

성 프란체스코는 이탈리아 중부의 도시 아시시 출신이었습니다. 아버지는 도시에서 가장 부유한 사람으로 직물 상인이었습니다. 유복한 집안에서 태어난 프란체스코는 어려서부터 갖은 호사를 누리며 성장했습니다. 청년이 되어서는 잘생기고 시를 잘 짓고 노래를 잘 불러서 아시시의 처녀들이 다투어 그를 흠모했습니다. 그도 비단 옷을 좋아하고, 아름다운 것을 추구하고, 좋은 음식과 귀한 포도주를 즐겼던, 평범한 부잣집 도련님이었습니다.

그의 아버지가 출장을 간 어느 날 그는 혼자서 가게를 보고 있었습니다. 그때 한 거지가 가게 앞에서 구걸을 했습니다. 그것을 본 프란체스코는 큰 계약이 이루어질 뻔했던 순간에 물건들을 내팽개치고 걸인을 쫓아가 자신의 주머니에 있던 돈을 그에게 주었다고 합니다. 그런 그의 행동에 친구들은 그를 비웃었고, 출장에서 돌아온 아버지는 크게 야단쳤습니다.

그러던 언젠가부터 그는 음식이나 술이나 여자나 사치나 명예와 같은 세속적인 쾌락에 이전과 같은 즐거움을 느끼지 못하게 되었습니다. 그는 자신이 가진 모든 옷을 버리고 알몸이 되어 시내를 돌아다녔고, 사람들은 그런 그를 비웃었습니다. 그는 본인도 거지들처럼 평생 낮은 곳에서 가난하게 살기로 결심했습니다. 그리고 그것을 실천했습니다. 프란체스코는 평생 누더기 같은 옷 한 벌(여분의 옷도 없었습니다)과 신발 한 켤레(신발은 닳아서 종종 바꾸기는 했습니다) 외에는 어떤 소유물도, 일부러 지팡이조차(그것도 사치라고 생각했습니다) 가지지 않고 살았다고 합니다.

그런 그를 따르는 사람들이 생겨났습니다. 처음에 그들은 구걸을 했지만, 어느 날 그것 역시 옳지 않다고 생각하여 농사와 노동을 하면서 최소한의 먹을 것을 스스로 마련하기 시작합니다. 그리고 그를 따르는 사람이 열두 명이 되었을 때, 그는 수도회의 규칙을 만들었습니다. 지금도 프란치스코 수도회의 근간을 이루는 이 단순하고도 중요한 사상은 "예수의 가르침을 따라서 예수의 길을 따라 실천하는 것"입니다.

1226년 프란체스코의 나이가 43세 되던 해, 그의 몸에 오상五傷이 생겼습니다. 오상이란 예수가 십자가에 못 박혔을 때 두 손과 두 발에 찔린 못자국과 옆구리에 찔린 창의 자국 등

다섯 가지 상흔傷痕을 일컫는 말입니다. 이런 상처는 종종 성인의 표식으로 여겨집니다. 바그너의 악극 〈파르지팔〉에 나오는 암포르타스의 옆구리에 생긴 상흔도 그의 영원한 고통의 표현이면서 동시에 그가 성스러운 인물이라는 것을 뜻합니다. 오상이 생긴 프란체스코는 시편 142편 "큰 소리로 나 주님께 부르짖네"를 읊으며 선종했다고 전합니다.

그의 사후 불과 2년 후에 교황 그레고리오 9세는 그를 성인으로 시성했습니다. 프란체스코는 역사상 가장 예수와 닮은 삶을 살았던 사람으로 기억되며, 그가 구현한 실천적인 삶은 이후 모든 사람들(굳이 가톨릭이나 기독교도가 아니라 하더라도)의 삶의 귀감으로 여겨지고 있습니다. 지금의 프란시스코 교황도 프란체스코란 이름을 스페인식으로 발음한 것입니다(교황은 아르헨티나 분입니다). 그런 프란체스코의 감동적이고 세세한 행적을 카잔자키스가 소설 『성자 프란체스코』에 담아낸 것입니다.

우리가 온전히 프란체스코처럼 살 수는 없습니다. 보통 사람들이 따라할 수가 없으니 그를 성자라고 부르는 것이 아니겠습니까? 그러나 그런 사람을 알고 사는 것과 모르고 사는 것은 차이가 있다고 생각합니다. 알고서 하지 않는 것보다도 몰라서 하지 않는 것이 더욱 안타까운 것이며 모르고 하는 죄가 더욱 죄인 것입니다. 그래서 우리는 배워야 하지요.

    이렇게 힘든 세상에 저런 사람이 있었다는 것, 그런 가치가 존재한다는 것 자체가 우리에게 위안을 주지 않습니까? 우리가 욕심을 조금만 버리면, 더욱 존엄하고도 보다 자유로운 삶을 살게 되지 않을까요?

    프란체스코는 아버지 가게의 호사스런 옷들을 모두 내다 팔아서 그 돈으로 다 무너진 성당을 개축하여 수도회 건물로 삼았습니다. 존엄함은 좋은 옷을 입는 데서 나오는 것이 아니라, 그 옷을 버리는 데서 나오는 것입니다. 여러분이 좋고 사치스런 옷을 입는다고 아무도 존경해 주지 않습니다. 앞에서는 칭찬하지만 뒤에서는 손가락질할 뿐입니다. 하지만 여러분이 그 옷들을 버리는 순간에는 큰 존경을 받습니다. 처음부터 가지지 못했던 사람보다도 더욱 말입니다. 그것이 프란체스코의 일생을 통해서 배울 수 있는 가르침이기도 합니다.

    '성 프란체스코의 기도' 혹은 '평화의 기도'로 알려져 있는 유명한 기도를 한번 적어 봅니다. 프란체스코가 지었다고 알려진 기도문이지만, 실제 그의 저작(꽤 많은 저술도 남겼습니다)에서는 이 기도문을 발견할 수 없기에, 다른 사람이 쓴 것이 아닌가 생각합니다. 다만 내용이 좋으니 프란체스코가 지었을 것이라고 짐작한 듯합니다.

누가 지었건 간에, 참 아름다운 글입니다. 어디 써서 붙여 놓으시면, 스스로의 욕심을 버리게 되고 마음이 평화로워질 것입니다(몇 가지 버전이 있는데, 제가 조금 다듬었습니다).

평화의 기도 - 아시시의 성 프란체스코

주여, 저를 당신의 도구로 써 주소서
미움이 있는 곳에 사랑을,
다툼이 있는 곳에 용서를,
분열이 있는 곳에 일치를,
오류가 있는 곳에 진리를,
의혹이 있는 곳에 믿음을,
그릇됨이 있는 곳에 진리를,
절망이 있는 곳에 희망을,
어두움이 있는 곳에 광명을,
슬픔이 있는 곳에 기쁨을
가져오는 자 되게 하소서

위로받기보다는 위로하고,
이해받기보다는 이해하며,
사랑받기보다는 사랑하게 해 주소서

자신을 줌으로써 받고,
자신을 잊음으로써 찾으며,
용서함으로써 용서받고,
죽음으로써 영생을 얻기 때문입니다

오늘은 어버이날입니다. 김재진 시인의 시를 하나 읽어 봅니다.

어머니 – 김재진

부모 잃고 남의 집에 얹혀 있는
뇌성마비 송씨는 모음만으로 노래한다
아·으·오·우……
어머니날 그가 부르는 어머니 은혜
휠체어에 앉은 채 몸 비틀며 부르는
모음~~母音~~들이
바닥에 떨어지지 않도록 나는 급히 손 내밀어 받는다

우리는 휠체어에 타지도 않았고, 아직 발음도 멀쩡한데, 왜「어머니 은혜」를 부르지 않나요? 어떤 시인의 글이 생각납니다.

우리가 먹을 것을 집까지 가져다주는 분들
- 고마운 택배 기사들을 생각합니다

요즘은 밖으로 잘 나가지 않으니, 택배나 배달을 많이 시키게 되지요? 저는 얼마 전에 어떤 분이 아주 사소한 것을 택배로 시켜도 "금방 오고", "내일 아침에도 오고", "쪽파 한 단도 오고, 감자 한 알도 온다"고 좋아하시는 말씀을 들었습니다.

그런데 한편으로는 기분이 씁쓸했습니다. 본인은 편리하시겠지만, 새벽에, 밤에, 로켓처럼 배송하는 분들은 얼마나 힘들까 하는 생각이 들더군요. 그렇지 않아도 배달을 많이 시키던 우리 생활에서, 이번 전염병 사태로 집에서 물건을 시키는 일이 폭발적으로 늘어났습니다.

하는 수 없이 시키더라도 배달하는 분의 노고는 한번 생각해 봐야 하겠습니다. 바로 『웃는 남자』에서 빅토르 위고가 말하는 그 세상 사람들, 우리가 모르는, 그러나 우리를 떠받치면

엄마는 나를 세상에서 가장 사랑하는데,
내가 세상에서 가장 사랑하는 건
엄마가 아니어서 미안합니다. 정말 미안합니다……

「어머니 은혜」를 소리 내어 불러 보세요. 그 순간에 어머니가 찾아오실 겁니다. 정말이냐고요? 그럼요. 우리가 불렀을 때, 어머니가 다가와 주지 않은 적이 없잖아요. 정 창피하면 방문을 닫고 혼자서 낮은 소리로라도 가만히 불러 봅시다. 어머니 은혜…….
여러분을 낳아 주신 모든 어머니들을 마음 깊이 축복합니다. 안녕히 계십시오.

서 사회를 지탱하는 우리 밑에 있는 사람들, 하지만 위고의 말처럼 어쩌면 우리 아래가 아니라 우리 위에 있을지도 모르는 그 택배 아저씨들을, 택배를 받을 때만이라도 한번 생각해 봅시다. 택배를 보낸 사람에게만 고맙다고 하지 말고, 그것을 들고 올라온 분들의 고마움과 수고도 한번 생각해 봅시다.

그들이 배송 한 번에 받는 금액은 제가 알기로 700원 정도입니다. 하루에 100집을 가면 겨우 7만원이 되는 것입니다. 그들은 소변보러 갈 시간이 없어서 페트병을 가지고 다니며 소변을 보고, 식당에서 식사할 시간이 없어서 운전석에서 김밥이나 도시락을 먹습니다. 다들 집에 비싼 고급 정수기도 달았을 텐데, 제발 그 무거운 생수만큼은 배달을 자제했으면 좋겠습니다. 플라스틱 병에 든 물이 좋을 리도 없고 쓰레기도 넘칩니다. 생수 때문에 그들의 허리가 다 부러지고 절단 나고 있습니다. 그래서 택배 기사를 오래 하는 분이 없다고 합니다.

제가 아는 세 분의 택배 기사가 있습니다. 첫 번째 분은 원래 택시 기사였습니다. 2교대로 택시 일을 하니, 12시간은 일하지만, 나머지 12시간은 시간이 납니다. 그런 그가 예상치도 않게 작은 아파트에 당첨이 되었습니다. 다들 축하해 주지만, 그는 중도금을 마련한 방법이 없습니다. 그래서 택시를 쉬는 시간에 다른 회사에 가서 새벽배송을 했습니다. 그는 밤

낮으로 일을 하다 보니 잠이 들지 못하는 병에 걸렸습니다. 천하의 어떤 수면제로도 그를 재울 수 없었습니다. 안타까웠습니다. 결국 그는 정신병원 신세를 지게 되었습니다.

　두 번째 분은 알고 있던 목회자입니다. 지방에서 근무하던 그분이 서울에 올라왔다기에 만났는데, 교회에서 나오는 돈이 너무 적어서 서울에 택배기사 모집 광고를 보고 올라왔답니다. 서울에는 집이 없으니 주중에 고시원에서 자면서 택배를 뛰고, 주말에는 내려가서 가난한 교회를 인도하는 것입니다.

　세 번째 분은 저희 풍월당에 매일 같이 와서 전국으로 발송되는 음반 택배 박스들을 받아 가는 분입니다. 여러분들 집에서 받았던 음반도 그의 손으로 배달된 것들일 겁니다. 점심시간에 부근의 식당에서 몇 번 그를 만난 적이 있었습니다. 그는 항상 김치찌개만 먹는데, 그것이 하루에 먹는 단 한 끼라고 했습니다. 그러던 어느 날 갑자기 그분이 돌아가셨다는 소식을 들었습니다. 풍월당 직원들과 함께 장례식장을 방문했습니다. 가 보니 아내는 이미 가출한 지 오래고, 망연자실한 20대 딸이 혼자서 빈소를 지키고 있었습니다. 빈소에는 화환 하나도 없고 저희 외에는 찾아온 사람도 없었습니다. 식사를 하는 것도 폐를 끼치는 것 같아 물러나왔습니다. 직원들과 오랜만에 이문설렁탕에서 가서 그분을 추억하며 슬픈 설렁탕을 먹었습니다.

우리가 택배를 받으면 물건만 반가워하고 보내 준 분만 생각하지, 정작 그것을 내게 들고 온 사람은 생각하지 않는 경우가 많기에 주저리 썼습니다. 그들도 우리와 같이 부양가족이 있는 아버지이며 늙은 부모의 아들이라는 것을 기억하자는 말씀입니다.

제 얘기를 드려서 죄송한데, 저는 거의 배달을 시키지 않습니다. 특별히 배달에 거부감이 있다기보다는 간단하게라도 직접 해 먹는 것을 아직은 선호하며, 음식을 배달시키는 것이 그리 좋아 보이지 않기 때문입니다. 지난 10년 동안 음식을 배달해서 먹은 횟수가 손가락 숫자보다 적을 것입니다.

그럼에도 다른 분이 저에게 무엇을 보내 주실 때도 있죠. 며칠 전에 한 택배 기사가 왔기에, 현관에서 붙잡아 놓고 음료수 한 병과 마스크 한 개를 드렸습니다. 그렇게 고마워할 수가 없었습니다. 택배 기사가 오시면 따뜻하게 해 줍시다.

오늘 추천해 드리는 영화는 「미안해요, 리키Sorry We Missed You」입니다. 2019년, 코로나 직전에 개봉한 영국 영화입니다. 지금 우리 사회의 이야기이며, 오늘 여러분의 집에 택배를 가지고 오시는 분의 이야기입니다. 영국 감독 켄 로치Ken Loach, 1936~ 는 이 영화를 만든 2019년에 우리 나이로 무려 84세였습니다. 그런 노인이 영국 사회에서 택배를 하는 사람들, 특히 젊은 가장과 가정의 이야기를 이토록 잘 그려 냈습니다.

　이 영화가 마음에 드시고 이 영화감독에게 관심이 생기면 다음에는 「나, 다니엘 블레이크」를 보시기 바랍니다. 우리가 잘 몰랐던 노동문제를 적나라하게 그려 낸 명작입니다. 켄 로치는 역사상 칸 영화제에서 그랑프리인 황금종려상을 두 번 받은, 몇 안 되는 감독 중의 한 사람입니다. 2006년에 「보리밭을 흔드는 바람」으로, 그리고 2016년에 「나, 다니엘 블레이크」로 두 번이나 황금종려상을 수상했습니다. 로치 감독은 항상 사회의 소외된 사람들과 핍박받는 계층의 실상을 그립니다.

　영국이라는 나라를 말할 때에 우리는 귀족과 신사를 떠올립니다. 맞습니다. 그러나 귀족과 신사의 나라가 유지되기 위해서는 그 밑에서 떠받치는 계층도 있는 것입니다. 로치 감독은 어떤 정치적, 사상적 메시지도 넣지 않습니다. 그는 다만 그들이 여기 있음을 얘기합니다. 그는 미처 우리가 관심 갖지 못하는 데가 있음을, 그런 사실을 담담하게 얘기합니다.

　저에게 「미안해요, 리키」를 보라고 처음 권했던 분은 풍월당 회원이셨습니다. 그분 자신이 기업을 운영하는 기업가이면서 저에게 이 영화를 권한 것에 대해 저는 그분을 다시 보고 더욱 존경하게 되었습니다……. 이 영화는 한 남자가 택배 기사를 시작하는 순간부터 영혼이 어떻게 망가져 가는지를 그렸습니다. 우리 주변의 모습입니다. 이것이 지금 우리가 사는 세상입니다. 바로 그들이 오늘 여러분이 드실 소중한 음식을 가져옵니다.

다 함께 살아가는 세상입니다. 이번 코로나 사태는 하느님이 우리에게 내려 주신 시련이자 시험일지도 모르겠습니다. 지금까지 우리가 보았던 하늘은 누군가가 일부러 파랗게 칠해 놓은 가짜 하늘이었을지도 모릅니다. 우리는 거기에 취해서 마냥 놀고 있었을지도 모릅니다. 저도, 풍월당도 그렇습니다.
이제 진짜 하늘을 새롭게 바라보아야 할 시점이 되었습니다. 이 사태가 끝나고 나면, 우리가 모두 이~~만큼 더 커져 있기를 소망합니다.

고맙습니다
겨울은 언제나 저희들을
겸손하게 만들어 주십니다

램프와 빵 - 기형도

2부

발렌틴 시도로프, 「눈이 온다」 (1969)
캔버스에 유채, 90×100cm
트레챠코프 미술관, 모스크바

마지막 사랑을 향해서
- 잊혀 가는 우체국들

　며칠간 비가 내리고 흐리더니, 오늘 아침은 늦은 봄 햇살이 화창합니다. 그동안에 봄은 다 지나가 버렸습니다. 나중에 세월이 흘러도 2020년의 봄은 누구도 잊기 어려울 것입니다. 힘들었거나 어려웠거나 이렇게 또 하나의 추억이 쌓이고 역사가 만들어져 갑니다. 어쨌든 우리는 또 한 번의 봄을 잃어버렸습니다. "모란이 뚝뚝 떨어져 버린 어느 날 나는 비소로 봄을 잃는 슬픔에 잠길 테요……"라는 시인의 말씀이 그대로인 것 같습니다.

　편지를 기다리시는 분들이 많다고 해서 기분이 좋았습니다. 열심히 쓰고 있습니다. 그런데…… 혹시 여러분도 편지를 쓰시나요? 한번 써 보세요. 이런 기회에 컴퓨터나 전화기 말고 종이에 손으로 편지를 써서 한번 보내 본다면, 여러분이 편지를 보내는 것 이상으로 받는 분도 즐겁지 않겠습니까?

누구에게 보낼까 생각만 해도 즐겁지 않습니까? 굳이 가깝지 않아도 됩니다. 단골 생선가게 할아버지나 채소가게 아주머니도 좋지요. 단골 병원의 까칠한 간호사도 좋고요. 우리 아파트 경비원 할아버지는 어때요? 긴 편지가 아니라도 엽서나 카드도 좋지요. 별 내용이 없어도 됩니다. 이건 어때요? "덕분에 잘 먹고 잘 삽니다……." 정말 고마워하실 겁니다. 안에 작은 책이나 음반이나 손수건이나 양말이나 과자라도 넣으면 더 좋아할 것입니다…….

우체국이라는 것이 옛날에는 우리 정서에 중요한 역할을 하곤 했었습니다. 빨간 우체통이 앞에 서 있는 우체국, 그곳에 가면 무언가 뜻밖의 일이 일어날 것만 같았습니다. 크고 거대한 우체국보다도 작은 동네 우체국이 더욱 그러했지요. 어려서는 우표나 엽서가 새로 나오면 달려가고, 저는 어머니가 써주신 쪽지를 받아들고 전보를 치러 많이 다녔습니다. 등기나 소포를 보낼 때도 재미있었지요.

유럽에는 도시의 가장 중요한 자리에 우체국이 있습니다. 시청이나 기차역에 못지않게, 멋지고 아름다운 우체국 건물들이 많지요. 저는 그 도시를 가면 보통 우체국을 찾아서 구경도 하고 안을 둘러봅니다. 대부분 우표나 엽서는 물론이고 편지를 쓰기 위한 문구류도 전시해 놓고 판매도 합니다.

그 도시에서의 일정의 마지막 날 아침에는 그동안 샀던 책이나 무거운 물건들을 캐리어에 넣어 가까운 우체국으로 끌고 가서 서울로 부친답니다. 삯은 얼마 하지 않습니다. 그러면 공항에서 짐 많다고 싸우고 빼고 벌금 내고 할 것도 없습니다. 우체국에 가면 소포를 포장하는 박스와 각종 도구들도 팝니다. 적당한 박스를 사서 책을 넣고 책들 사이에는 양말 같은 빨래도 집어넣고(냄새는 좀 나겠지요), 그 사이에 작은 기념품이나 인형 또는 장난감도 넣습니다……. 하지만 저도 국내에서는 우체국과 좀 멀어졌네요. 풍월당에는 우편물이 많아서 매일 우편배달부 아저씨가 들르시기 때문입니다.

우체국 얘기를 하다 보니, 우체국을 그린 몇 가지 유명한 시들이 떠오릅니다. 세 가지를 골랐으니, 옛 생각을 하시면서 한번 읽어 봅시다. 순서대로 처음 것은 아주 유명하고, 다음 것은 제법 유명하고, 마지막 것은 별로 알려지지 않은 시입니다.

행복 - 유치환

사랑하는 것은
사랑을 받느니보다 행복하나니라
오늘도 나는

에머랄드빛 하늘이 환히 내다뵈는
우체국 창문 앞에 와서 너에게 편지를 쓴다

행길로 향한 문으로 숱한 사람들이
제각기 한 가지씩 족한 얼굴로 와선
총총히 우표를 사고 전보지를 받고
먼 고향으로 또는 그리운 사람께로
슬프고 즐겁고 다정한 사연들을 보내나니

세상의 고달픈 바람결에 시달리고 나부끼어
더욱더 의지 삼고 피어 헝클어진 인정의 꽃밭에서
너와 나의 애틋한 연분도
한 망울 연련한 진홍빛 양귀비꽃인지도 모른다

사랑하는 것은
사랑을 받느니보다 행복하나니라
오늘도 나는 너에게 편지를 쓰나니
─그리운 이여, 그러면 안녕!
이것이 이 세상 마지막 인사가 될지라도
사랑하였으므로 나는 진정 행복하였네라

확실히 편지는 받는 사람보다 쓰는 사람이 더 행복한 것 같습니다. 시 안에 담긴 유치환 선생의 실제 사랑 이야기는 잘 알려져 있습니다. 제가 아는 바로(틀린 것도 있겠지만) 청마 선생은 해방 직후 통영의 통영여중에 국어교사로 3년 정도 근무했는데, 같은 학교의 가정 교사(당시에는 가사 선생님이라고 불렀죠)로 부임한 이영도 선생을 만났습니다. 그분도 시조시인이었던 것으로 아는데요. 당시 청마는 37세였고 이영도는 29세였다고 합니다. 청마는 유부남에 아이도 있었고, 이영도는 남편을 일찍 여의고 딸 하나와 살고 있었습니다. 그때부터 청마는 그녀에게 편지를 써서 보냈고 둘은 편지를 주고받기 시작했습니다. 그리고 두 사람은 학교를 떠난 후에도 계속 편지를 써서 그 수가 5000통에 이르렀다고 합니다.

두 사람의 관계를 우리가 굳이 다 알 필요가 있을까요? 그런 건 아무도 모르지요. 사랑은 가고 추억만 남는 것입니다. 그리고 세월은 가도 편지는 남는 것입니다. 지금 통영 중앙동 우체국에 가면 우체국 앞에 청마의 동상이 있고, 「행복」의 시비詩碑가 세워져 있습니다. 제 소견으로, 그 우체국에서 시를 써서 편지를 부쳤다는 이유로 시비를 세운 우체국은 아마 세계적으로도 없지 않을까 싶습니다.

다음의 시는 이수익 시인의 「우울한 샹송」입니다. 1969년에 발표되었으니 이것도 상당히 오래된 것입니다. 제가 학창 시절에 무척 좋아했던 시입니다.

우울한 샹송 - 이수익

우체국에 가면
잃어버린 사랑을 찾을 수 있을까
그곳에서 발견한 내 사랑의
풀잎이 되어 젖어 있는
비애를
지금은 혼미하여 내가 찾는다면
사랑은 또 처음의 의상衣裳으로
돌아올까

우체국에 오는 사람들은
가슴에 꽃을 달고 오는데
그 꽃들은 바람에
얼굴이 터져 웃고 있는데
어쩌면 나도 웃고 싶은 것일까
얼굴을 다치면서라도 소리 내어
나도 웃고 싶은 것일까

사람들은

그리움을 가득 담은 편지 위에

애정의 핀을 꽂고 돌아들 간다

그때 그들 머리 위에서는

꽃불처럼 밝은 빛이 잠시

어리는데

그것은 저려 오는 내 발등 위에

행복에 찬 글씨를 써서 보이는데

나는 자꾸만 어두워져서

읽질 못하고,

우체국에 가면

잃어버린 사랑을 찾을 수 있을까

그곳에서 발견한 내 사랑의

기진한 발걸음이 다시

도어를 노크

하면,

그때 나는 어떤 미소를 띠어

돌아온 사랑을 맞이할까

안도현 시인의 시 중에도 우체국을 그린 것이 있습니다.

우체국이 바닷가 언덕 위에 있다면 생각만 해도 수채화처럼 아름다워 보입니다. 결국 우체국이란 것은 건물로 아름다운 것이 아니라, 그 기능과 그 행위로 아름다운 집인 것입니다.

바닷가 우체국 - 안도현

바다가 보이는 언덕 위에
우체국이 있다
나는 며칠 동안 그 마을에 머물면서
옛사랑이 살던 집을 두근거리며 쳐다보듯이
오래오래 우체국을 바라보았다
키 작은 측백나무 울타리에 둘러싸인 우체국은
문 앞에 붉은 우체통을 세워 두고
하루 내내 흐린 눈을 비비거나 귓밥을 파기 일쑤였다
우체국이 한 마리 늙고 게으른 짐승처럼 보였으나
나는 곧 그 게으름을 이해할 수 있었다
내가 이곳에 오기 아주 오래전부터
우체국은 아마
두 눈이 짓무르도록 수평선을 바라보았을 것이고
그리하여 귓속에 파도 소리가 모래처럼 쌓였을 것이었다
나는 세월에 대하여 말하지만 결코

세월을 큰 소리로 탓하지는 않으리라
한번은 엽서를 부치러 우체국에 갔다가
줄지어 소풍 가는 유치원 아이들을 만난 적이 있다
내 어린 시절에 그랬던 것처럼
우체통이 빨갛게 달아오른 능금 같다고 생각하거나
편지를 받아먹는 도깨비라고
생각하는 소년이 있을지도 모르는 일이었다
그러다가 소년의 코밑에 수염이 거뭇거뭇 돋을 때쯤이면
우체통에 대한 상상력은 끝나리라
부치지 못한 편지를
가슴속 주머니에 넣어 두는 날도 있을 것이며
오지 않는 편지를 혼자 기다리는 날이 많아질 뿐
사랑은 열망의 반대쪽에 있는 그림자 같은 것
그런 생각을 하다 보면
삶이 때로 까닭도 없이 서러워진다
우체국에서 편지 한 장 써 보지 않고
인생을 다 안다고 말하는 사람들을 또 길에서 만난다면
나는 편지봉투의 귀퉁이처럼 슬퍼질 것이다
바다가 문 닫을 시간이 되어 쓸쓸해지는 저물녘
퇴근을 서두르는 늙은 우체국장이 못마땅해할지라도
나는 바닷가 우체국에서

만년필로 잉크 냄새나는 편지를 쓰고 싶어진다

내가 나에게 보내는 긴 편지를 쓰는

소년이 되고 싶어진다

나는 이 세상에 살아남기 위해 사랑을 한 게 아니었다고

나는 사랑을 하기 위해 살았다고

그리하여 한 모금의 따뜻한 국물 같은 시를

그리워하였고

한 여자보다 한 여자와의 연애를 그리워하였고

그리고 맑고 차가운 술을 그리워하였다고

밤의 염전에서 소금 같은 별들이 쏟아지면

바닷가 우체국이 보이는 여관방 창문에서 나는

느리게 느리게 굴러가다가 머물러야 할 곳이

어디인가를 아는

우체부의 자전거를 생각하고

이 세상의 모든 길이

우체국을 향해 모였다가

다시 갈래갈래 흩어져 산골짜기로도 가는 것을 생각하고

길은 해변의 벼랑 끝에서 끊기는 게 아니라

훌쩍 먼 바다를 건너기도 한다는 것을 생각한다

그리고 때로 외로울 때는

파도 소리를 우표 속에 그려 넣거나

수평선을 잡아당겼다가 놓았다가 하면서
나도 바닷가 우체국처럼 천천히 늙어 갔으면 좋겠다고
생각한다

  통영 우체국도 바다에서 가깝지만 바다가 보이지는 않습니다. 바닷가 우체국이 보이는 창을 가진 여관이 있으면 일러 주세요. 가 보고 싶습니다. 그렇게 저는 우체국을 쳐다보면서, 사람이 점점 찾지 않는 지방 우체국처럼 늙어 가고 싶습니다.
  우체국은 바로 사랑입니다. 우체국을 그리는 시인들의 시는 결국 모두 사랑을 얘기하고 있습니다. 우리의 사랑은 가고 없어도, 사랑을 나누었고 사랑을 얘기했고 사랑을 고백했던 우체국은 남아 있는 것입니다. 아니, 우체국만 남아 있는 것입니다. 그러면서 세상에 사랑이 기억에서 사라져 가듯이 그렇게 우체국도 늙어 가나 봅니다. 사랑을 잃어버려서 사람들이 점점 찾지 않는 동네의 늙은 우체국들…….
  시인은 "이 세상에 살아남기 위해 사랑을 한 것이 아니라, 사랑을 하기 위해 살았다"고 말합니다. 맞습니다. 사랑을 하지 않으면 삶의 의미가 있을까요? 그리고 사랑은 지나갑니다. 그런데 사랑했던 사람이 그리운 것이 아니라, 연애가 그리운 것이 아닐까요? 시인은 "한 여자보다 한 여자와의 연애를 그리워하였다"라고 말했습니다.

나이를 먹는다는 것은 사랑하는 사람은 사라지고, 사랑했던 기억만 남는 것일 겁니다. 늙어 가는 것은 사랑했던 사람이 그리운 것이 아니라, 사랑했던 그 시간을 그리워하게 되는 것일지도 모릅니다. 안녕히 계십시오.

우유를 데우면서
- 잠 못 이루는 가을밤에 생각나는 어머니

깊어 가는 가을밤에 고향 그리워
맑은 하늘 쳐다보며 눈물집니다
시냇물은 소리 높여 좔좔 흐르고
처량하게 기러기는 울며 나는데

오늘은 이런 노래가 생각납니다. 가을밤입니다.

가을이 들어서인지, 나이가 들어서인지, 종종 잠이 오지 않을 때가 있습니다. 가을 모기하고 싸움을 합니다. 방충망이 있건만, 낡은 아파트이니 어딘가에 구멍이 났을 것입니다. 모기는 지름이 2밀리미터만 되어도 들어온다고 하니까, 저로서는 어쩔 수 없습니다.

이런저런 모기향들, 전기로 된 모기향, 액상으로 된 모기향, 달팽이 모양으로 뱅뱅 돌아가면서 타는 모기향 등등······ 여러 모기향들도 가을 모기들에게는 비웃음의 대상일 뿐인가 봅니다. 여름보다도 가을이 모기가 살기에 더 좋은 기온이라고 합니다. 그러니 사실 가을은 사람만 좋아하는 게 아니라 모기도 좋아하는 계절인가 봅니다. 무더운 여름을 견뎌 낸 불쌍한 모기들에게 조금만 물려 줍니다. 며칠만 지나면 쌀쌀해져서 이놈들도 만날 수가 없을 테니 말입니다. 못 잡아서가 아니라 불쌍해서, 그래서 봐줍니다.

야나체크의 오페라 〈영리한 암여우〉에는, 계절이 바뀌면 사람은 개구리나 벌레에게 반가운 인사를 보내지만, 그들은 이미 작년에 만났던 그놈들이 아니라는 대목이 나옵니다. 그들의 생명은 1년을 넘기지 못합니다. 하지만 그것을 헤아리지 못하는 우리는 매년 다른 놈을 보고서 "안녕, 1년 만이야. 금년에도 다시 만나네"라고 무심한 인사를 보내는 것이지요. 그러면 "아저씨가 기억하는 그분은 우리 아버지예요. 돌아가셨어요"라고 대답합니다.

벌레의 인생은 아주 짧습니다. 인간은 자신이 전지전능한 존재처럼 생을 바라보면서, 벌레의 삶을 가늠합니다. 하지만 인간의 생애도 그리 긴 것은 아니라는 생각이 듭니다. 신이 우리를 볼 때는 마치 벌레의 인생처럼 짧고 하찮을지도 모릅니다.

잠이 오지 않는 가을밤에 과거 선비들은 시도 쓰고 그림이라도 그렸겠지만, 측은하고 미욱한 현대인은 다만 배가 고플 뿐입니다. 배가 고프면 냉장고라도 뒤져서 아무거나 먹으면 되겠지만, 요즘의 측은한 인간들은 아무거나 먹지도 못합니다. 뭘 먹어야 몸에 나쁘지 않을까, 살찌지 않을까, 아침에 얼굴이 붓지 않을까 하는 생각부터 합니다. 참으로 작은 걱정에 매여서 사는 우리의 비루한 인생입니다.

옛날에는 먹을 것이 없어서 걱정이었는데, 요즘은 먹을 것이 너무 많아 걱정인 세상입니다. 배고픔을 통해서 다이어트라도 한다면 좋겠지만, 우리의 미천한 육체는 그럼에도 불구하고 배고픔의 고통과 먹는 유혹으로부터 벗어날 수가 없습니다. 그래서 밤에는 뭘 먹어야 몸에 나쁘지 않고, 소화도 잘 되고, 잠도 잘 올까 하는 생각을 하니, 참 나도 그런 생각을 하는 나이가 되어 버렸구나 하는 상념이 듭니다.

어려서 저는 아무거나 잘 먹었습니다. 깊은 밤에 끓여 먹는 라면이 맛있어서, 라면을 먹으려고 일부러 늦게까지 공부하곤 했었는데 말이죠. 이제 소심해진 저는 라면은 포기하고 대신에 달걀을 삶을까? 견과라도 먹을까? 하다가 결국 우유를 꺼냅니다. 우유는 냉장고에서 나왔으니 당연히 차갑습니다. 위가 돌덩이도 소화시킬 정도로 튼튼했었지만, 작년부터 몇 번 위경련이 난 적이 있어 이제는 겁이 납니다. 그래서 우유를 머그잔에 붓고서 전자레인지에 넣고 온도를 맞춥니다. 식탁에 앉아서 따뜻한 머그잔을 두 손으로 잡아 봅니다…….

아, 그런데…… 갑자기 눈시울이 붉어집니다. 이것은 너무나 익숙한 광경입니다. 어머니는 밤에 일어나시면 이렇게 우유를 데워 드셨습니다. 저는 그런 어머니를 보면서 한 번도 우유 데우는 것을 도와 드린 적이 없습니다. 그때는 왜 저러시는 건지? 무엇을 원하시는 건지? 왜 우유를 마시는 건지? 왜 데워서 먹는 건지? 도무지 알 길이 없었기 때문입니다. 밤이면 어머니는 일어나서 속이 쓰리다면서 배를 만지시고, 우유를 드시고, 약을 드시고, 또 쓰리다면서 파란 병의 하얀 위장약 암포젤 엠을 찾으셨습니다.

데운 우유 잔을 양손에 조심스레 잡고서, 발목까지 닿는 긴 잠옷을 입으시고, 발이 시리다면서 양말까지 신고, 화장실을 갔다가 방으로 들어가시던 어머니의 조용한 발걸음이 떠오릅니다. 저는 이제야 그때 어머니의 공복감을, 속 쓰림을, 외로움을, 불면의 시간을, 자주 가야 하는 화장실을, 빈뇨의 고통을, 쓸쓸한 가을밤을, 긴긴 밤을, 허망해진 일생을 알 것만 같습니다.

제가 본 것은 겨우 몇 번이었겠지만, 제가 없는 무수히 많은 밤에 어머니는 데운 우유로 가을밤을 달랬을 겁니다. 술도 담배도 하지 않으시고, 평생 밥도 잘 드시지 않으시고, 고기는 물론 잘 먹지 못하시고, 교회도 절도 다니지 않으시고, 친구도 거의 없으셨던 어머니…… 아들도 딸들도 다들 집을 떠나고 혼자 계시는 긴긴 밤에 밤마다 우유를 데웠을 것입니다.

그 생각을 하니 저의 속이 시려옵니다. 무언가 커다랗고 뜨거운 물방울 같은 것이 목을 따라서 내려가는 것 같습니다. 이젠 우유를 데워도 드릴 분이 없습니다.

나이를 먹어 간다는 것에 동반되는 것이 적적함과 외로움이겠지만, 그것은 육체적인 현상으로도 나타납니다. 그 대표적인 것이 배고픔이 아닌가 생각합니다. 결국 인간은 정신적인 존재이기에 앞서서 육체를 가진 동물이라는 것을 밤이면 다시 깨닫습니다.

저는 어렸을 때에 솔직히 배고픔을 모르고 컸습니다. 항상 세심히 챙겨 주시고 귀하게 여기며 키워 주신 어머니 덕분에 늘 배불리 먹었고, 도리어 종종 너무 많이 먹는다고 야단맞았던 것 같습니다. 그래서 저는 식성이 좋고, 소화력도 좋고, 편식도 하지 않았습니다. 덕분에 여행을 가더라도 항상 현지의 음식을 맛있게 먹었습니다. 무엇이든지 잘 맛보고 두루두루 즐기면서 살아온 것 같습니다.

그런 저는 어머니가 드시지 못하는 것을 헤아리는 데 너무나 미흡했습니다. 밤에 왜 자꾸 일어나시는지, 화장실을 왜 그렇게 자주 가시는지, 왜 냉장고와 찬장을 자꾸만 여닫는지, 그 안에 먹을 것이 많은데도 왜 아무것도 꺼내지 않으시는지, 왜 결국에는 우유만 찾는지, 그리고 왜 우유를 데우는지 하는 것들 말입니다…….

머리로는 알 수 없었고 이해할 수도 없었던 것을 어머니가 떠나가신 지 20년이 다 되어서 저의 몸으로 알아 갑니다. 이제야 제 마음이 아니라 몸이 철들어 가면서 인생을 배웁니다. 가을 모기와 벌레들과 함께하며 〈영리한 암여우〉의 고귀한 가르침을 이제야 이해하고, 어머님의 배고픔을 이해합니다.

시월입니다. 가을밤의 상념은 가을모기와 배고픔과 함께 찾아옵니다. 그러면서 나이가 들어 감을 조금씩 실감합니다. 머리가 아니라 배가 먼저 실감합니다. 가슴이 아니라 위장이 먼저 고독해지는 밤입니다…….

백석의 시 중에 가을밤을 노래한 시가 있습니다. 외롭거나 쓸쓸하다기보다는 행복했던 어린 시절이 그리워지는 시입니다.

추야일경 秋夜一景 – 백석

닭이 두 홰나 울었는데
안방 큰방은 홰즛하니 당등을 하고
인간들은 모두 웅성웅성 깨어 있어서들
오가리며 석박디를 썰고
생강에 파에 청각에 마늘을 다지고

시래기를 삶는 훈훈한 방안에는
양념 내음새가 싱싱도 하다

밖에는 어데서 물새가 우는데
토방에선 햇콩두부가 고요히 숨이 들어갔다

   이 시를 읽으면 시 속의 어디에선가 저는 본 적도 없는 젊은 날의 어머니가 저의 어린 누나를 등에 업고 분주히 일하시는 모습이 허공에 그려진답니다.
   가을밤에 너무 과식은 하지 마시기 바랍니다. 위장이 빈 것은 몸이지만 그 느낌은 몸보다는 마음이 허한 것이겠지요. 그러나 오늘 같은 가을밤에 가장 그리운 것은 어머니가 해 주시던 음식입니다. 프랑스의 타이어회사가 붙여 준 별이 잔뜩 붙은 고급 요릿집을 가도, 천하에 맛있다는 산해진미를 앞에 놓아도, 저의 가을 허기는 채워지지 않을 것입니다.

가을밤 감기 조심하시고, 안녕히 계십시오.

평전을 읽는 즐거움
- 거인의 지적 편력에 올라타는 행복

오늘의 책읽기는 『츠바이크의 발자크 평전』입니다. 제목에 나오는 두 명의 위대한 작가의 이름부터 제 가슴을 부풀게 합니다. 제 강의를 들으시는 분이라면 알고 계실 것입니다만, 20세기 전반에 중요한 유럽 지성인의 한 사람이자 평전評傳을 가장 잘 쓰는 사람이 슈테판 츠바이크Stefan Zweig, 1881~1942입니다.

우리는 어려서부터 전기傳記라는 것을 접하면서 자랐죠. '세계 위인 전집'이나 '한국 위인 전집' 같은 것을 몇 권 읽어 보지 않은 사람은 없을 것입니다. 그러나 그런 위인전들을 대체 누가 썼는지는 관심 없이 지나쳤으며, 글쓴이를 중요하게 생각하지도 않았습니다. 다만 우리의 관심은 워싱턴이나 마리 퀴리 아니면 강감찬이나 김유신이었던 것이죠.

그러나 누구라는 인물에 관한 전기, 그것을 뛰어넘은 평전이란 분야야말로 글쓴이의 지성과 철학이 중요합니다. 평전은 소설과는 달리 실제 있었던 한 인간의 이야기이며 또한 그 인물을 어떻게 평가해서 어떻게 쓰는가가 중요합니다. 거기에는 인물의 생애를 조사할 수 있는 작가의 능력과 성실함과 문장력이 필수적입니다. 나아가 작가의 세계관과 인생관이 중요한 영향을 끼치는 분야입니다. 이런 평전이라는 분야의 문을 살짝 연 것이 로맹 롤랑이라면, 평전을 하나의 문학 장르로 굳힌 것이 바로 슈테판 츠바이크입니다.

츠바이크는 빈의 유대인 집안에서 태어났습니다. 그의 집은 방직업을 하는, 오스트리아에서도 손꼽히는 부호였습니다. 평생 돈 걱정을 하지 않고 공부만 했던 츠바이크는 유대인임에도 불구하고 오직 인류를 향하는 세계인의 입장에서 세상의 모든 사상과 예술의 유산을 계승하는 지성인의 삶을 살았습니다.

그러던 중에 독일에서 히틀러가 집권하고 나아가 나치 독일이 오스트리아를 병합하자, 그의 삶은 송두리째 달라집니다. 그는 유대인이라는 죄도 없는 죄명을 얻고, 결국 사랑하는 조국 오스트리아를 떠납니다. 스위스, 프랑스, 영국을 거쳐서 멀리 브라질에까지 가서 정착한 그는 마지막까지 원고를 썼습니다. 브라질에서 그는 자신의 목숨은 건졌지만, 매일 같이 유럽에서 들려오는 친척과 지인들의 끝없는 죽음에 견딜 수 없었던가 봅니다. 결국 그는 부인과 함께 "조급한 저는 먼저 갑니다"라는 유서를 남기고, 스스로 삶을 마감합니다. 그의 감동적인 마지막은 이미 풍월당 책읽기에서 소상히 다룬 바 있었던 『츠바이크의 마지막 나날』(현대문학)이라는 책으로 나와 있지요(안 읽으신 분은 꼭 읽어 보세요).

> 내 생애에서 정신적인 작업은 언제나 가장 순수한 기쁨이었으며, 개인의 자유는 지상 최고의 재산이었다. 내 모든 친구들에게 인사를 보낸다. 원컨대, 친구들은 이 길고 어두운 밤이 지나 마침내 동이 트는 아침을 보기 바란다. 너무나 조급한 이 사람은 먼저 떠난다.

츠바이크의 생애야말로 방랑자의 삶이었습니다. 그는 오스트리아가 자신의 조국이라고 생각하고 살았습니다만, 어느 날 갑자기 조국이 그를 내치면서 밖으로 내몰았던 것입니다. 여러분, 어느 날 갑자기 어떤 기관에서 나와 여러분더러 한국에서 살면 안 되니 출국하라면 기분이 어떻겠습니까? 어디로 가야 하죠? 유대인들이 그랬습니다. 그렇게 유대인들은 하루아침에 자신의 집을 빼앗기고, 돈도 빼앗기고(가지고 나갈 수 있는 돈이 제한되었습니다), 회사도 공장도 빼앗기고, 병원도 빼앗기고(프로이트처럼), 평생 모았던 그림도 악기도 자신의 책들도 연구업적도 빼앗기고(츠바이크처럼), 여행가방 하나만 달랑 들고서 배나 비행기를 탄 것입니다. 지금 오스트리아와 독일의 여러 미술관들에 걸려 있는 적지 않은 그림들이 그렇게 유대인들로부터 빼앗은 것들입니다.

그렇게 츠바이크는 방랑자가 되었습니다. 아니 사실 본인은 이미 방랑자였는데, 자신이 방랑자라는 사실을 모르고 있었던 것입니다. 같은 유대인 핏줄로 보헤미아 출신이며 오스트리아 사람이었던 작곡가 구스타프 말러 Gustav Mahler, 1860~1911 는 이런 말을 했지요.

> 나는 고향이 없다. 세 가지 의미에서 모두 그러하다.
> 오스트리아에서는 보헤미아인으로서 이방인이었으며,
> 독일에서는 오스트리아인으로서 이방인이었고,
> 유럽에서는 유대인으로서 이방인이었다.

츠바이크도 같은 경우였습니다. 말러와 다른 점이라면 말러는 자신이 유대인이라는 점을 미리 의식하고 그것을 피해 가면서 성공을 도모했다는 것이고, 츠바이크는 자신의 태생에는 관심도 없이 오직 세계시민으로서 지성의 길을 걸었습니다. 그러나 나치 때문에 츠바이크는 조국에서 뿌리를 내릴 수 없음을, 자신은 영원한 방랑자임을 깨달은 것입니다. 그리하여 브라질까지 갔지만 그곳에서도 방랑자였기에 죽음을 택할 수밖에 없었습니다.

그런 츠바이크는 도스토옙스키, 톨스토이, 니체, 몽테뉴, 카스텔리오, 심지어는 마리 앙투아네트와 카사노바 등 많은 인물들의 평전을 남겼습니다만, 자타가 공인하는 그의 최고의 걸작은 『발자크 평전』입니다. 이것은 발자크라는 작가의 일생을 그린 것으로도 대단하지만, 츠바이크의 문학적 능력이 최고조에 오른 문학으로도 가치가 높은 작품입니다.

풍월당 책읽기에서 소개한 바 있지만, 혹시 읽지 않으신 분을 위해서 이번 기회에 다시 한 번 소개합니다. 그만큼 중요한 책이라고 생각합니다. 그간 제가 츠바이크의 책을 많이 소개했었지요. 어떤 분은 '아니, 저자가 츠바이크의 책을 모두 소개할 태세인가?' 하고 생각하실지도 모릅니다. 실은 그의 책들은 국내에 아주 많이 나와 있는데, 제가 언급하는 것은 그중에서도 특히 중요하거나 아주 재미있는 것들 정도일 뿐입니다. 츠바이크의 책을 소개하는 이유는 그의 책에는 첫째, 유럽사를 꿰뚫는 방대한 지식, 둘째, 그 특유의 탁월한 문체와 긴박한 구성, 셋째, 독자의 피를 끓게 하는 생동감이 있기 때문입니다. 그리고 그 많은 츠바이크의 저술들 중에서도 최고는 단연 『발자크 평전』입니다.

발자크를 알기 위해서는 수업 시간에 보여 드렸던 로댕이 만든 그의 조각상을 먼저 보셔야 합니다. 저는 발자크라는 거인을 표현한 최고의 예술품이 두 가지라고 생각합니다. 하나는 로댕이 만든 「발자크 상」이고, 다른 하나는 츠바이크가 쓴 『발자크 평전』이지요.

발자크는 몹시 힘들고 가난한 상황에서 오직 문학가로 성공하겠다는 욕망으로 인간이 할 수 있는 최고의 의지와 노력을 발휘하여 결국 모든 것을 이룬 위대한 사람입니다. 그는 비록 착한 사람이라는 말을 들을 수는 없을지라도, 두 가지 점에서는 위대합니다. 하나는 그가 자신의 일생을 걸고 단테의 『신곡』에 필적할 작품을 쓰기로 했으며, 기필코 거의 완성했다는 것입니다. 단테의 『신곡神曲』이라는 것이 원래 '신神의 희극喜劇'이라는 의미이기에 그는 그것에 대항하는 '인간의 희극'을 쓰기로 계획한 것입니다. 과대망상에 가까운 엄청난 욕심이었죠. 이것이 역사상 최대의 소설 시리즈의 하나인 『인간희극人間喜劇』으로서, 그는 평생 136편의 소설을 쓰기로 구상했습니다. 그리고 그는 짧은 50년의 생애에서 실제로 97편을 완성했는데, 그중 74편이 장편입니다. 특이한 것은 일부러 각 작품에 나오는 인물이 중복되게 하여 한 캐릭터에게 완전한 인격을 부여하고, 그 인물이 다른 소설에서도 같은 캐릭터로 등장하는 방식을 취했습니다. 『인간희극』에 나오는 등장인물은 거의 2000명에 이른다고 하는데, 그중 반복해서 등장하는 사람만 460명입니다. 결국 그의 이런 방식은 그의 후배인 에밀 졸라가 20권에 이르는 『루공 마카르 총서』를 집필하는 데에 결정적인 영향을 주었습니다(그래도 발자크에 비하면 턱도 없는 분량입니다). 지금 우리나라에 번역되어 나와 있는 발자크의 소설들은 대부분이 『인간희극』 시리즈의 하나라고 보면 됩니다.

발자크의 두 번째로 위대한 점은 그가 밑바닥에서 무일푼으로 시작하여 결국 자신의 의지로 모든 것을 이루고 위대한 작가로 평가받게 되었다는 점입니다. 이 평전 속에 나오는 발자크의 장례식에서 빅토르 위고는 이렇게 조사弔辭를 했습니다.

> 이제 그는 싸움과 증오를 넘어섰습니다. 무덤으로 들어가는 날로 그는 명예 속으로 들어간 것입니다. 그는 앞으로는 우리 머리 위를 지나가는 저 구름 위, 우리 조국의 별들 사이에서 계속 빛날 것입니다. 여기 모인 여러분은 모두 그가 부러울 것입니다…….
>
> 　그것은 밤이 아니라 빛입니다. 그것은 허무가 아니라 영원입니다. 그것은 끝이 아니라 시작입니다……. 이와 같은 관棺들은 불멸에 대한 증거입니다.

이 열정적인 위고의 조사 끝에, 평전의 저자 츠바이크는 이렇게 덧붙입니다. 다음 문장이 『발자크 평전』의 마지막 글입니다.

> 그것은 발자크가 살아서는 들어 본 적이 없는 말이었다. 그는 자기 작품의 주인공처럼 페르 라셰즈(파리의 공동묘지 이름)에서 이 도시를 점령할 참이었다……

츠바이크의 문장에서처럼 발자크는 죽어서야 "그가 살아서는 들어 본 적이 없는 말"을 듣습니다. 발자크의 위대함은 그가 죽은 다음에 입증되었습니다. 우리 모두는 결국 죽어서 완성되는 것 아니겠습니까? 그러니 살아 있을 때에 잘 살아야 하겠습니다. 우리의 성공은 살아서 성취하는 것이 아니라, 죽어서 판정되는 것입니다.

오노레 드 발자크Honoré de Balzac, 1799~1850는 흔히 사람들이 생각하는 존경받을 만한 고귀한 예술가도 멋진 작가도 아니었습니다. 대신에 그는 성실한 장인匠人이요, 공인工人이며, 노동자요, 생활인이었습니다. 그런 점에서 저는 그를 존경합니다.

생전의 발자크는 욕설과 경멸과 비난 속에서 살았습니다. 그리고 그것들을 다 감내했습니다. 그는 결코 훌륭한 사람이 아니었습니다. 돈과 성공에 환장한 이 뚱뚱한 사내는 펜 하나로 부귀와 명예를 다 얻고야 말겠다는 허황된 꿈에 모든 것을 다 바쳤습니다. 여기서 '모든 것'은 그의 재능과 시간만이 아니었습니다. 그는 신의와 우정과 사랑까지도 다 팔았습니다.

발자크는 너무나 가난하여 배를 움켜잡고 글을 썼으며, 매일 밤마다 잠을 쫓기 위해서 커피를 40잔씩이나 마셨다고 합니다. 그의 생활은 너무나 비참했습니다. 젊은 날의 그는 오직 한 가지, 단 한 가지의 의지만을 가지고 있었습니다. 그것은 위로 올라가려는 의지, 권력을 향한 의지였습니다. 그래서 그는 오직 성공, 그것만을 생각했습니다. 예술? 애당초 그런 것은 관심이 없었습니다. 그는 30세에 빨리 성공을 하려면 국회의원이 되는 것이 좋을지, 사업을 해야 할지, 노예상인이 되어야 할지, 아니면 투기꾼이 되어야 할지를 고민했습니다. 사명감? 그런 것은 눈 씻고 찾아도 없었습니다. 그러다가 아주 우연히 문학에서 그의 재능이 나타난 것이죠. 그래서 글을 쓴 것뿐입니다…….

그러나 발자크는 자신이 선택한 그 길을 그렇게 성실하게 걸으면서 결국 무엇인가를 보았고 그것을 이루었습니다. 그리고 죽기 직전에 빅토르 위고에게 '위대한 작가로 인정한다'는 세례를 받은 것입니다. 이렇게 극적인 삶이 또 있을까요?

발자크는 돈과 성공을 위해서 닥치는 대로 글을 썼고, 소설가, 극작가, 비평가, 수필가, 저널리스트까지 가리지 않았습니다. 뿐만 아니라 돈이 될 것 같으니까, 직접 인쇄소를 차려서 인쇄업자로서도 활동했습니다. 물론 다 망했습니다. 이런 그를 가리켜 츠바이크는 '소설 공장'을 지어서 돌렸던 사업가라고 부를 정도였습니다.

그는 위대한(아니 위대하게 될) 자신이 이런 구차한 환경에서는 살수 없다면서(그의 이런 모습에서 리하르트 바그너가 보입니다) 과소비를 하고, 화려한 옷이나 집기를 구입합니다. 그는 빚쟁이를 피해서 도망도 수차례 다녔습니다. 글을 쓸 때는 늘 뒷문이 있는 방에서만 썼는데, 채권자가 들이닥치면 언제든지 도망가기 위해서였습니다. 그런 환경에서 글을 쓴다는 것 자체가 정신력이 얼마나 강했는지를 보여 주는 것입니다.

한번은 그의 책을 읽은 열렬한 여성 팬이 우크라이나에서 편지를 보내옵니다. 그런데 그녀가 억만장자였던 것입니다. 그는 이 우크라이나 공작부인의 사랑을 얻기 위해서, 아니, 그녀의 돈을 얻기 위해서 우크라이나까지 갑니다. 그녀의 재력이, 자신이 마음 놓고 소설을 쓸 환경을 제공해 줄 것이라고 생각한 것입니다. 그래서 온몸과 마음으로 공을 들여서 결국 그녀와 결혼합니다. 이런 욕망은 역겨운 것이 아니라 도리어 눈물겨울 정도입니다.

글을 쓰면서도 그는 항상 인쇄업, 신문업, 광산업같이 기적처럼 그를 일으켜 줄 사업에도 마음을 두었습니다. 하지만 결국 그는 엄청난 부채를 떠안게 되었고 별로 팔리지도 않는 97편이나 되는 소설을 남기고 사망했습니다. 그런데 그런 그가 죽기 직전에 빅토르 위고가 그를 방문했던 것입니다. 이 사건은 츠바이크가 쓴 『발자크 평전』 속에 마치 영화의 한 장면처럼 그려져 있습니다. 평소에 발자크와 교류가 없었으며, 그때야 처음 그를 만난 빅토르 위고가 그의 장례식에서 조사를 읽겠다고 자처한 것입니다.

　발자크는 죽어서야 그가 생전에 그토록 원했던 모든 것을 이루었습니다……. 그는 프랑스를 대표하는 가장 위대한 작가로 추앙되고 그의 이름은 빅토르 위고 옆에 나란히 걸립니다. 지금 그의 소설들은 전 세계에서 읽히며, 그의 책들은 당대와 후세 작가 모두에게 지대한 영향을 남겼습니다.

　이 눈부시게 아름다운 날 아침에, 평생을 욕심과 노력 속에서, 꿈과 현실의 메워지지 않는 차이를 이기지 못하고, 그러나 결코 포기도 하지 않고서 힘들고 힘들게 살다가 죽어 간 한 위대한 소설가를 아니, 한 불쌍한 인간을 추모합니다.

고독으로만 이룰 수 있는
위대한 것들
- 장 지오노의 고독하고 위대한 삶

　6월이 되었습니다. 편지를 받으시는 분들 중에서는 집에서 편지를 받으니 의외로 좋다는 분도 계시고, 그래도 어서 풍월당에 나가고 싶다는 분들도 물론 계십니다.

　그런데 우리는 그간 너무나 과도한 만남을 펼쳐 왔지요. 이런 기회에 사람을 만나지 않거나, 혹은 그래도 덜 만나며 지내는 시간을 가지는 것도 중요하다고 생각합니다. 근래에 사회에서 우리가 각자 혼자 있는 시간은 점점 줄어들고 있으며, 심지어는 혼자 있기를 참지 못하는 사람들이 많아지고 있습니다. 요즘은 아무리 집에 머무른다고 하여도, 외부 사람과의 접촉을 너무 많이 하고 있다고 생각합니다.

　즉 SNS와 TV와 인터넷 등 때문에 우리는 진정한 고독이 무엇인지를 잃어버린 세상을 살고 있습니다. 한 번밖에 없는 자기의 인생을 오직 남과의 교신으로만 낭비해 버린다면 참으로 안타까운 일이라고 생각합니다. 고독은 우리에게 꼭 필요한 시간입니다.

고독은 결핍이 아니라 능력입니다

러시아 출신의 바이올리니스트 기돈 크레머는 인터뷰에서 페테르부르크 음악원에 다니던 시절 얘기를 했습니다. 그는 친구를 거의 만나지 않았다고 합니다. 친구들이 모여서 떠들고 놀 때에, 자신은 새로운 악보를 구해서 읽거나 지인들에게 음반을 빌려서 들었다고 합니다. 사람을 만나지 않아도 살 수 있냐고요? 사실은 아무런 문제가 없습니다. 사람을 만나지 않으면 안 될 것이라는 말은 사실 고독과 자유의 진가를 모르는 사람들의 핑계입니다. 크레머는 악보와 음반을 통해서 더 많은 사람들을 만났으며, 그들로부터 더 많은 가르침을 받았고 자신의 세계를 이루었습니다. 그러지 않았다면 지금 바이올린계에서 최고의 위치에 있는 그는 없었을 것입니다.

성인 프란체스코도 홀로 기도했고, 마르틴 루터도 혼자 숨어서 수년 동안 성경을 번역했습니다. 독일 유수의 대학인 베를린 훔볼트 대학의 건립 이념은 '고독과 자유'였습니다. 이 두 가지가 없으면 어떤 학문적 성취도 인간의 완성도 불가능한 것입니다. 그런데 먼저 선행되어야 하는 조건은 고독입니다. 고독한 자만이 자유를 누리고, 자유는 고독으로만 완성됩니다. 그런 점에서 억지로라도 이렇게 집에 있는 시간은 좀처럼 얻기 어려운 기회입니다. 흔한 말로 "피할 수 없다면 즐겨라"라는 말을 실감하는 요즘입니다.

그래서 저는 여러분께서 집에서 혼자서 할 수 있는 것들을 할 수 있게끔 이 편지를 쓰고 있습니다. 저도 혼자서 조용히 이 편지를 씁니다. 보통 아침 먹고 쓰기 시작해서 저녁 먹기 전까지 대략 하루 종일 걸립니다. 그러면서 저는 여러분과 가장 많은 소통을 하고 있는 셈이며, 늘 여러분의 모습을 떠올리면서 씁니다. 물론 홀로 고독한 시간이기도 하지만, 그래서 실은 가장 고독하지 않은 시간이기도 합니다.

지금 옆에는 제가 좋아하는 한잔의 커피와 한 조각의 과자가 있고, 이탈리아노 현악 사중주단이 연주하는 40년이 넘은 슈베르트의 마지막 네 개의 현악 사중주곡이 흘러나오고 있습니다. 100여 년 전만 해도 귀족이나 누렸던 호사를 제가 누리는 것입니다. 그러니 저는 고독 속에서도 행복합니다.

이번 코로나 사태를 통하여 거의 처음으로 혼자서 음악도 들어 보고 책도 읽어 보고 하시는 분이 계실 것입니다. 그런 분은 귀한 시간과 드문 기회를 얻으신 것이라고 생각하셔야겠지요. 그리고 코로나 사태가 끝난다고 하더라도, 이런 패턴을 조금이라도 계속 유지하게 된다면 자신에게는 정말 좋을 것입니다.

지금은 풍월당으로서도 처음 경험하는 시간입니다. 하지만 그 덕분에 저희도 겸손해지는 시간을 갖고 있습니다. 기형도 시인의 시들 중에서 제가 좋아하는 짧은 시가 「램프와 빵」이라는 시입니다. 그의 연작시『겨울 판화』시리즈의 여섯 번째 시입니다.

램프와 빵 - 기형도

고맙습니다
겨울은 언제나 저희들을
겸손하게 만들어 주십니다

단 세 줄이 시의 전문입니다. 전부입니다. 너무 짧지요. 하지만 그렇기 때문에 시인이 하려는 말은 강렬하고, 메시지는 두드러집니다. 요즘에는 겨울이라도 대부분 집에 보일러가 잘 돌아가니 그런 일은 없겠지만, 가난한 분들에게 겨울이란 언제나 힘든 계절이지요.

이런 코로나 시대의 겨울은 나라나 기업이나 가게나 가정에나 그야말로 새롭습니다. 풍월당도 그러합니다. 하지만 풍월당은 코로나 덕분에 겸손해졌습니다. 물론 힘들고 고통스럽고 답답해서 울고 싶은 분들도 많을 겁니다. 그러나 어쩌겠습니까? 결국 사람이란 자연 앞에서는 참으로 미미한 존재이며, 우주가 움직이는 커다란 원리 속에서 인간은 아무런 힘이 없다는 것을 다시 한 번 절감합니다. 그러면서 우리는 매일 겸손해집니다.

오늘 여러분은 아름다운 책을 한 권 받으셨습니다. 그림책이냐고요? 그림책입니다. 그러나 소설책이기도 합니다. 원래 이것은 소설이며, 그림 속에 그 소설의 전문全文이 들어 있으니 이것은 분명 소설책입니다. 프랑스의 소설가 장 지오노Jean Giono, 1895~1970의 소설입니다.

『나무를 심은 사람』은 지오노가 실제 만났던 한 남자에 관한 이야기를 소설로 쓴 것입니다. 책을 보시면 아시겠지만, 그 남자는 평생 혼자 살면서 나무를 심습니다. 그것도 남의 땅에 말입니다. 그는 그 땅이 누구의 땅인지도 모르며 소유에 대해서는 관심도 없습니다. 목재나 열매의 수확에도 관심이 없습니다. 그는 오직 산에 나무를 심습니다. 힘닿는 데까지 말입니다. 그리고 나무가 다 자라서 숲을 이루면, 그는 다시 나무가 없는 땅으로 거처를 옮깁니다. 그리고 그곳에서 또 나무를 심습니다……. 여기서 제가 그만 말해야 여러분이 책의 나머지를 재미있게 읽으실 겁니다.

그래도 소설에서 제가 언급하고 싶은 재미있는 일화는 이야기하고 넘어가야겠습니다. 숲이 울창해지고 거대해지니까 그때야 공무원들이 찾아옵니다. 연구원이랑 교수들과 함께 말입니다. 그 대목에서 지오노는 이렇게 씁니다. "그들은 필요 없는 말만 잔뜩 하다가 돌아간다……." 말로 하는 것은 쉽지요. 행동으로 하는 것이 진짜입니다.

작가는 책의 서두를 이런 말로 시작합니다. "사람을 제대로 알기 위해서는 한두 번 보아서는 알 수 없다. 사람을 알려면 오랫동안 그를 지켜보아야 한다……." 장 지오노는 거의 매년 이 노인을 찾아가서 만납니다. 그러면서 수십 년에 걸쳐 그의 행적을 가만히 지켜봅니다. 그렇게 지오노는 그 말없는 남자의 행동이 변함없음을 보고는, 그를 진정한 사람이라고 판단합니다. 그리고 이 책을 쓴 것입니다. 한 사람의 행동함이 얼마나 많은 사람을 변화시키고 세상에 영향을 끼칠 수 있는지를 이 책은 보여 줍니다.

우리도 이왕이면 가치 있는 일을 하면서 살아가야 할 것입니다. 개인이나 가족의 쾌락과 행복만을 위해 사는 것은 제대로 사는 것이 아닙니다. 인간은 '타인에 대한 책임감'을 지니고 태어난 존재입니다. 그리고 그런 것은 오랜 시간을 두고 행동

함으로써 이루어집니다.

지금 우리가 사는 세상은 어떻습니까? 모든 것을 오랫동안 보면서 판단하는 것이 아니라, 한순간의 즉흥적인 판단과 즉흥적인 즐거움이 가치라고 생각하는 사회에서 우리는 살고 있습니다. 그리고 세상의 매스컴과 SNS가 그것을 부추기고 있습니다.

사람들은 오직 페이스북의 '좋아요' 하나를 받기 위해서 혼신을 다합니다. 자신의 진실에는 관심이 없고, 오직 남에게 잘 보이기 위한 엉터리 모습으로 포장하여 보여 주고, 상대방이 3초도 생각하지 않고 누른 '좋아요' 버튼에 열광하면서 살아갑니다. 유튜브건 블로그건 간에 콘텐츠 자체는 얘기하지도 않고, 오직 조회 수만을 언급하는 세상이 되어 버렸습니다. 그러니 형식은 더욱 자극적이 되고, 내용은 점점 가벼워지는 것입니다.

세월이 쌓은 깊이 있는 가치는 다 사라졌습니다. 세계의 IT 대기업들이 하는 일이 무엇일까요? 그들의 목표는 오직 사람의 주의를 산만하게 만들고, 깊이 있는 사고를 방해하고, 일시적인 쾌락에 접하게 만드는 사업 모델을 창출하는 것입니다. 그것이 기업의 승자를 정합니다. 그들은 인간에게 주어진 깊이와 사색과 여유와 신중함과 진지함을 빼앗아서, 그것으로 부를 축적하고 있습니다. 그리고 그것은 더 빠르고 공격적이고 자극적인 형태를 위해서 다시 투자됩니다. 우리는 그들이 만든 그런 사탕 같은 미끼에 점점 익숙해지면서, 자신의 시간과 노력을 들이는 행위를 귀찮아하고 있습니다. 요즘은 30분이라도 앉아서 책을 읽거나 음악을 듣는 사람을 찾아보기가 힘듭니다.

세탁기와 청소기가 발명되어 여성들의 가사노동 시간을 줄여 주었다고 하지만, 정작 그렇게 시간을 번 여성들은 그 시간을 자신의 가치를 위해서 쓰지 않습니다. 그렇게 남은 시간에 책을 읽고 음악을 듣고 명상을 하고 이웃을 돕는 분이 얼마나 될까요? 대부분은 말초적인 자극을 더욱 강화하는 데에만 쓰고 있지 않습니까?

즉각적인 자극은 인간이 심오하고 진중하고 진실 된 행복을 음미하려는 행위를 방해합니다. 몇 초 이상 앉아서 음악을 듣지 못하는 사람이 수두룩합니다. 책은커녕 신문 기사 하나도 다 읽지 못합니다. 오직 그들이 좋아하는 것은 읽지 않아도 되고 자극으로 가득 찬 인스타그램입니다. 대화를 할 때에 SNS에서 얻은 것이 아닌 책에서 얻은 지식을 말하는 사람을 만나기가 어렵습니다. 설탕에 찌들고 조미료에 길들여진 사람이 깊이 있는 음식의 맛을 알기 어렵습니다. 이렇게 대를 물리는 좋은 음식들이 사라집니다. 음악처럼 말입니다.

그래서 풍월당은 안간힘을 다하여 그런 거대 산업과 맞서고 있는 것입니다. 당연히 우리가 질 것입니다. 저는 풍월당의 미래를 압니다. 우리는 언젠가 장렬하게 패배하고 처참하게 전사할 것입니다. 다만 그날까지 그래도 세상에 가치 있는 일을 했다는 얘기를 듣고 싶습니다. 내일 세상이 멸망해도 오늘 사과나무를 심는다는 심정입니다. 바보처럼, 마치 '나무를 심은 사람'처럼 말입니다. 그 남자가 우리가 원하는 모습입니다. 물론 우리는 그의 발뒤꿈치에도 미치지 못하지만요…….

장 지오노는 프랑스의 훌륭한 소설가입니다. 그의 아버지는 구두수선공이었으며 어머니는 세탁소에서 다림질을 하는 여인이었습니다. 유럽에서 가장 밑바닥 일이 세탁부와 다림질하는 여자란 이야기는 수업 시간에 몇 번 했었지요. 그런 그는 집안이 가난하여 학교 공부도 거의 하지 못했지만, 혼자만의 독서로 자신의 세계를 이루었습니다.

사회적인 성과를 말해야 그를 인정한다면, 그는 문학적으로는 프랑스에서 가장 권위 있는 문학상인 공쿠르 상의 평생 심사위원이 되었으며 영화에서는 칸 영화제의 심사위원이 되었습니다. 또한 그는 두 차례의 세계대전 동안에 반전反戰 운동을 벌여서 두 번이나 투옥되었습니다. 그런 지오노가 자신처럼 실천하며 살아가는 한 남자를 만나서 감동을 받고 그 이야기를 펼쳐 놓은 것이 『나무를 심은 사람』입니다. 수설가로서 장 지오노의 소설은 아주 유명한 것이 두 가지 있는데, 『지붕 위의 기병』과 『폴란드의 풍차』입니다. 감사합니다.

    혼자 있는 시간이 당신에게
    존엄함을 갖추어 줄 것입니다
    그 시간이 당신을 이 세상의
    천박함에서 구해 줄 것입니다

그날에 내가
품위를 지킬 수 있기를
- 언젠가 내게도 닥칠 그날을 미리 생각하며

　이제 여름이 왔나 봅니다. 오늘은 글루크의 오페라에 대해서 얘기할까 합니다. 글루크의 오페라들 중에서 지금도 극장에 올라가는 즉, 여전히 살아 있는 작품들은 〈오르페오와 에우리디체〉, 〈알체스테〉, 〈타우리드의 이피게니아〉, 〈아울리드의 이피게니아〉 등입니다. 그런데 이 작품들은 모두 고대 그리스 신화를 소재로 하는 비극입니다. 신화를 소재로 하는 비극이란 어떤 내용들인가요?

　고대의 비극悲劇은 아무렇게나 만드는 것이 아니라, 정연한 규칙이 있습니다. ① 주인공은 고귀하고 훌륭한 사람이다. ② 그는 뜻하지 않은 비극에 직면한다. ③ 비극이란 바로 죽음이다. 죽는 당사자는 자신이거나, 자신이 사랑하는 배우자나 연인이거나 아니면 부모나 자식이다. ④ 그가 비극을 겪는 이유는 보통 자신이 지니고 있는 결함(하마르티아)이나 과거(조상도 포함하여)의 잘못 때문이다…… 등입니다.

즉 좋은 비극이나 제대로 된 오페라는 '훌륭한 주인공이 겪는 뜻하지 않은 비극'을 말합니다. 글루크의 〈오르페오와 에우리디체〉에서 오르페오는 결혼식을 올린 신부가 갑자기 죽는 일을 당합니다. 이 사실을 받아들일 수 없던 그는 신들에게 간청하여 지하세계로 가서 신부를 만나 지상으로 데려옵니다. 그러나 그는 올라오는 동안에 신부를 돌아보면 안 된다는 규칙을 지키지 못해(이것도 일종의 성격적 결함입니다) 뒤를 돌아보게 되고 신부는 영원히 사라져 버립니다. 〈타우리드의 이피게니아〉에서는 여사제가 된 이피게니아가 제물로 바쳐질 남자를 선택하게 됩니다. 그녀는 이왕이면 외지에서 온 이방인 중에서 고릅니다. 두 명의 이방인 남자들이 나타납니다. 그런데 그중 한 남자가 자신의 남동생이라는 것을 알게 됩니다. 그래서 그녀는 남동생이 아닌 다른 사람을 제물로 택하지요. 하지만 남동생은 친구를 위해서 순서를 바꿉니다…….

이런 이야기들을 전형적인 비극이라고 하는 것입니다. 슬프다고 다 비극이 아닙니다. 열심히 살다가 어느 날 마치 뒤통수에 벼락을 맞듯이 나에게 떨어지는 일, 그것이 비극입니다……. 그런데 말입니다. 비극에서 가장 중요한 것은 지금까지 말씀드린 것이 아닙니다. 그것은 ⑤ 비극을 맞이할 때 주인공이 얼마나 품위를 유지할 수 있는가 하는 것입니다. 비극 앞에서도 품위를 잃지 않는 자를 볼 때 우리가 경험하는 감동, 그것이 비극의 핵심입니다.

귀족을 '노블맨nobleman' 혹은 '노빌리티nobility'라고 합니다. 귀족이라는 것은 흔히 생각하듯이 혈통이 귀하고 높은 것만을 말하는 것이 아닙니다. '노블'이라는 단어를 사전에서 찾으면 '고결한'만이 아니라 '당당한'이라는 뜻도 나옵니다. 최악의 순간에도 정말 당당하고 고결할 수 있는 사람, 그런 기품을 유지하는 사람을 귀족이라고 부르는 것입니다.

요즘은 여러 가지 보험들을 많이 듭니다. 보험은 필요한 것입니다. 보험은 뜻하지 않은 경우를 위해서 대비하는 것이죠. 생명보험, 화재보험, 해상보험, 산재보험, 의료보험 등등 이름만 나열해 보아도, 보험이란 뜻하지 않은 비상 상황에 대비하기 위한 것임을 알 수 있습니다. 그런데 말입니다(요건, '그것이 알고 싶다' 톤으로). 과연 돈만 준비하면 되는 것이 보험일까요? 우리는 정작 비극적 상황에 대한 마음의 준비는 하지 않고 있는 것은 아닐까요? 그것은 평소 우리의 소신과 철학과 교양의 문제입니다.

물론 철학책을 읽고 심리를 공부하고 신앙을 갖는 것도 필요하겠지요. 그러나 그에 못지않게 필요한 것이 타인의 비극에 관심을 가지는 것입니다. 타인의 비극에 대해 깊이 공감하면서 동시에 자신에게도 닥칠 비극을 생각해 보는 것입니다. 일종의 이미지 트레이닝을 해야 합니다. 그럼으로써 비극이 닥쳤을 때에 이겨 낼 수 있는 힘을 배우게 됩니다. 그 힘에는 몇 가지 요소가 있다고 생각합니다. 첫째, 스스로 지탱할 수 있는 정신의 힘입니다. 둘째, 그럼으로써 생기는 여유입니다. 셋째, 그 여유로 말미암아 어떤 상황에서 발휘할 수 있는 냉철하고 올바른 판단력입니다. 비극을 당했다고 해서 나 몰라라 하고 내팽개쳐 버린다면 더 큰 화가 생길 수도 있습니다. 그때에는 현명한 처리와 봉합도 필요합니다.

그렇게 남의 비극을 바라보면서 우리 마음의 보험을 미리 드는 것이 오페라가 주는 가장 큰 힘입니다. 하지만 많은 사람들은 그 사실을 모르고 있습니다. 그것이 오페라가 하룻저녁의 한낱 오락이 아니라 위대한 예술로 대우받고 여러 예술들 사이에서도 최고의 장르로 살아남은 중요한 요인의 하나입니다. 우리는 아름다운 음악을 들으러 극장에 가는 것만이 아닙니다. 아리아를 즐기러 극장에 가는 것이 아닙니다. 유명한 오페라가수를 보러 가는 것은 더더구나 아닙니다. 그렇다면 그것은 TV쇼에 나오는 대중가요 가수들의 뒤를 쫓아다니는 것이나 별반 차이가 없습니다. 오페라는 비극을 보는 것입니다. 인류 역사상 가장 정신성이 발전했던 그리스 시대가 낳은 비극의 정신과 교훈을 만나는 것입니다.

 거기에서 우리보다 훨씬 고귀하고 뛰어난 인물이 자신이 가진 작은 결함으로 인해서, 혹은 그의 조상의 실수로 인하여, 때로는 운명의 장난으로 본인에게 닥치는 비극, 바로 자신이나 가까운 사람의 죽음에 직면하는 모습을 지켜보는 것입니다. 그런 주인공들은 안타깝게 목숨을 잃거나 혹은 구사일생으로 목숨을 건지기도 합니다. 그러나 주인공들에게 공통된 중요한 모습은 극한의 순간에도 고귀한 품성 즉, 품위를 잃지 않는다는 사실입니다. 이것을 우리가 깨닫고 더불어 우리도 배워 나가는 것입니다. 우리 속담에 "양반은 물에 빠져도 개헤엄은 치지 않는다"라는 말이 있지요. 요즘과 같은 때에 정말 필요한 격언이라고 생각합니다. 그러나 급할 때에 헤엄을 치지 않는 것이 말처럼 쉬운 일은 결코 아닐 것입니다…….

 독일에서 나치가 정권을 잡고 유대인들을 수용하고 처형하기 시작했을 때에 베를린 시내에 이미 설치되어 있었던 도시가스를 당국에서 끊었다는 사실을 아십니까? 유대인들의 가정에서 가스 사용량이 급증했기 때문입니다. 왜 가스 사용이 늘었을까요? 수용소에 끌려가서 모멸적인 취급과 개죽음을 당한다는 사실이 유대인 사회에 알려지자, 차라리 자신의 가정에서 우아한 죽음을 선택하려는 유대인들이 늘어났던 것입니다. 그들은 가족이 모여 함께 마지막 만찬을 하고는 구해 놓은 수면제를 나눠 먹고 침대에 들어가서 잠을 청했습니다. 그러면서 가스를 틀어놓는 것이죠……. 그렇게 유대인 가정에서 가스를 틀어 놓고 죽자, 며칠 동안이나 계속 가스가 새어 나와서 가스계량기의 수치가 급증했습니다. 즉 가스 사용량이 급격하게 늘어난 집은 자살한 집인 것입니다. 그래서 당국에서는 가스를 차단할 수밖에 없었던 것이죠. 끌려가느니 차라리 스스로 품위 있는 죽음을 택했던 사람들.

우리가 마지막에 신에게 진정으로 간구해야 할 것은 우리의 마지막이 품위를 잃지 않는 길이 되게 해 달라고 하는 것이 아닐까요?

신들이나 영웅들의 비극이 아니라, 평범한 보통 사람이 하늘이 무너지는 비극을 당하는 이야기도 있습니다. 지금도 여전히 일어나고 있는 이야기를 쓴 소설이 여러분이 받으신 책 『살아 있는 자를 수선하기』입니다. 이것은 장기이식臟器移植에 관한 이야기입니다. 요즘도 TV에서 흔히 볼 수 있는 메디컬드라마를 연상시킵니다. 그러나 이 책은 흥미본위와 상투성으로 가득 찬 TV드라마와는 차원이 다릅니다.

장기이식에 대해서 진지하게 생각해 본 적이 있습니까? 혹시 주변에 심각한 장기 부전을 앓고 계신 분이 없다면, 장기이식을 TV에나 나오는 강 건너 불처럼 여겼던 분들이 많으실 것입니다. 그러나 장기이식의 문제는 내일이라도 당장 예고 없이 생길 수 있는 일입니다. 그러면 그것은 우리에게 중요하고 심각한 사안입니다. 한 인간이 죽는 이야기이며, 동시에 다른 인간을 살릴 수도 있는 중차대한 문제입니다. 이런 중차대한 결정을 단 몇 분 안에 해야 하는 것입니다. 그러니 평소에 장기이식에 대한 생각을 해 놓아야 합니다. 이왕이면 가족들이 함께 장기기증에 대해 의논하고, 또한 만일의 경우를 대비해서 등록을 해 놓으면 더욱 좋을 것입니다.

주인공 시몽은 19세의 건강하고 씩씩한 소년입니다. 그는 친구들과 서핑을 하러 가다가 교통사고를 당합니다. 그리고 코마 상태에 들어가고, 병원으로 실려 가지요. 새벽에 전화를 받은 어머니는 병원으로 달려가고…… 이후에는 우리가 짐작할 수 있는 상황이 전개됩니다. 그럼에도 이 책이 큰 반향을 일으킨 것은 작가의 글 쓰는 방식일 겁니다.

작가는 시몽, 시몽의 어머니, 출장 중이던 아버지, 시몽의 친구들, 여자 친구, 심지어 병원의 의사, 간호사, 장기이식센터의 코디네이터, 심장 이식수술을 맡은 집도의사와 심장을 이식받게 되는 여성에 이르기까지 그들 하나하나를 개인의 입장에서 그립니다……. 그들은 모두 우리 주변의 보통 사람들이거나 바로 우리입니다. 그런 그들이 보여 주는 다급함과 긴박

함뿐만 아니라, 그 와중에 드러나는 그들의 품위가 소설의 가치를 드높입니다. 아무리 돈이 많고 사회적 성공을 거두었어도, 이런 비극 앞에서는 누구나 속수무책입니다. 방법이 없습니다. 너무나 억울하고 슬프지만, 포기할 것은 포기해야 합니다. 책 속에 나오는 "죽은 사람은 땅에 묻고, 산 사람은 살아가게 하자"라는 말이 인상적입니다.

결국 우리에게 주어진 선택은 두 가지입니다. 첫째는 품위 있는 태도를 유지하고, 두 번째는 그런 경우에도 이타적인 결정을 내릴 수 있는 기품입니다. 저는 이 두 가지가 우리가 살아가면서 세워야 하는 마지막 목표가 아닌가 생각합니다.

빌 게이츠는 이 책에 대해서 "정말 대단한 책이다. 이 책을 손에 쥐는 순간부터 한 번에 다 읽었다"고 말했습니다. 독서광인 빌 게이츠이지만 그는 SNS를 통해 소설은 잘 소개하지 않습니다. 그러나 이 책은 추천하지 않을 수가 없었다고 말했습니다. 어쨌거나 빌 게이츠처럼 누구나 한번 펼치면 손에서 놓지 않고 단번에 읽어 낼 수 있을 정도로 글이 쉽고 잘 쓰여 있습니다. 좀 두껍다고 해서 부담 갖지 마시고 읽기를 시작해 보세요.

현존하는 프랑스의 여성 소설가인 마일리스 드 케랑갈 Maylis de Kerangal, 1967~ 이 쓴 이 소설은 유럽에서만 100만 부가 팔렸습니다. 이 소설은 시몽이 교통사고를 당한 시점부터 그의 심장이 다른 여성에게 이식되어 그녀의 가슴속에서 움직이기 시작하는 단 24시간을 다룹니다. 이 속에서 우리는 여러 사람들이 인생에서 마주하는 곤경과 갈등과 결정을 한꺼번에 접합니다. 이것이 비극의 장점이고 소설이라는 장르의 미덕입니다. 평탄하게 살아오신 분에게는 평생에 겪은 사건들을 다 모은 것보다도 더 벅찰 만큼의 이야기가 이 한 권에 다 나옵니다.

저는 여기서 가급적 고전을 권하려고 합니다. 이 책은 고전도 아니고 제가 잘 다루지 않는 현대의 베스트셀러이지만, 여러분께 꼭 권하고 싶을 만큼 우리의 삶과 죽음의 문제를 다양한 시선으로 그리고 있습니다.

책을 통해서 꿈꾸는
상상의 세계
- 일상을 떠나 돌아오지 못하는

　요즘은 일상을 유지하는 것이 참으로 소중하다는 생각을 합니다. 그런데 사람들은 또 일상이 반복되면 욕심이 슬금슬금 올라오고 다시 밖으로 나가려고 하고 그러다가는 사고를 칩니다. 오늘 추천하는 책은 표지 그림의 색감이 좋습니다. 『모래의 여자』(민음사)라는 특이한 제목이 적혀 있지요.

　이 책의 작가 아베 코보 安部公房, 1924~1993는 일본이 낳은 최대의 작가이자 예술가의 한 사람입니다. 요즘 우리나라에도 일본소설 붐이 일어서 많은 분들이 이런저런 일본소설 몇 가지는 읽어 보셨을 겁니다. 저는 개인적으로 일본소설을 아주 좋아합니다. 일본소설을 처음 본격적으로 읽었던 것은 군의관 훈련을 받기 위해 영천의 제3사관학교에 입교했을 때였습니다. 군사학 교육은 싫고 힘들었지만, 당시 교내서점에서 한 권씩 구입한 일본소설들은 저에게 위안이었습니다. 산에 훈련을 갈 때에도 야전상의의 큰 주머니에 책을 넣고 다녔습니다. 훈련을 마치고 밤 10시에 소등을 하면 담요 속에서 랜턴 불빛으로 몇 페이지라도 읽었습니다. 당시 읽었던 것은 그때 막 유행하기 시작하던 무라카미 하루키 같은 것이었습니다. 그리고 제대하여 병원 근무를 하면서 틈틈이 와타나베 준이치 같은 대중소설로 시작하여, 카와바타 야스나리, 다나자키 준이치로, 나쓰메 소세키, 다자이 오사무 등의 편력이 시작되었습니다.

저는 그런 일련의 일본소설의 정점을 찍은 것이 『모래의 여자』라고 생각합니다. 남미 최고의 소설가인 마르케스는 "나는 일본의 소설가로는 아베 코보밖에 모른다. 그 외에는 관심이 없다"고 말할 정도로, 아베 코보는 인상적인 작품세계를 만들어 왔습니다. 그중에서도 대표작인 『모래의 여자』는 실로 독특한 소설인데, 한번은 읽어 보아야 할 것입니다. "내가 읽었던 모든 소설 중에서 최고는 『모래의 여자』다"라고 말하신 분들이 몇 분이나 계십니다.

주인공 남자는 중학교 교사입니다. 그는 어느 날 주말을 끼고 2박 3일로 짧은 여행을 떠납니다. 누구에게도 알리지 않고요. 누구나 그러고 싶을 때가 있지요. 그의 여행 목적은 곤충채집입니다. 남자는 곤충채집 마니아입니다. 곤충채집 오타

쿠들은 아직 발견하지 못한 곤충을 찾아서 그것에 자신의 이름을 붙이는 것이 평생의 목표입니다. 이 남자도 채집통을 어깨에 메고 잠자리채를 들고서 낯선 시골역에 내립니다. 그가 찾아간 곳은 사구(沙丘)입니다. 모래언덕이지요. 일본에는 돗토리현처럼 사구가 있는 사막지역이 있습니다. 그는 모래 속에서 살아가는 곤충을 찾으러 모래마을에 온 것입니다. 사막을 돌아다니다 저녁이 됩니다. 한 노인이 나타나 민박집을 주선해 줍니다.

그 민박집은 모래 절벽 밑에 깊은 구덩이 같은 곳에 있습니다. 밧줄을 타고 내려가야 합니다. 그는 그 집에서 신세를 지게 되는데, 젊은 여자가 혼자 살고 있습니다. 그녀가 모래의 여자입니다. 그는 하루를 자고서 또 곤충을 찾으러 떠나려 했지만, 구덩이 밑에 있는 집에서 다시는 위로 올라갈 수 없습니다. 실은 마을 전체가 파 놓은 함정에 빠진 것이지요. 그곳에 젊은 여자가 있는 이유도 함정의 일부입니다. 마을 사람들은 젊은 사람이 드문 그 마을에서 그가 계속 살기를 원합니다……. 그는 탈출을 도모합니다. 때로는 적극적인 반항도 해 보고, 때로는 적응하는 척하면서 기회를 엿봅니다. 그러나 쉽지 않습니다…….

이 소설은 프란츠 카프카의 「변신」과 비교되는 작품입니다. 우리가 흔히 알고 있는 현재의 사회가 아닌 환상적인 배경이 나오므로 환상 소설 내지는 초현실주의 소설로 분류되지만, 실은 결국 우리를 그리고 있는 것입니다. 주인공은 곤충에 자신의 이름을 붙여서 유명해지고 싶은 허영심 때문에 함정에 빠집니다. 세상에 이름을 내고 싶었던 그는 반대로 세상에서 잊혀 갑니다. 사람들로부터 관심을 받으려고 너무 과한 치장을 하면 도리어 사람들로부터 소외되는 것임을 본인들은 모릅니다. 주인공은 지루한 일상을 떠나 잠시 3일간의 일탈을 꾀했지만, 영원히 자신의 일상으로 다시는 돌아가지 못합니다. 일상이란 얼마나 소중한 것인가요? 마지막에 남자는 결국 돌아갈 수 있게 됩니다. 그런데 그는 가지 않습니다. 이제 그는 서두르지 않습니다…….

    이 소설은 일상과 변신을 대비하여 그리고 있습니다. 쉽게 다시 설명하자면, 우리가 잘 아는 '선녀와 나무꾼' 이야기를 선녀의 입장에서 쓴 것입니다. 우리는 이 이야기를 나무꾼의 입장에서만 이야기하지요. 선녀는 왜 지상에 내려왔을까요? 하늘나라가 지루해서였을지도 모릅니다. '선녀와 나무꾼'에서 선녀를 남자로 바꾸어 보면, 『모래의 여자』와 같은 상황이 됩니다. 나무꾼이 모래의 여자지요. 선녀는 나무꾼과 살지만, 언젠가는 자신이 왔던 곳으로 올라가리라고 생각합니다. 하지만 쉽지 않습니다…….

그렇게 선녀는 지상의 사람이 되어 갑니다. 자신의 함정에 빠진 것입니다. 이 편지를 읽고 계신 분들 중에서도 나무꾼과 잠시만 살려다가 아직도 하늘나라로 돌아가지 못해서 눌러앉아 있는 여성들이 계시지요? 또한 반대로 모래의 여자에게 잡혀서 계속 살고 있는 남성들도 계시지요? 원래의 자리로 도망갈 기회를 엿보다가, 어느 날 아들이 생기고 딸도 생기고 해서 그냥 눌러 살고 있지는 않습니까? 하하, 물론 농담입니다……. 그런데 이제는 탈출의 기회가 생겨도 떠나기가 쉽지 않으실 겁니다. 옷장 속에 숨겨 놓았던 날개옷이 이미 낡고 좀이 슬어서 이제는 입을 수 없게 되었을 겁니다.

전후 세계 문학에서 가장 놀라운 작가의 한 사람으로 손꼽히는 아베 코보는 1924년에 도쿄에서 태어났습니다. 하지만 생후 8개월 만에 부모를 따라 만주 봉천으로 이주하고, 그곳에서 성장했습니다. 아버지는 의사로서 봉천의 병원장이었으며, 어머니는 고등사범학교를 나온 당시 여성으로서는 수재였습니다. 소설을 쓰기도 했던, 문학에 조예가 깊은 신여성이었다고 합니다. 아베 코보(아, 이건 본명은 아니고 스스로 지은 필명입니다)는 만주에서의 소학교 시절부터 천재로 소문이 났고 만주국에서 국가적으로 펼친 실험적 영재교육의 대상이 되었습니다. 고등학교 때에 일본으로 돌아온 그는 월반越班으로 조기졸업을 했고, 수학의 천재로 알려지면서 명문 도쿄제국대학 의학부에 입학했습니다.

그러나 의대 시절 그는 공부는 뒷전이고 주로 도스토옙스키나 니체 등을 읽으면서 지냈는데, 특히 릴케의 『형상시집』에 빠졌다고 합니다. 이 기간에 그는 부모님이 사 준 축음기를 가지고 많은 클래식 음악을 들으면서 음악에 깊은 식견과 풍성한 감성을 쌓게 됩니다. 그런데 전쟁이 끝나고 아버지가 발진티푸스로 돌아가시면서 가세가 크게 기웁니다. 그는 가난과 영양실조로 허덕이면서, 암시장에서 밀거래도 하고 허기를 달래기까지 합니다. 그렇게 힘들게 도쿄제대 의학부를 졸업하지만, 전후의 혼란한 도쿄의 상황에서 의사를 포기하고 문학을 자신의 길로 선택합니다. 가난한 그는 여성화가와 결혼했는데, 아내가 동네 아이들에게 그림을 가르치거나 삽화나 엽서 등을 그려서 생계를 돌보았습니다.

그는 1962년에 『모래의 여자』로 세상에 충격을 주면서 등장합니다. 이 책이 30개 국어로 번역되면서 그는 단번에 세계적인 작가가 됩니다. 나중에 그는 노벨문학상 후보에도 오르지만 그만 죽고 맙니다. 이런 이유로 생존 작가에게만 수여할 수 있는 노벨상의 규칙 때문에 그는 제외되고, 그 상이 오에 겐자부로에게 돌아간 것입니다.

아베 코보는 문학뿐만 아니라, 젊어서 수학과 기하학의 천재로서 '세이조 이후 유사 이래의 수학 천재'라는 평가를 받았습니다. 일본 최고의 의대를 나온 의사였으며, 곤충 채집에는 학자만큼이나 밝았습니다. 그는 문학뿐만 아니라 음악, 사진, 영화, 연극 등에도 식견이 높았습니다. 사진은 전문적 수준의 작가로 활동하여 많은 사진작품들을 남겼습니다. 그는 스스로 『모래의 여자』를 영화로 만들어서 칸 영화제에서 수상하기도 했고, 극단을 창단하고 연출도 했습니다. 또한 1986년에 간이 탈부착이 가능한 자동차 타이어체인인 '체니지'를 발명한 발명가이기도 했습니다. 그가 죽었을 때에는 유작 소설 『하늘을 나는 남자』를 플로피디스크에 남겨서, 플로피디스크로 소설을 쓴 세계 최초의 소설가가 되었습니다.

아베 코보는 그야말로 인문과학과 사회과학과 자연과학의 세계를 종횡무진으로 누비면서 활동한 다빈치와 같은 전방위적인 지성인이었습니다. 그렇게 그는 실존주의, 초현실주의는 물론 한때 공산주의까지 넘나들었습니다. 그리고 그는 예술가에 대한 가장 멋진 정의를 남겼습니다.

> 예술가란 그 시대의 통념과 절연하고
> 다음 시대의 기준을 창조하는 사람이다

이런 아베 코보의 최고의 작품으로 치는 것이 『모래의 여자』입니다. 책은 얇지만, 내용은 깊고 작가가 하려는 말은 원대합니다. 특히 마지막 제3장, 즉 200쪽부터 말미에 첨부된 두 장의 서류까지 이어지는 마지막 대목은 저에게 잊을 수 없는 부분입니다. 마치 위대한 오페라의 피날레를 연상시키는 듯이 클라이맥스를 향하여 서서히 나아갑니다.

그러다가 코다처럼 하늘이 열리고 가슴을 두방망이질 쳐대는 명대목입니다. 그의 작품은 마치 위고나 톨스토이에 필적하는 듯합니다. 저는 그렇게 생각합니다.

힘든 시기에 더욱 뚜렷해지는 사랑의 의미

- 전업 시인 함민복의 지난한 삶과 순수한 시

시를 읽지 않고 시집도 사지 않는 요즘 세상에서 그래도 사람들이 몇 구절 흥얼거리는 시인이 있다면, 그중의 한 분이 함민복1962~ 인 것 같습니다. 시인을 위해서는 다행인지 불행인지 모르겠습니다만……. 그래도 저는 회식 중에 트로트 가사나 들먹거리면서 얘기를 이어 갈 수밖에 없는 사람들에 비하면 나름 다행이라고 생각합니다.

광화문 사거리 교보빌딩에 한동안 걸려 있던 커다란 현수막에 쓰인 구절이 아마 "눈물은 왜 짠가"와 "모든 경계에는 꽃이 핀다"였을 겁니다. 그러니 그 구절이나마 오고가는 사람들의 가슴에 새겨진 것입니다. 교보그룹이 했던 사회적 사업의 하나입니다. 그런데 사람들이 「눈물은 왜 짠가」라는 시의 원문은 정작 잘 모릅니다. 여기에 한번 적어 보겠습니다.

눈물은 왜 짠가 - 함민복

지난여름이었습니다.
가세가 기울어 갈 곳이 없어진 어머니를 고향 이모님 댁에 모셔다 드릴 때의 일입니다.
어머니는 차시간도 있고 하니까 요기를 하고 가자시며 고깃국을 먹으러 가자고 하셨습니다.
어머니는 한평생 중이염을 앓아 고기만 드시면 귀에서 고름이 나오곤 했습니다.
그런 어머니가 나를 위해 고깃국을 먹으러 가자고 하시는 마음을 읽자
어머니 이마의 주름살이 더 깊게 보였습니다.
설렁탕집에 들어가 물수건으로 이마에 흐르는 땀을 닦았습니다.
"더울 때일수록 고기를 먹어야 더위를 안 먹는다.
고기를 먹어야 하는데…… 고깃국물이라도 되게 먹어 둬라"
설렁탕에 다대기를 풀어 한 댓숟가락 국물을 떠먹었을 때였습니다.
어머니가 주인아저씨를 불렀습니다.
주인아저씨는 뭐 잘못된 게 있나 싶었던지 고개를

앞으로 빼고 의아해하며 다가왔습니다.
어머니는 설렁탕에 소금을 너무 많이 풀어 짜서
그런다며 국물을 더 달라고 했습니다.
주인아저씨는 흔쾌히 국물을 더 갖다 주었습니다.
어머니는 주인아저씨가 안 보고 있다 싶어지자
내 투가리에 국물을 부어 주셨습니다.
나는 당황하여 주인아저씨를 흘금거리며 국물을 더
받았습니다.
주인아저씨는 넌지시 우리 모자의 행동을 보고 애써
시선을 외면해 주는 게 역력했습니다.
나는 그만 국물을 따르시라고 내 투가리로 어머니
투가리를 툭 부딪쳤습니다.
순간 투가리가 부딪치며 내는 소리가 왜 그렇게 서럽게 들리던
지 나는 울컥 치받치는
감정을 억제하려고 설렁탕에 만 밥과 깍두기를 마구
씹어댔습니다.
그러자 주인아저씨는 우리 모자가 미안한 마음 안
느끼게 조심 다가와
성냥갑만 한 깍두기 한 접시를 놓고 돌아서는
거였습니다.
일순 나는 참고 있던 눈물을 찔금 흘리고 말았습니다.

나는 얼른 이마에 흐른 땀을 훔쳐 내려 눈물을 닮인 양
만들어 놓고 나서
아주 천천히 물수건으로 눈동자에서 난 땀을
씻어 냈습니다.
그러면서 속으로 중얼거렸습니다.
"눈물은 왜 짠가."

    함민복을 가리켜 누군가가 우리나라에서 진정으로 유일한 전업專業 시인이라고 말했습니다. 대부분의 시인들이 말이 시인이지, 정작 밥은 선생을 하거나 또는 출판사 등에 직을 가지고 있거나 아니면 강의나 잡문 집필로 심지어는 방송으로 벌어 살아가는 현실입니다. 그런데 함민복은 그런 직업이 전혀 없다는 뜻입니다. 그러나 이제는 함민복의 직업은 어부입니다. 그는 얼마 전에 강화도에 정착하여 고기를 잡으면서 살아가고 있습니다.

    충주에서 태어난 함민복은 수도전기고등학교를 졸업하고, 월성 원자력발전소의 노동자로 4년 정도 근무한 독특한 이력의 소유자입니다. 그러다 다시 뜻한 바가 있어 서울예전 문예창작과에 진학하여 문학을 고행의 길로 잡았습니다. 그의 작품 곳곳에 가난한 추억과 지난한 인생이 보이지만, 그는 특유의 서정성을 담고서 많은 사람들이 쉽게 다가갈 수 있는 시

를 씁니다.

교보빌딩 덕분인지 요즘 그의 이름은 너무 많이 알려진 것 같기도 합니다. 하지만 아무리 그래도 시인이란 시집이 팔려야 하는 것인데, 여러분들께서 시집이라도 좀 사드리라고 제가 여기서 소개합니다. 일전에 수업 시간에 한번 소개했던 그의 시들 중에서 제가 아주 좋아하는 시가 「서울역 그 식당」입니다.

서울역 그 식당 - 함민복

그리움이 나를 끌고 식당으로 들어갑니다
그대가 일하는 전부를 보려고 구석에 앉았을 때
어디론가 떠나는 기적소리 들려오고
내가 들어온 것도 모르는 채 푸른 호수 끌어
정수기에 물 담는 데 열중인 그대
그대 그림자가 지나간 땅마저 사랑한다고
술 취한 고백을 하던 그날 밤처럼
그냥 웃으면서 밥을 놓고 분주히 뒤돌아서는 그대
아침, 뒤주에서 쌀 한바가지 퍼 나오시던
어머니처럼 아름답다는 생각을 하며
나는 마치 밥 먹으러 온 사람처럼 밥을 먹습니다

나는 마치 밥 먹으러 온 사람처럼 밥을 먹고 나옵니다

저는 이 시만 읽으면 자꾸 눈물이 고입니다. 정말 담백한 시라고 생각합니다. 시인은 식당에서 일하는 여성을 사랑하고 있는 거지요. 두 사람은 바빠서 그런지 가난해서 그런지 아마 같이 살지도 못하고 자주 만나지도 못하는 것 같습니다. 그래서 그녀가 너무 보고 싶어서 한번 보려고, "일하는 전부"를 보고 싶어서 들어가 밥을 시키는 것입니다. 둘은 한 마디 말도 나누지 못하고 그녀는 그의 앞에다 밥만 놓고 돌아섭니다. 그렇게 돌아가는 뒷모습에서 어린 시절 제게 밥을 내주시던 어머니가 보입니다. 저의 눈물이 어머니 때문인지 그 식당 여성 때문인지 모릅니다만……. 하여튼 시인은 아무 말 없이 마치 밥 먹으러 온 사람처럼 밥을 먹고 나옵니다. 이런 아련한 것이 정말 사랑이 아닐까요.

5분도 안 되는 짧은 영화의 한 컷처럼 쓴 이 시에서 우리는 시인의 생활의 지난함을, 그의 그리움을, 그의 안타까운 사랑을, 그의 어린 시절의 모습을, 그가 그리워하는 어머니를 모두 봅니다. 사랑하는 여자가 파란 정수기통의 물을 담으면 그것조차 푸른 호수의 물처럼 보입니다. 그러니 사랑이란 가난하고 힘들 때에 더욱 잘 자라는 것일지 모릅니다.

그런 그의 시를 우리가 이렇게 종이에 써서 읽는 것은 결코 옳지 않습니다. 그러니 마음에 드시는 분은 한 권이라도 구입해서 읽어 주시기 바랍니다. 한 권에 만원도 하지 않지만(제가 가진 시집은 8,000원이네요) 이런 것이 모여서 시인에게는 도움이 됩니다. 그의 시집은 대부분 창비출판사에서 나와 있는데, 『눈물은 왜 짠가』라는 제목의 책은 산문집이고, 시집으로는 『모든 경계에는 꽃이 핀다』와 『눈물을 자르는 눈꺼풀처럼』 등이 있습니다.

이제 그의 시 중에서 가장 뛰어나다는 평가를 받는 시 「꽃」을 읽어 봅니다. 「꽃」이라는 시의 첫 문장이 "모든 경계에는 꽃이 핀다"입니다. 길을 걷다가 보도블록이나 담벼락이나 아이들 놀이터 등에 보면 이름 모르는 작은 꽃이 피어 있습니다. 그런데 자세히 보면 그 꽃들은 꼭 경계에만 핍니다. 한가운데에는 피지 않습니다. 경계 틈에 수줍게 그러나 아름답게 꼭 작은 꽃이 피어 있지요. 평생을 가난한 노동자나 어부로 살아온 시인은 한 번도 투쟁적인 말로 시를 말한 적이 없습니다. 그의 시는 서정적이고 슬프며 너무나 담백해서 차라리 에로틱합니다.

경계境界라는 것은 가장 중요한 장소라고 생각합니다. 부자와 가난한 사람의 경계, 사용자와 노동자의 경계, 유럽인과 유대인의 경계, 도시인과 시골사람의 경계, 도시에서 살고 있는 사람과 사막에서 힘들게 삶을 이어 가는 사람의 경계, 이념 사이의 경계, 종교 사이의 경계, 사상과 체제 사이의 경계, 정당 사이의 경계, 부모와 자식 사이의 경계, 부부 사이의 경계……우리가 혹시 자신이 누리는 세상의 한복판에 산다고 하여도 늘 경계를 의식해야 합니다. 그리고 경계 너머에도 사람이 살고 있음을 생각해야 합니다. 그런 생각을 할 때에 경계에 꽃이 피는 것입니다. 그래서 그 꽃이 아름답습니다.

꽃 - 함민복

모든 경계에는 꽃이 핀다

달빛과 그림자의 경계로 서서
담장을 보았다
집 안과 밖의 경계인 담장에
화분이 있고
꽃의 전생과 내생 사이에 국화가 피었다

저 꽃은 왜 흙의 공중섬에 피어 있을까

해안가 철책에 초병의 귀로 매달린 돌처럼

도둑의 침입을 경보하기 위한 장치인가
내 것과 내 것 아님의 경계를 나눈 자가
행인들에게 시위하는 완곡한 깃발인가
집의 안과 밖이 꽃의 향기를 흠향하러
건배하는 순간인가

눈물이 메말라
달빛과 그림자의 경계로 서지 못하는 날
꽃철책이 시들고
나와 세계의 모든 경계가 무너지리라

가을이 오면 그리운 도시
- 지금도 생생한 춘천의 추억

　코로나는 물러가지 않았지만, 가을은 어김없이 우리 곁으로 왔습니다. 그렇게 가을을 기다렸고 정작 가을이 왔지만, 좋기만 한 가을은 아닌 것 같습니다. 어려서부터 유달리 가을을 좋아했던 저는 가을에 관한 공상도 참 많이 했었습니다. 학교에서 늘 주입시켜 주던 우리나라의 자랑인 '뚜렷한' 사계절이 저는 싫었습니다. 그래서 더운 여름밤이면 자리에 누워 '하느님이 사철 중에서 여름과 겨울은 격년隔年으로 넣고, 대신에 그 자리에 가을을 두 번씩 배치해 주시면 얼마나 좋을까?' 하는 상상을 하곤 했습니다.

　저에게 처음으로 가을을 강력하게 느끼게 해 준 도시는 춘천春川이었습니다. 부산에서 태어나서 부산에서 자란 저는 서울에 올라가기 전까지는 코트도 한 벌 없었습니다. 필요가 없었던 거지요. 그렇게 살다가 서울에서 레지던트를 하던 중에, 어느 가을에 춘천에 있는 병원으로 파견 근무를 하게 되었습니다. 서울도 추웠던 제가 이제는 추위가 더 무서운 춘천에 갑자기 도착했으니, 그때까지 제 평생을 통틀어서 가장 내륙 깊숙하고 가장 북위北位가 높은 곳에서 살게 된 것입니다(나중에는 더 북쪽의 더 산골에서 일하게 되지만요). 춘천에 부임한 날이 가을이 시작하는 길목인 9월 1일이었습니다.

춘천 병원의 정신병동 안에 있는 전공의 숙소로 쓰는 작은 방에서 시작한 저의 춘천 생활은 하루하루 가을이 다가오는 것을 기다리는 것이었습니다. 춘천시청에서 강원도청으로 올라가는 길의 낙엽이 유명하다고 들어서, 일부러 바바리코트(영국의 유명 브랜드 '버버리'가 아니라, 춘천 의류 공판장에서 산 '바바리'입니다)를 입고서 나갔습니다.

피천득 선생이 썼던 수필의 배경이라며 춘천 사람들이 자랑하던 길을 걸어 천천히 올라갔습니다. 높은 플라타너스가 양편으로 늘어선 길을 따라 걸었습니다. 코트 깃을 세우고 양손을 주머니에 넣는 것은 필수지요. 그런데 제 마음이 급했던지, 9월에는 아직 낙엽이 별로 없는 것이 아닙니까? 그래도 언제 다시 밖에 나올 수 있을지 몰라서 도보 위에 드문드문 떨어져 있는 커다란 플라타너스 잎사귀를 찾아서 징검다리 건너

듯이, 거의 폴짝폴짝 뛰듯이, 아니 이건 너무 촐랑대 보이니까 성큼성큼, 낙엽을 찾아 다리를 벌려 가면서 일부러 그 위를 신발로 밟으며 걸었습니다. 아무튼 가을의 낙엽은 밟은 것입니다…….

그렇게 춘천에서 보냈던 단 한 번의 가을 생활이 시작되었습니다. 이른 아침에만 깔린다는 의암호의 물안개를 보고 싶어서, 아침 콘퍼런스와 회진 준비를 일찌감치 다 해 놓고서 병원 현관에서 택시를 잡아타고 나갑니다. 물론 바바리도 함께……. 의암호 주변에 있던, 김수근 선생이 설계하여 당시만 해도 제 생각에는 우리나라에서 가장 멋진 건물이었던 어린이회관의 야외극장 객석에 앉아서 물안개를 느끼거나, 춘천문화방송 부근의 호숫가를 걷곤 했습니다. 또 강원대 농과대학 캠퍼스에 가서 점점 벌어지는 국화도 구경하곤 했습니다.

당시까지는 춘천에 클래식 음악이 나오는 다방이 두어 개나 남아 있어서, 저녁에는 그런 곳에 찾아가서 커피를 마시며 음악도 듣곤 했습니다. 또 춘천에도 영화관이 있으니, 개봉영화도 볼 수 있었습니다. 영화를 보고 싶으면 지금은 사라진 시내의 피카디리 극장을 주로 찾았습니다. 휴대전화는커녕 삐삐도 없던 시절이었습니다. 그래서 영화관에 들어갈 때면 표 받는 아저씨에게 "제가 무슨 병원의 아무개인데, 병원에서 전화 오면 찾아 주세요"라고 부탁하면 들어주던 시절이었습니다.

객석에는 관객도 별로 없었습니다. 저는 항상 객석 맨 뒷줄의 통로측 자리, 즉 출입구에서 가장 가까운 자리에 앉았습니다. 그러면 아저씨가 들어와서 전화가 왔다고 전해 주는 거죠. 응급실이나 병동에서 온 전화면 밖으로 튀어 나가서 택시를 잡아타고 10분이면 병원에 도착하곤 했습니다.

그런 시절에도 가장 큰 갈증은 음악이었습니다. 춘천시청 앞에 작지만 클래식 음반을 제법 보유한 레코드 가게인 '명곡사名曲社'를 발견하고, 그때부터 그곳은 시내에 갈 때마다 들르는 참새 방앗간이 되었습니다. 그간 제가 가지고 있던 LP들은 양이 많아서 춘천으로 올 때 서울에 두고 가져오지 않았던 것입니다. 그러나 인간이 어찌 스스로 음악을 듣지 않고 FM에만 의존해 살 수 있겠습니까? 그래서 저는 명곡사를 들를 때마다 제가 가지고 있지 않은 LP 위주로 음반을 구입했습니다. 집에 있는 베토벤의 피아노 협주곡이 박하우스의 연주였으니 명곡사에서는 새로 나온 아슈케나지의 판을 사서 들어 보고, 슈베르트의 사중주곡은 줄리아드 사중주단 녹음이 있으니 도쿄 사중주단 것을 사 보고, 이런 식이었습니다.

명곡사의 음반들은 제가 가지고 있는 기본적인 음반들과 겹치는 것이 많았으니, 저는 오랫동안 선반을 뒤지는 손님치고는 많이 사지 않았을 것입니다. 전공의 주머니가 넉넉한 것도 아니고요. 그래도 명곡사 사장님은 매번 친절하게 대해 주셨고, 그분은 제가 춘천에서 음반 얘기를 나눌 수 있는 유일한 분이 되었습니다. 그렇게 사 온 음반을 당직실에서 그 유명한 이글 오디오, 아니 독수리표 전축에 올려서 듣는 것은 병원생활의 숨통이었습니다.

정신병동의 철장 밖으로 단풍이 들고, 그러다가 낙엽이 떨어지고, 주차장 자동차들의 지붕에 낙엽이 앉고, 봉의산에 서리가 내리고, 송림 위로 눈이 쌓이는 것을 브람스를 들으면서 지켜보았습니다……. 그해는 브람스의 교향곡 네 곡과 실내악곡들, 특히 클라리넷 오중주곡을 많이도 들었습니다. 그렇게 그해 가을과 겨울이 지나갔습니다.

30년이 지난 지금도 가을이 오면, 저도 모르게 춘천을 떠올립니다. 춘천을 생각하면 지금은 없어진 장소들이 생각납니다. 반찬 하나하나가 그렇게 맛있었던 밥집 '이모집'과, 서울의 중국집과 이름은 같지만 더욱 정겹고 짜장면이 더 맛있었던 '희래등', 지역의 연극인들이 모여서 클래식을 들으며 술을 마시던 카페 '전람회', 서울에서 오는 사람들만 가 보고 싶어 하던 '이디오피아' 등이 모두 사라졌습니다(이름만 같은 곳들이 지금 몇 군데 있지만, 더 이상 예전의 그 집들은 아닙니다).

그런데도 아직 그 명곡사는 남아 있습니다. 여전히 같은 곳에서 30년 전과 거의 같은 모습의 사장님이 오늘도 매일 혼자 나와서, 문을 열고, 청소를 하고, 음반을 팔고 있습니다. 그곳 선반에는 지금도 크리스티안 치머만과 토마시 바사리의 쇼팽 카세트테이프가 있으며, 같은 공간에서 조미미와 박건의 CD도 찾을 수 있답니다.

이런 향수에 목말라서 얼마 전에도 가을을 기다리다가 춘천을 찾아갔습니다. 혹시라도 춘천에는 가을이 왔나 보려고요. 이전의 다방들은 다 사라졌으니, 길을 걷다가 분위기가 그럴 듯한 카페에 들어갔습니다. 커피 맛도 괜찮았습니다.

그런데 클래식 음악이 나오고 있는 것이 아닙니까? 놀란 저는 일말의 기대를 안고 여주인에게 조심스럽게 여쭈었습니다. "이 음악 좋은데, 뭐 트신 거예요?" 그래도 제가 뭐 바흐의 파르티타나 브람스의 발라드 같은 제목을 그분의 입에서 기대한 것은 아닙니다만……. 그래도 최소한 보첼리의 컴필레이션 음반이나 하다못해 랑랑 정도의 대답이라도 기대했을지 모릅니다. 그런데 나오는 대답은 당당하게 단 한 마디, "멜론이에요……."

아, 저 숭고한 음악 앞에서, 슈만도 슈베르트도 리히터도 루빈스타인도 심지어는 유자왕도 조성진도 아니고, 하다못해 이봉조도 하춘화도 대답이 아니었던 것입니다. 이제는 「소녀의 기도」도 사라지고 「은파」라는 제목을 기억하는 사람조차 없어지고, 오직 누구나 하는 말은 단 한 마디, 멜론입니다……. 모든 음악은 제목을 잃고 작곡가도 잃고 그냥 커피의 배경으로 전락했습니다. 그리고 그들에게 붙은 명칭은 오직 하나, 멜론…… 이렇게 해서 이 땅에 문화라는 것이 남아 있겠습니까?

그때부터 저는 멜론이 너무나 싫어졌습니다. 이젠 먹기도 싫습니다. 세상의 모든 문화는 과일들이 점령했고, 인간은 과일들이 틀어 주는 대로 아무런 생각 없이 바보처럼 듣고만 있습니다. 이제는 작곡가도 연주가도 지휘자도 모릅니다. 그래도 옛날에 우리 동네 이발소에는 카라얀 사진이라도 걸려 있었고, 시내버스의 기사님 머리 위에는 푸시킨의 시구라도 붙어 있었습니다만, 이제는 다 사라졌습니다.

세상은 멜론과 애플과 카카오와 블랙베리(캐나다의 통신사), 오렌지(영국의 네트워크) 등이 모두 지배하고 있습니다. 인간이 과일에 깔려서 살아갈 줄은, 혜안을 가졌던 조지 오웰 선생도 미처 몰랐을 것입니다. 아니 깔려서 살아가는 것이 아니지요. 글쎄, 인간이 과일에 깔려 죽을 줄 누가 알았겠습니까?

그래도 이번 가을은 행복합니다. 며칠 전에 주앙 마리아 피르스의 전집이 나왔습니다. 제가 세상에서 가장 사랑하는 피아니스트의 한 사람입니다. 그녀의 그 담백함과 꾸미지 않은 할머니의 모습과 성품은 그녀의 손끝에서 그대로 피아노로 전달됩니다. 그래서 요즘 저는 내내 두 할머니, 즉 포르투갈 할머니 피르스와 중국 할머니 주 샤오메이의 음반들로 행복한 하루하루를 보내고 있습니다.

    지금 저는 피르스가 연주하는 슈베르트의 즉흥곡을 들으면서 이 편지를 쓰고 있습니다. 그녀의 늙고 마른 손가락 끝에서 흘러나오는 한 음 한 음에서 가을의 낙엽이 뚝뚝 떨어집니다.

    오늘 같은 날은 40년 된 명곡사가 그립습니다. 간판에는 지금도 지휘하는 카라얀의 사진이 붙어 있습니다. 점방店房 이름이라면 적어도 이 정도는 돼야죠…….

청라언덕이 생각나는 저녁에
- 사라져 가는 우리 가곡들

어느덧 10월입니다. '시월'이라는 발음이 멋지죠. 제 중학교 시절부터 부산에서는 '가을맞이 가곡의 밤'이라는 음악회를 했습니다. 이전 같지는 않겠지만 지금도 하고 있는 것으로 압니다. 물론 서울에도 있지요. 부산에 음악회가 거의 없던 시절에 서울에서 활약하는 '유명 성악가'들이 내려오는 드문 기회라서, 가을이면 기다려서 다녔습니다. 당시 엄정행, 신영조, 오현명 같은 분들은 부산에서도 스타였습니다.

고등학교 때에 한번은 '가곡의 밤'에서 신영조 선생의 노래를 듣고 너무 감격하여 집에 와서도 잠을 이루지 못했습니다. 그래서 한밤에 잠자리에서 벌떡 일어나 흥분을 가라앉히지 못하고 "신영조 선생님께 편지를 써야겠다"며 집안을 왔다 갔다 했던 것 같습니다. 어머니 눈에는 고등학생 아들이 그러고 있으니 한심해 보였을 겁니다. 그래서 어머니가 저를 앉혀 놓고 말씀하셨습니다. "지금 고등학생 주제에 편지를 써 봤자, 서울의 고명한 교수님이 관심이라도 갖겠냐? 열심히 공부해서 나중에 그분과 대등하게 대화라도 나눌 수 있을 정도의 사회적 위치가 되었을 때에, '옛날 제가 어렸을 때 이러저러했습니다'라고 말하는 것이다. 그러면 그분이 더욱 감격하지 않겠느냐?"라고 말씀하시는 것이 아닙니까? 저는 어머니의 단호한 서슬에 눌려서 그만 편지를 포기하고 말았습니다······.

당시 신영조 선생의 귀한 음반은 제가 거의 다 가지고 있었습니다. 그분의 젊은 시절의 음성은 또한 저의 젊은 시절의 추억이기도 합니다. 그분이 슈투트가르트 국립 오페라극장에서 〈람메르무어의 루치아〉를 부른 녹음을 들어 보면, 당시에 이미 세계적인 테너들에 비해서 빠지지 않는, 아니 그들도 가지지 못한 매력이 분출됩니다. 지금도 짜릿합니다.

가곡의 밤 얘기를 하다 보니, 떠오르는 일화가 하나 더 있네요. 내친김에 하겠습니다. 오현명 선생께서 노래를 끝내고 박수를 받았습니다. 그런데 그분의 대표적인 레퍼토리였던 「청산에 살리라」를 그해만은 부르지 않았던 것입니다. 그러자 제 부근의 여학생 두 명이 "청산에 살리라! 청산에 살리라!" 하고 앙코르를 외쳤습니다. 하지만 모깃소리보다 겨우 조금 큰 정도의 두 소녀 음성이 무대까지 들릴 리가 없었습니다. 그래도 계속 애타게 외치는 두 소녀를 옆에 앉아 있던 커다란 아저씨가 보더니, 기사도를 발휘해서 체구만큼 커다란 목청으로 무대를 향해 외쳐 주었습니다. "청산에 살으리랏다!!!……" 네, 무슨 말인지 못 알아들으시는 분이 계시지요?

요즘은 한국가곡이라는 것을 거의 듣지 않습니다. 제가 중고등학교 다니던 1970년대에서 1980년대 초반까지가 아마 한국가곡의 뜨거운 전성기였던 것 같습니다. 레코드가게의 선반에도 '한국가곡'이라는 섹션이 있을 정도였습니다.

한국가곡은 솔직하게 음악적으로는 서양의 클래식에 비해서 확실히 수준은 좀 떨어지고, 독일 가곡과 개화기 창가唱歌의 중간쯤 되는 셈입니다. 그래도 서양음악이 우리나라에 도입되던 초창기에 우리나라 시인들의 시에 음악을 붙여서 만든 나름 의미 있는 장르라고 생각합니다. 한국가곡에는 분명 서양의 클래식과는 다른 묘한 정서가 있었습니다. 그리고 무엇보다도 우리 민족의 정서가 숨 쉬고 있지요.

제가 서울에 올라와서 놀란 것 중의 하나가 무엇인지 아십니까? 사실 놀란 것이 그리 많지는 않습니다. 책에서 이미 다 알 수 있었으니까요. 그런데 정말 서울 사람들과 직접 만나면서 느낀 것 중의 하나가 '달걀'이라는 말을 잘 쓰지 않는다는 사실입니다. 우리말로 아름다운 '달걀'이라는 말이 있는데, 왜 굳이 한자어인 '계란'이라고 하는지 모르겠습니다. 그것도 서울 사람들은 발음도 안 되어서 '겨란'이라고 한답니다. 겨란이 아니라 달걀이라고요!

또 하나 서울 사람들은 '야채野菜'라는 말을 입에 달고 다니는데 이것도 고쳐야 합니다. 야채는 일본식 표현이지요. 아름다운 우리말로는 '채소'입니다. '총각네 야채가게'부터 간판을 바꾸어야 합니다. TV를 보세요. '배운' 아나운서들은 꼭 굳이 채소라고 말합니다. 하지만 무신경한 출연자들은 자주 야채라고 합니다. 그러다가 채소라는 말을 쓰는 출연자가 있으면, 저도 모르게 TV 화면을 다시 쳐다보게 된답니다. 그 사람이 멋져 보여서요. 일본 사람들은 좋은 채소를 보면 '에~, 쿄야사이……(교토산 야채)'라는 말을 입에 달고 다니는데, 그들의 채소가 좋다는 자부심의 표현입니다. 이제 우리도 "우리의 채소를"이라는 말을 써야죠. 일본산이라면 몰라도, 적어도 우리 땅에서 난 우리 것이라면 그래야 하지 않겠습니까?

그러고 보면 우리가 잃어버린 아름다운 단어 중의 하나가 '동무'라는 것입니다. 제 어렸을 때는 동무라는 말을 참 많이 썼습니다. 어깨동무라는 말도 있지 않습니까? 요즘 애들은 어깨동무를 하는 것도 별로 보지 못했습니다만. 「동무들아, 오너라」라는 노래도 있었고 「동무야, 나오너라. 달마중 가자」도 있었지요. 특히 저희 어머니께서는 동무라는 말을 즐겨 썼습니다. 지금도 어머니 얼굴을 떠올리면 저에게 "동무들이랑 놀다 왔어?"라며 웃으시던 모습이 선합니다. 네, 우리는 동무들이랑 놀았지요. 참 아름다운 우리말입니다.

어느 때부터인가 우리는 '친구'라는 말을 너무 자연스럽게 씁니다. 친구는 한자어인데, 사실 뜻이 좀 복잡하지요. 국어사전에 보면 '친구親舊'는 '오래된 벗'이라고 단정되어 있습니다. 옛 '구舊' 자가 들어 있지요. 꽤 사귄 사람인 것입니다. 만약 처음 만난 사람이 우리 "친구하자"라고 말하면, 역시 의미상 맞지 않는 겁니다. 친구가 될지는 오래되어 봐야 아는 것 아닙니까? 하지만 동무는 그냥 편하게, 아이들도 쓸 수 있는 말이죠. 저는 이 동무가 참 정답습니다. 우리가 동무라는 우리말을 잃어버린 것은 분명 공산주의자들이 즐겨 '동무'라고 부르기 때문입니다. 그들이 자꾸 '동무, 동무' 하니 우리 사회에서는 쓰기가 꺼려졌던가 봅니다. 하지만 말이란 것은 그래도 또 쓰다 보면 다시 우리 것이 되지 않겠습니까?

한국가곡 중에서 제가 좋아하는 곡의 하나가 이은상 작사에 박태준 작곡의 「동무생각」입니다. 다들 입으로 흥얼거릴 수 있으실 겁니다. 서정적인 노래입니다. 이전에는 중고등학교 교과서에도 있었고, 누나들이 보던 더 옛날 책에는 「사우思友」라는 제목으로 실려 있었습니다. 이것도 사라졌겠지요. 많은 것들이 매일매일 하나씩 사라져 가는 요즘입니다.

봄의 교향악이 울려 퍼지는
청라언덕 위에 백합 필 적에
나는 흰 나리꽃 향기 맡으며
너를 위해 노래, 노래 부른다
청라언덕과 같은 내 맘에 백합 같은 내 동무야
네가 내게서 피어날 적에 모든 슬픔이 사라진다

더운 백사장에 밀려드는
저녁 조수 위에 흰 새 뛸 적에
나는 멀리 산천 바라보면서
너를 위해 노래, 노래 부른다
저녁조수와 같은 내 맘에 흰 새 같은 내 동무야
네가 내게서 떠돌 때에는 모든 슬픔이 사라진다

요즘은 코로나로 봄도 봄이 아니고 봄이 어떻게 지나갔는지도 모르고 사라졌지만, 그래도 이 노래를 한번 흥얼거려 봅니다. 물론 답답하지만 밖에 나가지 않아도 책과 음악으로 나름대로 즐길 수 있으실 겁니다.

그런데 청라靑羅언덕이 어디인지 아십니까? 네, 대구의 동산병원 뒤편에 나지막한 산이 있는데, 그것이 청라언덕입니다. 지금은 계명대학교 동산의료원이 되어, 코로나 환자들을 치료하며 매스컴도 많이 탔던 곳입니다. 거슬러 올라가면 1899년에 미국 선교사 우드브리지 존슨이 서양식 의원醫院인 제중원濟衆院을 세운 것이 시초입니다. 그러다 이름이 동산병원으로 바뀌고, 또 지금의 이름으로 변천한 것입니다.

당시부터 병원 뒤편의 언덕에는 외국인 선교사들이 거주하기 위해 빨간 벽돌로 서양식 주택들을 지어, 마치 서양 같은 이국적인 분위기를 풍깁니다. 그 붉은 벽돌집들에 담쟁이가 자라 벽을 덮고 있습니다. 그것이 마치 '푸른 비단'처럼 보여서 '청라靑羅'라는 이름이 붙지 않았나 하고 저는 생각합니다. 그 집들은 지금까지 보존되어서 의료선교박물관이 되었으며, 근대유산으로 지정되어 있습니다. 부근에는 근대유산골목도 있지요. 이 일대가 제가 대구에서 좋아하는 지역입니다.

그 언덕이 청라언덕입니다. 부근의 지하철역 이름도 '청라언덕역'입니다. 큰 길에서 청라언덕으로 올라가는 길이 동서 두 방향으로 나 있는데, 양편의 언덕길이 모두 아름답습니다. 지금은 백합이 필 시기는 아니지만요······. 천천히 올라가면 좋습니다. 아마 「동무생각」의 노래비도 있었던 것 같습니다. 대구에 가실 일이 있으면 한번 찾아가 보세요.

"청라언덕과 같은 내 맘에 백합 같은 내 동무야"라고 노래를 흥얼거리다 보면, 내 주위에도 과연 백합 같은 동무가 있는지 자문하게 됩니다. 여러분은 주변에 백합 같은 동무가 계십니까? 저는 호박 같은 동무도 잘 보이지 않습니다…….

그렇게 말하다 보면 저는 "아, 그렇지. 내 마음이 청라언덕 같지 않으니, 백합 같은 동무가 피어날 리가 없지"라는 자조적인 결론에 이르곤 한답니다……. 백합 같은 동무는 다음 생애에서나 피어날 것인가요. 여러분, 안녕히 계십시오.

산자락에서 매일
음악과 함께했던 시간
- 대관령에서 보낸 어느 추석 연휴

추석은 잘 보내셨나요? 추석 연휴에 여행을 자제해 달라는 당국의 당부에도 불구하고, 저는 나름대로 사람 없는 곳을 찾아서 조용한 휴식을 갖고 돌아왔습니다. 죄송합니다. 애초엔 글을 쓸 생각이 아니었지만, 무엇보다도 음악을 좋아하시는 여러분들께 소개 드리고 싶은 마음을 억누르기가 힘듭니다. 그래서 짧은 여행담을 편지에 올립니다.

커튼을 젖히고 발코니 문을 열어 보니 엷은 아침 안개가 비탈진 마을에 걸쳐서 펼쳐져 있습니다. 건너편의 산등성도 이편의 배추밭도 이제야 모습을 드러냅니다. 며칠째 아침잠이 부족해서 힘들었는데, 오늘은 바뀐 잠자리에도 불구하고 세상 모르고 8시까지 자 버렸습니다. 나무 집이라서 그럴까요? 높은 곳이라서 그럴까요?

해발 800미터에서 잤으니, 세상에서 떨어져 멀리 온 것 같습니다. 서울에서 고속철도로 불과 1시간 반의 거리지만, 거리란 수평으로만이 아니라 수직으로도 있다는 사실을 새삼 생각합니다. 오늘은 추석이지만, 높은 곳에 있으니 사람들이 아웅다웅거리는 세상은 먼 곳의 얘기 같습니다.

공기가 좋다는 사실은 말할 필요가 없겠지요. 밖으로 나와서 이 펜션의 중심이 되는 넓은 방으로 가려니, 주인의 부지런한 아버님께서 아침부터 데크에 물청소를 해 놓았습니다. 기분이 좋아져 걸어가는 저를 저만치 누워 있는 큰 개 바바가 눈만 꿈뻑이면서 대면대면 바라봅니다. 필경 늙은 놈이거나, 게으른 놈이거나, 아니면 새끼를 밴 놈 같습니다.

이 펜션의 간판격인 본관이랄까, 거실이랄까, 아침식당이랄까, 그 모든 기능을 하는 건물의 문을 열고 들어갑니다. 층고가 높은 천장 아래로 차이콥스키의 피아노 삼중주곡 〈어느 위대한 예술가를 추억하며〉가 공기를 채웁니다. 이 강렬한 곡이 저는 좋습니다. 원래 차이콥스키가 지칭한 예술가가 있었다지만(니콜라이 루빈스타인에게 바친 곡입니다), 이제 이 곡은 모든 위대한 그리고 높은 산 위에 앉아서 하염없이 외로운, 잊힌 예술가들에게 바쳐져 마땅한 작품입니다.

아침식사가 나옵니다. 모양이 다른 구운 식빵 두 쪽에 버터와 대관령에서 난 딸기로 여주인이 직접 만들었다는, 그래서 서울의 맛과는 전혀 다른 잼, 대관령 목장의 요거트, 토종닭이 낳았음직한 달걀 프라이, 그리고 사과 한쪽이 얌전하게 잘라져서 누워 있습니다. 이루 말할 수 없이 소박하고 단순하고 그러면서 건강한 음식은 오늘 하루를 착하게 보내라는 말씀 같습니다. 작년 8월의 마지막 날 잘츠부르크의 아침 이후로 처음 먹는 양식 아침입니다.

커다란 방에 탄노이 웨스트민스터 스피커 소리가 무겁지도 기름지지도 마르지도 않고 크지도 작지도 않게 울립니다. 소리의 완성은 스피커 같은 기계의 좋고 나쁨이 아니라, 이렇게 넓은 공간이어야 한다는 진리를 확인합니다. 건물 전체가 나무로 지어져 마치 제가 스피커의 나무통 속에 앉아 있는 듯이 음악이 가슴 깊은 데까지 울립니다.

방의 가운데에는 겨울 내내 난로 하나로 이 큰 방을 충분히 데운다는 멋진 주물 난로와 언젠가 그 속으로 들어갈 장작들이 누워 있습니다. 그리고 뒤편 벽으로는 많은 책, 특히 문학과 인문학으로 가득한 책들이 꽂혀 있습니다. 서울의 많은 거대한 엉터리 서점과, 책은 장식이고 커피를 파는 북카페들, 빌딩이나 호텔의 로비에 장식으로 꽂아 놓은 책들, 아무도 읽지 않고 아무도 눈길을 주지 않는 그런 책들이 아닙니다. 거의 모든 책들에서 주인 내외가 읽었던 흔적을 볼 수 있습니다.

필요 없는 장식도 화려한 그림이나 조각도 없습니다. 이 부부가 살아가는 진솔하고 소박한 모습 그대로입니다. 그렇다고 아마추어의 분위기도 아닙니다. 내공이 느껴지지만 그들의 정체는 쉽게 잡히지 않습니다. 여기는 예절 없이 뛰어다니는 아이도 어슬렁거리는 짐승도 없습니다. 오직 어른들의 공간입니다. 그리고 음악과 책을 좋아하는 사람을 위한 공간입니다. 음악과 책을 좋아하지 않으면 잠시도 견디기가 어려울 수도 있겠습니다.

커피가 나옵니다. 에스프레소입니다만, 서울의 흔한 고급 기계로 뽑은 것이 아닙니다. 이탈리아에서 사 왔다는 무쇠 에스프레소 주전자로 가스불 위에서 끓여서 뽑은 것입니다. 저는 황송하게도 3박 4일 동안 매 끼니마다 일일이 한잔씩 뽑아낸 에스프레소를 여기서 마시게 됩니다. 토마스 만의 『마의 산』에 올라온 듯한 기분입니다. 이런 장소라면 4일이 아니라 소설의 주인공처럼 4개월도 쉽게 견딜 것 같습니다. 아니 4개월쯤 살고 싶군요.

음악과 커피라는 조합을 우리는 쉽게 입에 올리지만, 사실 좋은 커피와 좋은 음악의 만남은 쉬운 것이 아닙니다. 거기에는 공간과 사람, 특히 방해하는 사람이 없어야 한다는 절대적인 조건이 필요하기 때문입니다. 서울이나 그 근교의 카페 등에서는 아무리 좋은 기계로 음악을 틀고 아무리 비싼 커피를 내놓아도, 시끄러운 웃음과 니켈 같은 금속성의 도회적 목소리와 거기에 얹혀서 들리는 자식 얘기, 집안 자랑, 부동산 이야기가 모든 것을 망칩니다.

　이곳은 커피와 정원이 제법 유명하여 적지 않은 분들이 오고 싶어 한다고 들었습니다. 그러나 분위기를 지키기 위해, 커피만 마시는 손님은 받지 않는답니다. 커피도 음악도 정원도 투숙객만 누리는 것이죠. 그런 주인의 결단 덕분에 이곳은 독일 산중의 작은 호텔이나 일본 시골에 숨어 있는 료칸과 같은 절대적인 환경을 유지하고 있습니다. 그래서 주중에는 손님이 없는 경우도 많다고 합니다. 제가 있었던 3박 동안 첫날은 저 외에 다른 한 커플만 있었고 마지막 주말에만 서로 모르는 세 부부가 들었습니다. 손님들도 모두 지긋한 연배들로서, 세 방이 찼다고 해도 있는 듯 없는 듯하였습니다.

　미리 얘기를 해 놓은 덕분에, 저녁에는 주인이 대관령 소고기를 구워 주었습니다. 주인과 먹을 줄로 알고 미리 포도주 두 병을 소포로 부쳐 놓고 왔는데, 주인께서 술을 한 방울도 하지 못하셔서 혼자서 한 병을 마시고 한 병은 두고 왔습니다. 부부가 단골가게에서 구했다는 한우는 정말 맛있었고, 좋은 숯으로 구워 내는 주인의 솜씨도 대단했습니다. 고깃집을 해도 되겠다는 말을 칭찬이라고 했지만, 주인의 표정을 보니 괜한 말을 했나 봅니다. 무엇보다도 나물을 만드는 여주인의 솜씨가 대단하여, 큰 사발에 가득 담긴 세 가지 나물을 두 그릇씩이나 비웠습니다. 오대산에서 제일 맛있다는 산채전문점보다도 나은 것 같았습니다.

   그러나 이 집에서 유명한 것은 정원입니다. 크지는 않지만 계절에 맞춰서 가득하게 흐드러진 화초와 풀들이 마음을 들뜨게 하는 것이 아니라 되레 가라앉혀 줍니다. 정원 구석에는 그네 의자가 놓여 있어서 정원이 참 즐거웠습니다. 마지막 날에는 다른 고객 부인에게 뺏겨서 앉아 보지 못했습니다. 그런데 그 부인께서 커다란 털실뭉치를 가지고 계신 것이 아닙니까? 그네에 앉아서 내내 털실로 무언가를 짜는 모습은 오랜만에 보는 평화로운 광경이었습니다. 어렸을 적에 어머니 손잡고 국제시장의 '장미모사'에 털실을 사러 다니던 때가 떠올라서, 비록 그네는 뺏겼지만 그 부인의 모습을 멀리서 바라보는 것만으로도 좋았습니다.

   머무는 4일간 저는 가까운 유명 리조트 같은 데는 일부러 가 보지도 않았습니다. 마치 남루해져서 도리어 깨끗해진 무명옷에 무언가 화려한 얼룩이 묻을 것 같은 염려라고나 할까요? 그 작은 펜션에서 내내 기분은 충만하고 걸음이 느긋했습니다.

 첫날 낮에는 진부읍에 나가서 아무도 없는 쇠락한 거리를 걸었습니다. 진부 초등학교 교정에 들어가서 여전히 혼자서 우리나라 방방곡곡의 교정들을 지키고 있는 이순신 장군도 보고, 아직도 공산당이 싫다는 이승복 어린이도 보고, 시골학교 마당에 네 대나 서 있는 스쿨버스를 보면서 여기는 아이들이 많구나 하는 생각도 했습니다.

 다음 날은 평생을 미루고 해 보지 않았던 월정사에서 상원사까지의 길을 마음먹고 걸었습니다. 좁은 산길로 걸으니 가는 데에만 2시간 반이나 걸리더군요. 저녁에 어둑해졌을 때에 다시 월정사에 내려와서(다리가 아파서 내려올 때에는 하는 수 없이 버스를 이용했답니다), 잘생긴 스님이 법고法鼓와 목어木魚를 두드리는 모습을 보고 나왔습니다. 젊은 스님이 목어를 두드리는 등판에서는 지금도 슬픔이 베어나더군요.

 셋째 날은 펜션 주인이 소개해 주신 '국민의 숲'을 걸었습니다. 과거 화전민들로 인해 대관령 일대가 완전히 헐벗자 국가에서 인공으로 조성한 숲인데, 40여 년이 지난 최근에야 개방했다고 합니다. 아침에 나간 덕에 정말 동화책에서나 읽던 숲의 기분을 만끽했습니다. 그리고 떠나오는 마지막 4일째에는 아침 내내 정원에만 있었지요. 떠나기 직전에야 비로소 수줍은 주인 부부가 다가와서 사진을 찍자고 했습니다.

젊은 부부가 도시 생활을 접고 귀촌하여 펜션을 시작한 것이 16년째라고 합니다. 처음에는 스키를 타는 사람들이 많아 수입은 좋았지만, 내외의 생각이 성장하면서 고객층도 달라졌답니다. 결국 스키어들은 하나둘 떠나고, 이제는 클래식을 좋아하는 사람과 정원을 좋아하는 사람들만 남았다고 합니다. 그럼에도 적극적으로 알리지 않아서, 아직도 아는 사람들만 오기 때문에 분위기가 유지되고 있습니다.

세상에 럭셔리한 호텔과 멋진 리조트는 많습니다. 그러나 주인의 생각과 실천이 함께 따라가는 곳은 드뭅니다. 이번에 큰 경험을 했습니다. 그것은 괴테의 두꺼운 자서전 『시와 진실』을 마음먹고 가져갔지만, 한 페이지도 읽지 못했다는 사실입니다. 그런 곳에서 활자나 보는 제가 싫었고, 사실 책이 눈에 들어오지도 않았습니다. 덕분에 제 눈은 오랜만에 4일간의 휴가를 가졌습니다. 내내 푸른 하늘과 흰 구름, 초록 숲과 붉은 꽃만 보았지요.

그리고 양처럼 순한 주인 부부가 이곳의 가장 빛나는 꽃이었습니다. 물론 그들의 일이 빛나도록 뒤에서 몰래 다 도와주시는 늙으신 부모님과 게으른 바바도……. 참, 바바는 많은 새끼들을 생산하여 이웃에 분양해서, 그 동네에 바바의 새끼가 살지 않는 집이 거의 없을 정도라고 합니다. 바바의 늘어진 자세는 게으름이 아니라, 아이를 많이 낳은 어머니의 여유와 자부심이었나 봅니다.

　음악과 커피와 정원과 숲과 함께한 1년 만의 외출이었습니다. 내내 차이콥스키와 라흐마니노프, 멘델스존 그리고 브람스의 실내악을 실컷 들을 수 있었으니, 저에겐 가장 사치스런 휴가였습니다. 살바토레 펜션의 살바토레란 뜻이 '구원자'이듯이, 도시의 삶에 지친 제가 구원받은 기분입니다.

　제가 그곳에 도착하기 전에 저에게는 필수품인 커피크림(요즘 없는 곳이 대부분이라서요)과 와인을 미리 소포로 보내 놓은 풍월당 식구들에게 감사합니다. 그리고 4일 동안 대관령 산자락에서 저의 발이 되어 준, 진부역에서 빌렸던 노란 스파크 자동차도 생각날 겁니다.

평생을 헌신한 가장들이
마지막에 모이는 곳
- 비뇨기과 병동에서의 8일간

여러분, 그간 잘 지내셨습니까? 실은 저는 잘 지내지 못했습니다. 즉 그동안에 8일간 병원에 입원했다가 돌아왔습니다. 덕분에 영상강의 개강이 한 주 정도 늦어졌습니다. 저로서는 지금 어떡하든지 풍월당의 영상강의와 신학기의 개강이 정상적으로 이루어져야 한다는 생각밖에 없어서, 집에서 아침 일찍 일어나 이 편지부터 쓰기 시작합니다.

집에 돌아오니 좋습니다. 새벽에 피를 뽑으러 오는 사람도 없고, 잘 자는 사람을 깨워서 다시 "잘 잤느냐?"고 묻고 혈압과 체온을 재는 사람도 없고, 밤에 4시간마다 배뇨량을 체크하지 않아도 됩니다. 하지만 습관이라는 것은 무섭습니다. 엊저녁에는 '이제는 오랜만에 편하게 잘 수 있겠지'라는 마음으로 잠자리에 들었지만, 막상 자다가는 '소변을 체크해야 하는데, 내 소변줄이 내 몸 어디로 사라졌지? 열은 안 나나?……' 하는 생각으로, 병원에서와 매한가지로 자주 깨면서 집에서의 첫날 밤을 보냈습니다. 결국 새벽에는 다리에 쥐까지 나 버려, 일어나고야 말았습니다.

저는 '비뇨기계 감염으로 인한 급성 패혈증'을 진단받고 서울대학병원에 입원하여 며칠을 고열과 오한으로 지냈으며, 여러 의료진의 성의 가득한 관심과 도움으로 고단위 항생제를 많이많이 정말 많이, 마치 영국폭격기가 드레스덴을 공습하듯이 퍼붓고서야 겨우 살아났습니다. 그러면서 저는 일상을 유지한다는 것이 얼마나 큰 행복인가 하는, 다들 알고 계시는 진리를 새삼 온몸으로 체감했습니다.

유럽의 전설에 보면 하늘의 왕인 독수리는 늙어서 병이 들면, 두 가지 길 중에서 하나를 택한다고 합니다. 하나는 늙은 이빨과 발톱으로는 더 이상 맹수의 왕으로서의 지위를 유지할 수 없으니, 자신의 자리를 내려놓고 외롭게 홀로 지내다가 남모르게 조용히 죽는 것입니다. 다른 하나는 높은 산 위의 바위에서 스스로 자신의 이빨과 발톱을 뽑아내는 고통을 감내하는 것입니다. 그것을 뽑아낸 자리에는 결국에 새로운 이빨과 발톱이 나오게 되어, 그 후로 다시 수년간 제왕으로 군림한다는 것입니다.

제가 이전에 독수리 이야기를 들었다면 당연히 첫 번째의 영광스런 퇴장을 택할 것이라고 말했을 겁니다. 저는 항상 건강해서 아픈 것은 저와는 먼 이야기였고, "늙거나 아프면 내려놓는다"가 제겐 당연한 지론이었습니다. 그랬던 제가 어른이 된 이후로 처음으로 입원을 해 본 것입니다. 저도 다른 건강한 남성들처럼 그간은 "평생 의료보험 낸 것들을 돌려받을 일이 없다"는 농담을 하면서 살아왔지만, 이번 한 방으로 모든 이야기는 과거의 것이 되고 이제는 정신과 신체 모두에 자신감을 상실한 사람이 되고 말았습니다.

게다가 제가 입원한 병실은 이전에 미처 상상도 해 보지 못했던 비뇨기과 병실이었습니다. 보통 우리는 노년의 병실을 적어도 외과나 내과 병실로 상상하지 않습니까? 비뇨기과 병동이라니 처음에는 저도 무척 낯설었지만…… 저는 그곳에서 인생을 보았습니다.

비뇨기과 병동이라는 곳은 평생 가족과 일을 위해 헌신한 가장들이 모여드는 곳이었습니다. 그런 그들은 인생의 마지막에서 결국 하수구가 고장 나고 막혀서 그야말로 고개 숙인 남자가 되어 들어옵니다. 평생을 지켜 왔던 품위와 위엄은 흔히 '소변줄'이라는, 폴리카테터라고 부르는 플라스틱 재질의 의

학적 도구에 의해 다 사라져 버리는 것을 목도했습니다.

그곳은 거의 모든 입원 환자가 50대에서 90대까지의 남성들입니다. 그들 중의 차이는 약간 늙은 남자와 그냥 늙은 남자와 아주 늙은 남자 정도지만, 아무도 그것을 구분하지는 않습니다. 비뇨기과 병동의 일반적인 호칭은 모두 '아버님'입니다. 그곳에서 근무하는 젊은 간호사와 보조원들과 간병인들과 직원들은 모두가 젊습니다. 게다가 제가 잘못 보았는지 모르지만, 의사들을 제외하고는 거의가 다 여성들입니다. 그들은 환자들을 무심히, 당연히, 해 오던 대로, 관례대로 '아버님'이라고 부릅니다. 거기에는 '아버님'이라는 숭고한 단어가 가진, 유교적이거나 가부장적 의미도, 부모에 대한 어떤 효심도, 나이 든 사람에 대한 존경심도, 가족의 장로에 대한 경외심도, 사회적으로 헌신한 노장에 대한 공경심도 실려 있지 않습니다. 그렇다고 그녀들이 며느리가 되려는 생각이 있어 보이는 것도 아닙니다. 그런데도 '아버님'이라니, 어색하고 난감합니다. 그렇다고 그분들이 환자들을 불친절하게 대한다거나 잘못 치료한다는 말도 아닙니다. 그들은 최고의 의료 지식과 기술에다 나무랄 데가 없는 친절함과 배려심도 가지고 있습니다. 다만 그곳에서 부르는 말이, 똑같이 집안에서 그렇게 부르던 말의 감정과는 전혀 상관이 없는 '호칭'이 되어 버렸다는 말입니다.

저는 아이가 없습니다. 낳아본 적도 없습니다. 그런데 졸지에 저는 제 의사와는 전혀 상관없이 거기에서 하루아침에 아버님이 되었습니다. 참 인상적이었습니다. 여러분, 아이가 없어도 비뇨기에 문제가 생기면, 그날로 바로 아버님이 되는 것입니다. 그렇게 그곳은 매일 아침부터 밤까지 소변이 나오지 않는 아버님들과 그 아버님들의 비뇨기에서 소변이 나오게 하려는 의료진의 사투가, 아니 협력이, 아니 치료가 진행되는 곳입니다.

병동의 '아버님'들은 아침 댓바람부터 다들 하의를 벗고 다닙니다. 그들은 수술을 앞두고 있거나 수술에서 회복되기 전까지는 원피스로 된 환자복을 입습니다. 산부인과의 산부복과 흡사합니다. 어떤 분들은 바지이긴 하지만, 엉덩이 아래에 커다란 구멍이 나 있고 그곳에 커튼 같은 것이 내려져 있기도 합니다. 저는 이런 것보다는 차라리 원피스가 낫다고 생각합니다만, 당연히 제가 선택할 권한은 없습니다. 이런 환자복을 입은 모든 아버님들의 소원은 (들어 보진 않았지만, 아마도 아니 분명히) 파자마 같은 보통 환자복을 입는 것일 겁니다. 그야말로 옷이 사람의 생각을 규정하고 사람의 의식을 지배하는 경우를 경험합니다.

그런 원피스를 입거나 아니면 다행히도 바지를 입거나, 이 병동의 아버님들은 한 손에 자신의 오줌통을 들고 다닙니다.

자신의 소변줄 끝에 달린 투명한 플라스틱 주머니 말입니다. 한 손으로는 링거병이 걸린, 바퀴가 달린 수액걸이를 밀고 다른 한 손으로는 오줌통을 들고서 걷는 것이 복도의 풍경입니다. 사람이 자신이 먹을 음식을 들고 다니는 것도 밖으로 보인다면 창피할 것입니다. 하물며 자신이 싼 소변을, 그 양과 색깔이 그대로 노출된 것을 남에게 훤히 보이는 상태로 직접 들고 다닌다는 것은 참으로 면이 서지 않는 일입니다. 죄를 지은 것도 아닌데, 오줌통을 들고 다니는 사람들은 모두가 표정이 슬프고 난감해하며 어깨는 축 쳐져 있습니다. 코로나 때문에 병원의 정원은커녕 병동 밖으로도 나갈 수 없으니 그들은 운동 삼아서 줄지어 복도를 어슬렁거립니다. 그러다가 청소하시는 아주머니에게 비키라고 구박을 당합니다. 그러면 다들 찍소리도 못 하고 우르르 한쪽으로 비켜 드립니다.

'아버님'들은 간호사실 앞에 줄을 서서 알코올솜을 받습니다. 소변줄을 끼우고 빼고 할 때에 알코올솜이 필요한데, 이것이 비싸서 그런 건지, 간호사실 앞에 놓인 통에 들어 있습니다. 그래서 간호사에게 말을 하고 일인당 두 개씩만 가져가야 합니다. 그런 데서 알코올솜을 지키는 간호사란 가장 신입이니, 거의 손녀뻘입니다. 그 앞에 세상의 노장인 아버님들은 얌전하게 줄을 지어 "하나만 더" "하나만 더" 하고 얻어 가는 것입니다. 저는 어쩌다가 한꺼번에 솜을 서너 개나 받은 적이 있는데, 정말 재수가 좋은 날이었지요.

아, 이렇게 우리의 아버지들은 마지막 인생여로에서 하수구가 막히고, 방광이 불편하고 소변줄도 불편해서 걸음도 제대로 걷지 못하면서, 딸보다 어린 간호사에게 힘 빠진 목소리로 아침마다 소변량을 보고하고, 줄을 서서 몇 알의 알코올솜을 얻으면서, 이렇게 인생이 마무리되는가 싶었습니다.

다들 인생의 마지막에는 이순신 장군처럼 큰 칼 옆에 차고 군사들을 호령하면서 영웅처럼 장렬한 최후를 맞을 줄 알았습니다. 그러나 충무공도 소변이 나오지 않으면 별 수 없을 겁니다. 다만 영웅들은 소변이 막히기 전에 돌아가셔서 위엄을 지켰을 뿐입니다.

평생을 나라와 사회와 회사와 가정을 위해서 살았던 그들은 모두 계급장을 떼고 아버님이 되었습니다. 비뇨기과 병동에서는 특이하게도 "내가 왕년에 무엇이었네" 하는 사람이 없습니다. 그럴수록 부끄럽기 때문일 것입니다. 그래서 병동이 다들 조용합니다. 모든 아버님들의 관심사는 "오늘 소변을 좀 눌 수 있을까?" 하는 것뿐입니다. 참으로 가는 길은 평등합니다. 이렇게 소변줄 끼우고 가는 것이 마지막 길인가 하는 생각을 떨칠 수가 없었습니다.

그들의 얼굴에서 다시 날개를 펴려는 독수리의 표정을 찾기는 어려웠습니다. 제가 8일 동안 산사山寺에서 템플스테이를 했다고 하여도 생과 사에 대해서 이만큼이나 많은 생각을 할 수 있었을까요?

　결국에 저는 이빨과 발톱을 고쳐 보기로 하였습니다. 독수리는 아니지만 고쳐서 다시 한 번 날갯짓을 해 보려고 작심했습니다. 여러분의 성원 덕분입니다. 강의를 계속해야 하니까요.
　바로 여러분께서 저로 하여금 병원 식판의 밥숟가락을 한 번 더 뜨게 만들어 주셨고, 그 많은 주사와 치료와 지긋지긋한 소변줄을 감내하게 해 주셨습니다. 가슴 깊이 감사드립니다.

우리는 육체라는 그릇에 담긴 존재
- 떠나가신 두 제자 선생님을 그리워하며

여러분, 안녕하셨습니까? 저는 여러분의 걱정 덕분에 무사히 퇴원을 했습니다. 하지만 회복 속도는 생각보다 느립니다. 이번 영상강의는 퇴원 다음 날에 촬영한 것입니다. 영상을 보면 그런대로 하는 것 같기도 하지만, 어떤 분은 힘이 없어 보인다고 말씀하시기도 하네요. 그날 제가 가진 모든 힘을 다하여 강의했던 것 같습니다. 그래서 그런지 강의 촬영을 마치자 다음 날부터 컨디션이 다시 나빠졌습니다. 그 후로 제 평생에 거의 처음으로 일주일 동안이나 '아픈 사람의 생활'을 하고 있습니다.

그러면서 얻은 것은 "인간은 결국 육체라는 그릇에 담겨 있는 존재다"라는 깨달음입니다. 머리로는 우리가 다들 알고 있는 말이지만, 공기가 풍족할 때에는 공기의 소중함을 뼈저리게 느끼지 못하는 것과 같은 이치겠지요.

그간 건강이라면 자신이 있던 저도 결국 이제는 건강을 신경 쓰지 않을 수 없게 되었습니다. 지난번 편지에도 말씀 드렸듯이, 병원에 입원해 있는 동안에 저뿐만 아니라 많은 환자들을 보면서, 생과 사의 문제가 제 머릿속에 많이 떠올랐습니다.

제가 강의를 한 지도 오래되었으니, 떠나보낸 제자 선생님들도 좀 있습니다. 20년 전에 풍월당에 음반을 사러 오던 초등학교 아이들이 이제 유럽에서 직업 지휘자나 연주가로 우뚝 서고 있다는 대견한 이야기도 종종 들려옵니다. 그러나 반대로, 제 강의를 듣는 분들은 어른이 많았으니, 20년의 세월을 거치면서 건강했던 분도 육체가 쇠잔해지고 생명력이 다해 가는 경우도 없지는 않습니다.

벌써 꽤 된 이야기입니다. 제 오랜 제자이지만, 당시에는 한동안 강의에 나오지 않던 여성분이 다른 분을 통해서 저를 식사에 초대하고 싶다는 연락이 왔습니다. 날짜에 장소까지 콕 찍어서 말입니다. 그래서 가급적 식사 약속을 잡지 않는 저였지만, 특별한 경우인 것을 알아서 기꺼이 응했습니다. 정말 오랜만에 워커힐에 가게 되었습니다. 몇 분과 함께 한강과 미사리가 잘 내려다보이는 전망 좋은 일식당에 앉았습니다.

그분은 그간 암에 걸렸었고, 병원에 다니면서 힘든 투병생활을 했다고 하셨습니다. 그러던 중에 겨울이 지나고 봄에 꽃이 피기 시작했을 때에 가족들과 함께 워커힐에 갔었던 것입니다. 워커힐 언덕에 지천으로 흐드러진 벚꽃들을 보면서 모처럼 즐거웠다고 합니다. 그러면서 '내가 내년에도 이 꽃들을 볼 수 있을까?' 하는 생각이 들었다고 합니다. 그리고 이어서 '나의 생애에서 스승이 있다면 누구일까?' 하는 질문에까지 생각이 미쳤다고 합니다. 그리하여 본인이 내년에도 한 번 더 이 꽃들을 볼 수 있다면, 박종호 선생님을 모시고 싶다는 생각을 하게 되었다는 것입니다. 여태 제가 들어본 말들 중에서 그보다 더 큰 영광과 칭찬이 있을까요?…… 그리고 그분은 열심히 투병을 했고, 다시 한 번 꽃 피는 봄을 맞았습니다. 그래서 찬란한 봄이 되자 저를 초대했던 것입니다.

흔쾌히 초대에 응한 저는 만개한 꽃들을 바라보며 즐거운 봄날의 점심을 먹었습니다……. 그리고 몇 달이 지나지 않아 그분은 돌아가셨습니다. 장례식장에서 처음 뵌 그분의 남편께서 제 손을 어찌나 반갑게 꼭 잡아 주시던지, 두 손의 느낌이 지금도 제 손에 남아 있는 듯합니다. 비록 지금은 가을이지만, 봄날같이 따뜻한 오늘 아침에 그분이 떠오릅니다.

우리가 잘 아는, 아니 실은 이름은 잘 알지만, 솔직히 어떤 분이었는지까지는 소상히 모르는 유명한 슈바이처 박사는 의

사일 뿐만 아니라, 신학자이자 음악가이기도 했습니다. 그는 어느 날 자신의 육체를 고통 받는 다른 사람들을 위해서 쓰기로 했습니다. 그의 나이 21세 때의 일입니다. 그리고 그는 아프리카 흑인들을 유럽인과 대등한 인간으로 생각하지도 않았던 시대에, 아프리카 사람들을 위해서 남은 일생을 바치기로 결심했습니다.

그리고 그는 아프리카 봉사를 위해서 그때 다시 의과대학에 들어갑니다. 그가 이미 신학자이자 설교가로서 유명했던 신학박사이자 목사이자 교수였고, 또한 뛰어난 음악가이자 유럽 정상급의 오르가니스트였을 때의 일입니다. 그렇게 슈바이처는 다시 의대에 들어가서 7년간 공부했습니다. 그리고 의사가 되어서 아프리카로 간 이후의 행적은 잘 알려진 이야기입니다. 또한 그런 그를 돕기 위해서 그의 부인도 간호대학에 들어가서 간호사 자격을 따고, 그를 뒷받침할 준비를 했습니다. 진정한 부창부수의 모습이지요.

하지만 슈바이처 박사도 인간이 가진 육체의 한계를 넘지는 못했습니다. 그가 아프리카 의료에 나선 것이 30세입니다. 21세에 그는 인생을 60년으로 잡고, 절반인 30세까지는 신학과 음악을 공부하고 나머지 30년은 봉사를 위한 생을 살리라고 결심했습니다. 그리고 30세 이후에 자신의 생계는 의술이 아닌, 저술과 강연과 연주 활동만으로 할 것이라고 미리 계획을 세웠습니다. 의술은 오직 봉사만을 위해서 썼습니다.

제가 왜 이런 얘기를 할까요? 인간에게 주어진 육체는 유한하다는 것입니다. 실은 우리가 몇 살이든 간에 우리에게 남은 시간은 그리 많지 않습니다. 자신을 내세우고, 유명해지고, 돈을 벌고, 맛있는 음식과 술을 누리는 허황된 시간은 빨리 그만둘수록 좋은 것 같습니다. 그렇게 한다면 우리에게 남은 시간은 진정으로 더욱 행복한 시간이 될 것 같습니다. 그렇게 세상의 모든 쾌락과 명예를 버린 슈바이처에게 하느님은 그가 원했던 30년이 아니라 거기에 30년이라는 세월을 더 주셔서, 그는 자신이 바랐던 60세가 아니라 90세까지 세상을 위해서 살 수 있었습니다.

슈바이처가 세상을 떠날 시간이 되었을 때, 그는 유럽에서 현대적 의료의 도움을 받으라는 주위의 권유를 거부하고, 자신이 아프리카에 세운 작은 병원의 병실에서 마지막을 맞았습니다. 곁에서 딸이 오르간으로 연주하는 바흐를 들으면서 편안하게 세상을 떠났다고 합니다. 마지막 순간에 음악 외에는 함께할 것이 없는 것 같습니다.

저도 병실에 있어 보니, 눈이 어두워서 책도 잘 읽을 수가 없고, 입맛도 없고 소화력도 떨어져서 산해진미도 먹을 수 없습니다. 당신이 사놓은 고급 자동차도, 비싼 옷도, 요트도, 골프채도, 낚싯대도, 와인도 다 부질없는 것들입니다. 그런 것들이 많으면 많을수록 죽은 다음에 자신을 부끄럽게 만들 뿐입니다.

제가 병원에서 퇴원하고 나서, 부산에서 저의 강의를 들으시던 분이 세상을 떠나셨다는 슬픈 소식을 들었습니다……. 부산의 대학 교수님이었던 그분이 실은 이미 돌아가셨던 것인데, 제가 퇴원 후에 늦게야 소식을 들은 것이죠.

정 교수님은 학문적으로도 많은 업적을 남기신 분이셨는데, 부산 클래스에서 제 강의를 들으실 때에 이미 투병을 하고 계셨습니다. 그래도 교수님은 최선을 다하여 매주 사모님과 함께 강의실에 나오셨고, 강의를 듣는 동안에는 즐겁다는 말씀을 해 주셨습니다. 그분과 두어 번 식사 자리도 가졌었습니다. 교수님이 "이 강의를 들을 때면 마치 다시 살아나는 것 같은 기분이다"라는 말씀을 해 주셔서 제가 얼마나 기뻤는지 모릅니다.

그런데 코로나 사태가 벌어지면서 교수님께서는 강의에 참석하지 못하시고, 영상으로만 강의를 보셨습니다. 그러니 저는 한동안 그분을 뵙지 못했던 것입니다. 그런 와중에 교수님의 병세가 나빠지셨던 것 같습니다. 그런데 마지막에 무균실로 들어가실 때에도 제 강의 영상들을 가지고 들어가셔서, 병상에 누워서 강의를 들으셨다고 합니다…….

정 교수님같이 한 명의 아들이기도 한 분이 세상을 떠날 때, 저는 그 뒤에서 그를 키우고 그를 훌륭한 학자로 만들었을 그의 어머님을 생각합니다. 저는 다음과 같이 생각합니다.

한 어머니의 일생은 그녀가 온 육체와 정신을 다하여 키웠을 그녀의 아들이 죽음으로서 비로소 완결되는 것 같습니다. 아들이 살아 있다면 어머니는 아직 죽은 것이 아니요, 아들의 사회적 활동과 세상의 업적을 통해 어머니는 여전히 세상과 닿아 있는 것입니다. 반면 아들이 죽음을 얻는다면, 그때야 어머니의 지난한 삶이 그 무거운 문을 천천히 내려서 닫는 것 같습니다. 아들이 세상에 남긴 업적은 그 어머니의 유산이기도 합니다.

이제 코로나가 끝나고 다시 강의가 재개되어 제가 부산의 강의실에 다시 나간다고 하여도, 교수님을 뵐 수는 없을 것입니다. 진심으로 명복을 빕니다. 그분을 기억하시는 부산의 회원 분들도 함께 빌어 주시기를 바랍니다. 오늘 아침에는 육체에 담겨서 사는 사람의 한계에 대해서 생각해 보았습니다.

이토록 예술가적인 예술가
- 가을이 저무는 날에 찾은 연광철 독창회

어제는 오랜만에 음악회를 다녀왔습니다. 저로서는 코로나 사태가 발생하기 전의 여름인 2019년 8월 31일 잘츠부르크에서 있었던 노년 지휘자 베르나르트 하이팅크의 은퇴 공연을 본 이후로 15개월 만에 공연무대를 찾은 것입니다.

가을의 마지막 순간을 향해서 늙은 어머님의 손가락이 말라 가듯이 물기가 바싹 사라지는 가로수 가지들을 바라보며 차를 타고 서초동으로 향하는 제 마음에는 오만 가지 생각이 다 들었습니다. 제가 예술의전당에 간 것은 참으로 오랜만이었습니다.

어제의 음악회는 베이스 연광철의 리사이틀이었습니다. 우리나라가 낳은 많은 성악가들 중에서 여태까지 세계적으로 가장 높은 명성과 성과를 이룬 사람입니다. 라 스칼라 극장이나 메트로폴리탄 극장 같은 세계 유수의 여러 극장들의 경력은 다 빼더라도, 바이로이트 페스티벌에서만 20여 년간 무대에 섰으며 바이로이트 무대에 오른 횟수만 100회를 넘긴 분입니다. 바이로이트에서 일본의 바그너 마니아들을 만나면, 제게 침을 튀기면서 연광철을 가진 한국이 정말 부럽다는 얘기를 하곤 합니다.

그런데 정작 그는 세계적인 위상에 비해서 국내에서는 언론의 주목도 별로 받지 못하고 대중적 인지도도 약합니다. 여러 이유가 있을 것입니다. 먼저 그분 자신이 매스컴에 노출되는 것을 좋아하지 않습니다. 겉포장만 좋아하는 매스컴의 인터뷰도 피하시고, 어떤 성악가들은 목을 매면서 중시하는 인맥도 만들지 않으며, 주요 레퍼토리가 일반인들에게는 멀게 느껴지는 바그너 오페라라서 대중적 인지도도 약하고, 성악가 중에서도 화려한 소프라노나 테너가 아닌 베이스라는 점 등이 이유가 아닐까 생각합니다.

거기에 코로나까지 겹쳐서 이번 리사이틀의 예매는 지극히 저조했습니다. 풍월당에서는 이번 음악회에 대해서 많은 분들이 가도록 공연을 알렸습니다. 그런데 그렇게 해 놓고 제가 안 가면 모양새가 좋지 않으니 참석해야 한다는 권유를 받고 하는 수 없이 가기로 했던 것입니다. 정말 오랜만에 코트를 꺼내서 털고 아직은 회복이 되지 않은 몸을 끌고 갔습니다.

    무대에 피아노 하나만 달랑 놓고 가곡만 부르는 리사이틀을 콘서트홀이라는 너무 큰 방에 잡은 것은 분명 좋지는 않은 선택이었습니다. 작은 방에서 했다면 감동이 수십 배는 더 컸을 것입니다. 프로그램은 오직 독일가곡들, 연대순으로 슈베르트에서부터 슈만, 브람스, 후고 볼프 그리고 리하르트 슈트라우스를, 한 작곡가당 네 곡씩 부르는 진지한 형태였습니다.

    결론적으로 저는 오랜만에 감동을 맛보았고, 속으로 조금 울었습니다. 제가 좋아하는 곡들이 많이 나와서 그렇기도 하고, 오랜만에 예술의전당 맨 뒤에 앉으니 옛날 생각이 나서 그렇고, 오랜만에 녹음이 아닌 육성으로 음악을 들으니 그 공간의 울림이 반가워서 그렇고, 100년, 200년이 지난 독일의 시인들과 작곡가들의 가곡들이 아름다워서 그랬습니다.

    제가 특히 좋아하는 슈트라우스의 가곡 「만령절」은 이날의 클라이맥스였습니다. 베이스바리톤도 아닌 진짜 베이스 소리는 가곡에서는 기민함이 떨어질 수밖에 없지만, 소프라노와는 다른 독특한 분위기를 만들었습니다. 무대 위에는 나성인 선생께서 훌륭하게 번역한 한글 가사가 나와서 청중도 다들 쉽게 가슴에 닿았을 겁니다. 특히 「만령절」에서는 자꾸 눈물이 나와서 다른 사람이 볼까 봐 못내 부끄러웠습니다.

만령절 – 헤르만 폰 길름

묘단 위에 향기 나는 레시다를 꽂아 두어요.
마지막 붉은 과꽃도 이리로 가져오고요.
그리고 우리 다시 사랑에 대해 이야기해요.
언젠가 오월에 그러했듯이.

내게 손을 건네주어요. 나는 남몰래 잡을 터이요.
누가 그걸 본다고 하여도, 내겐 아무래도 좋소.
내게 오직 그대의 감미로운 눈길을 보내 주어요.
언젠가 오월에 그러했듯이.

꽃이 피어나요, 향기가 올라와요, 오늘 온 무덤마다
1년에 한 번 그래요. 죽은 이들이 자유를 얻는 날이지요.
내 마음에 닿도록 그대여 와요, 나 그대를 다시
안을 수 있게
언젠가 오월에 그러했듯이.

연광철은 충청북도 충주에서 태어나서, 공업고등학교를 다녔습니다. 고3이 되어서야 성악을 시작한 그는 청주대 음악교육과에 진학했습니다. 시골 중학교의 음악선생님이 원래의 목표였지만, 스스로 그것을 뛰어넘은 사람입니다. 자신의 환경을 박차고 유럽으로 가서, 와신상담하여 세계 최고의 무대에 그야말로 홀로 우뚝 섰습니다.

말하기 어려운 이야기지만 우리나라 어느 분야나 그러한데, 음악계에서 학연에 따른 편 가르기는 심각합니다. 똘똘 뭉쳐도 모자랄 판인 유럽의 한인 음악계도 그러합니다. 이처럼 소위 명문대 출신들이 서로의 선후배를 챙기면서 아성을 공고히 하던 유럽의 한국 성악인들 사이에서, 지방학교 출신인 그가 절치부심 끝에 바이로이트에 섰습니다. 그의 음성은 기품이 넘치고 진중하며, 늦게 깨친 그의 독일어 딕션은 독일인도 감탄할 정도이고, 그의 유연한 가창은 독일인들이 넋을 잃고 듣습니다. 한국 성악가들이 대부분 서양식 이름을 붙이는 현실에서 그는 연광철이라는 유럽인들이 발음조차 어려운 이름 석 자를 고수하여, 그들이 힘들게 발음을 할 수밖에 없도록 만들었습니다.

과거에 제가 독일에 자주 들락날락할 때에 연광철 선생께서 베를린에 땅을 사서 집을 짓는다는 소식을 듣고, 깜짝 놀랐습니다. 당시 한국 성악가들, 특히 남자들은 거의가 한국으로 돌아가서 음대에 교수직을 차지하고는, 레슨하고, 제자 거느리고, 부모님 모시고 효도하면서…… 사는 것이 정해진 수순이었습니다. 그런데 베를린에 집을 짓는다는 것은 한국에 돌아가지 않는다는 선언을 스스로에게 한 것이 아니겠습니까? ……그렇게 그는 베를린에서 키릴 페트렌코도 다니엘 바렌보임도 가장 선호하는 베이스가 되었습니다.

   작년 잘츠부르크에서 페트렌코가 지휘하는 베를린 필하모닉 오케스트라가 공연한 베토벤의 〈합창〉 교향곡 연주 때 베이스 독창자로 등장했던 연광철의 카리스마는 넓은 대축제극장 전체를 압도했습니다. 출연자들 가운데에서 키가 가장 작았던 그가 그 무대에서는 가장 커 보였습니다.
   그런데 어제 무대에서 다시 본 그는 큰 것이 아니라, 더욱 더 깊어졌습니다. 노래를 들으면서 알 수 있었습니다. 이제 베를린의 집도 팔고, 차도 팔고, 서울음대가 청주대 출신을 임용했던 교수직도 내버리고, 그는 자신의 말처럼 비로소 자유로운 성악가가 되었습니다. 그가 스스로 말하기를 "이제는 25킬로그램짜리 캐리어 두 개만을 양손에 끌고 다니면서" 유럽의 여러 극장에서 노래하는 '가수'로서 살아가겠다고 합니다. 그는 이제 진정한 예술인의 길을 택한 것입니다.

   그런 그가 마지막 앙코르 곡으로 들려준 김성태의 「이별의 노래」는 11월의 마지막 가을저녁에 모두의 가슴을 울렸습니다. 화려하지도 않고 웅장하지도 않은 가곡이라는 작은 음악이 우리 자신을 들여다보게 하니, 참 좋은 것입니다.

이번 음악회는 성악가의 인품처럼 조용했습니다. 로비에 화려하거나 번잡한 인파도 없었고 나대거나 선후배를 따지는 무리도 인사를 일삼는 사람도 없었습니다. 집으로 돌아오면서 저는 정말 오랜만에, 나이가 더 들면 가끔은 이렇게 조용한 음악회에 찾아오는 삶을 살고도 싶다는 생각을 해 보았습니다. 제가 사람들을 보아도 화가 나지 않고, 사람들도 저를 놓아주는 그런 시간이 어서 오기를 기다립니다. 가을이 가고 있네요. 감사합니다.

산촌에 눈이 쌓인 어느 날 밤에
촛불을 밝혀 두고 홀로 울리라
아, 너도 가고, 나도 가야지

우리에게 주시는
한 해의 마지막 기회
- 크리스마스를 앞두고 띄우는 편지

날이 꽤 추워졌습니다. 한 해가 막바지를 향해 달린다는 실감이 나는군요. 작년 겨울은 온난화가 심하여 그리 추웠던 기억이 없습니다. 하지만 이번 겨울은 제법 추울 것이라고 합니다. 그렇지만 춥다고 해 봤자, 제 어렸을 때가 더 추웠던 기억입니다. 그때는 왜 그렇게 추웠던지, 집에 들어와도 공기가 차가워서 아랫목에 손을 넣기 바빴습니다. 창문을 닫아도 어디선가 바람이 들어오고, 벽에는 한기가 썰렁했지요.

요즘에는 아파트에 살거나 집들이 좋아져서, 추위가 오더라도 그야말로 밖의 일일 뿐 집에서는 느끼기가 어려워졌습니다. 일기예보에서 춥다고 하면 나가지 않으면 되고, 날씨가 나쁘다면 집에 있으면 그만이라는 생각들을 합니다. 물론 저도 그런 생각을 하지요.

하지만 안타깝게도 아무리 추워도 밖에 나가야 하는 사람이 있고, 밖에 나가도 갈 데가 없는 사람도 있습니다. 며칠 전에 가슴 아픈 뉴스를 들으셨을 겁니다. 서울 한복판의 방배동에서 일어난 일입니다. 발달장애를 가진 30대 아들과 60대 어머니인 두 모자母子로 구성된 다세대주택에서 어머니가 돌아가시고 아들은 어찌 할 바를 몰라 했던 일입니다

어머님의 작은 벌이로 모자가 살았습니다. 매달 20만 원의 지원금이 수입의 전부였던 가정입니다. 그런데 지난 초여름 어머니가 돌아가셨습니다. 아들은 어떻게 할지 몰랐습니다. 장례를 치러야 한다는 것도 몰랐던 것입니다. 이웃의 누구도 그들에게 관심을 가지지 않았습니다. 집에 전기와 수도가 끊기자, 아들은 길에 나와 구걸을 했습니다. 아들은 자신이 엎드린 이수역 12번 출구에 글을 써 붙여 놓았습니다. "어머니가 돌아갔습니다. 도와주세요……."

그런데 5개월 동안, 그 앞을 지나치는 행인들 가운데 아무도 엎드린 그를, 그가 써서 붙인 글씨를 눈여겨보지 않았습니다. 이것이 우리 사회입니다. 어머니는 100개월치의 의료보험료가 밀려 있었고, 수도요금과 전기요금이 지난봄까지만 납부된 상태였습니다.

한 가정의 굶주림은 그 가정의 구성원들이 게으르거나 능

력이 없기 때문만이 아니라는 것이 지금 세계의 공통된 의견입니다. 세계화로 치닫는 세상에서, 약육강식의 사회체제에서, 도태된 사람들은 누구나 가난에 처할 수 있고 굶주림으로 내몰릴 수 있습니다

우리나라는 OECD 국가입니다. 민주주의와 시장경제가 자리를 잡아 개발도상국들을 지원할 위치에 있는 나라들을 말하는 것입니다. 게다가 우리나라는 세계에서 경제규모가 10위권이라고 자랑하고 있으니, 38개의 OECD 국가들 가운데에서도 이젠 상위권입니다. 그러니 우리나라도 사회복지 안전망이 있습니다. 한 가정에서 의료보험료 등이 미납되거나 단전과 단수가 되면 위기가정으로 분류되어 보고하게 됩니다. 그러면 보건복지부에서 체크하여 해당 지방자치단체에 알립니다. 그리고 행정기관에서 직원이 얼른 그 가정을 방문하여 실태를 직접 조사하고 필요한 도움을 주게 되어 있습니다.

하지만 서울 한복판에서는 이런 시스템이 전혀 작동하지 않았습니다. 그 누구도 아니면 최소한 누군가는 일을 제대로 하지 않은 것입니다. 의료보험공단에서부터 한전이나 수도사업소나 보건복지부나 서울시나 서초구나 그 누구라도 관심을 가졌다면, 어머니를 살렸을 것입니다. 최소한 제때에 장례라도 치러 주었을 것입니다. 저는 시스템이 작동하지 않은 것을 원망하는 것이 아닙니다. 이웃이 아무도 그들에게 손길을 내

밀지 않았던 것이 안타까울 뿐입니다.

사정을 처음 알게 된 것은 구걸하는 아들 앞을 지나던 한 사회복지사였습니다. 그녀가 아들이 쓴 글을 보고 이상하다고 생각하여 그 집을 방문했던 것입니다. 불행 중 다행이라고 해야 할지, 그사이 무려 5개월이 흘렀습니다……. 이것이 오늘날 우리 사회의 모습입니다. 우리가 집 밖에 나가면 바로 눈앞에 닥치는 모습입니다. 지금 당장 밖에 나가면 저런 분들이 추위와 굶주림 속에서 떨고 있습니다. 그 모자가 살던 집에서 멀지 않은 곳에는 공사비만 몇천억을 들여서 지었다는 화려한 교회가 행복한 듯이 고개를 쳐들고 서 있습니다.

오늘 여러분께 그림책을 한 권 드렸습니다. 『작은 기적A Small Miracle』은 동화책이 아니라 그림책입니다. 피터 콜링턴Peter Collington이 그린 이 아름다운 책은 글이 단 한 자도 없습니다. 그러므로 누구나 읽을 수 있습니다. 하지만 마음을 크게 열고, 눈을 크게 뜨고, 천천히 보셔야 합니다. 그렇지 않으면 감동이 오지 않습니다. 그러므로 차분하게 앉아서 눈을 크게 뜨고 그림 구석구석의 작은 소품이나 배경과 상황을 자세히 살펴보시기를 부탁 드립니다. 그만큼 디테일에서 많은 이야기를 하고 있습니다.

집도 아니고 버려진 마차 같은 공간에서 혼자 살아가는 나이든 여인이 보입니다. 어쩌면 그녀에게도 아들이나 딸이 있었을지 모릅니다. 지금도 어딘가에 살고 있을지 모릅니다. 또 그녀에게도 사랑하는 남자가 있었을지 모릅니다……. 그녀는 가난합니다. 외롭습니다. 그녀는 가장 중요한 재산인 아코디언을 메고 거리에서 연주를 하여 먹고 살아가고 있습니다. 그러나 겨울이 되자 지나가는 사람이 없고, 아무도 그녀의 아코디언을 듣지 않습니다. 그녀에게 관심이 없습니다. 결국 그녀는 아코디언을 팔게 됩니다. 그것은 그녀의 유일한 수입원이니 아코디언을 판다는 것은 머지않아 그녀가 굶주리게 된다는 것을 의미합니다. 그러나 아코디언을 팔지 않는다면, 돈 한 푼을 구할 길이 없습니다……. 이것이 우리가 그녀를 도와야 하는 이유입니다. 이것이 사람들이 가난에서 헤어나기 힘든 까닭입니다. 그 고리만은 끊을 수 있도록 누군가가 도와야 합니다.

이 그림책은 크리스마스를 맞아서 제가 사랑하고 고맙게 여기는 여러분에게 드리는 '크리스마스카드'입니다. 처음에는 카드를 직접 그릴까 하고 생각했었지만, 요즘 같은 세상에는 뭐라도 하나를 더 사 주는 것이 세상을 돕는 일일지 모른다고 생각했습니다. 여러분도 주변의 가난한 사람이나 장애인이 그렸다는 카드가 보이면 사 주시기 바랍니다.

제발 고급차를 몰고 바로 백화점 지하로만 가지 마시고, 동네를 걸으면서 주변의 길에 있는 상인들에게서 작은 것이라도 좀 사 주시길 바랍니다. 그것이 그들에게는 유일한 희망일 수도 있습니다. 여러분이 사 주는 것이 그들에게는 하루를 버티게 하는 '작은 기적'이 될 수도 있습니다. 저는 언젠가 강남의 고급 슈퍼마켓 입구에서 한 할머니가 종일 푸성귀를 파는 것을 본 적이 있습니다. 그런데 오후가 되어도 하나도 팔지 못했습니다. 왜냐면 모두가 자동차를 타고 바로 지하로 들어갔지, 정작 걸어서 그 앞으로 들어가는 사람이 없었기 때문입니다……. 저는 그 할머니의 푸성귀를 다 샀습니다. 그래야 그분이 집에 갈 수 있을 테니까요. 3일간 푸성귀국을 먹었습니다.

　　그림책『작은 기적』속의 여인은 책 안에만 있는 사람이 아닙니다. 우리 주변에 여전히 많고, 상당히 많습니다. 이 추운 계절에 이들을 도울 작은 손길을 내미는 것은 그들에게만 축복이 아니라 우리에게도 축복의 기회입니다. 우리가 선행을 쌓도록 하느님이 주신 기회입니다. 자선慈善이란 받는 이들을 위한 자선이 아니라, 베푸는 우리를 위한 자선입니다. 그것은 베풂을 받는 사람을 위한 것이 아니라 베풂을 주는 사람에게 주어지는, 우리가 천국으로 가기 위한 훈장이자 마일리지입니다.

여러분, 그 수중한 기회를 보면 모른 척하지 말아 주세요. 하느님이 내려 주시는 기회일지 모릅니다. 천사가 주시는 시험일지도 모릅니다. 작은 배려로 여러분의 크리스마스는 참으로 행복한 크리스마스가 될 것입니다. 기적이란 거대하고 화려한 대형 교회 속에서는 절대 일어나지 않습니다. 교회 밖의 작은 거리에서 일어나는 것입니다. 만일 화려한 교회에서 기적이 일어난다면, 그 하느님은 제가 믿는 그분은 아닐 것입니다.

> 조선총독부가 있을 때
> 청계천변 10전 균일상 밥집 문턱엔
> 거지 소녀가 거지 장님 어버이를
> 이끌고 와 서 있었다
> 주인 영감이 소리를 질렀으나
> 태연하였다
>
> 어린 소녀는 아버지의 생일이라고
> 10전짜리 두 개를 보였다

김종삼 시인의 짧은 시 「장편掌篇 2」입니다. 가난한 거지 소녀도 장님 아버지의 생일이라고 아버지께 식사를 사 드리려고 하는 것입니다. 오늘만은 10전짜리 두 개를 들고 와서 당당하게 밥을 사 먹는다는 이야기입니다.

   아무리 가난하고 힘들어도 자존심은 있는 것입니다. 그리고 자존심이 무너지면 인간은 전체가 무너집니다. 그것이 가난한 이웃을 지키는 마지막 보루일 수도 있습니다. 이웃을 도와도 그들의 자존심을 지켜 주면서 도와줍시다. 그들에게 밀가루를 주는 것보다도 당당히 밀가루를 사거나 국수를 살 수 있는 돈을 주는 것이 훨씬 세련된 도움입니다. 그리고 무엇보다도 라면상자 놓고 사진 찍는 짓은 하지 말아야죠.

   여러분이 이 편지를 받을 때면, 크리스마스가 일주일 정도 남아 있을 겁니다. 이토록 힘든 한 해의 끝자락에 기적같이 크리스마스가 있습니다. 하느님이 우리에게 기적을 행할 수 있는 절호의 기회를 주신 것입니다. 우리를 돌아보고 주변을 한번 돌아보라고 한 해를 일주일 앞두고 크리스마스가 있는 것입니다.

   정말 의미 있고 행복한 크리스마스 시즌이 되시기를 빕니다. 감사합니다. 진정한 메리 크리스마스, 그리고 국경과 종교와 계급을 넘어서 다 함께 해피 홀리데이즈…….

오동은 천년을 늙어도 항상 음악을 간직하고,
매화는 일생 동안 추워도 향기를 팔지 않는다
달은 천 번을 이지러져도 본바탕은 변함이 없고,
버들가지는 백번을 꺾여도 새 가지를 낸다

- 신흠

3부

발렌틴 시도로프, 「첫 떼까마귀」 (1962)
캔버스에 유채, 90x100cm
개인 소장

공부하는 노년
- 돈키호테를 떠올리며 드는 생각들

오늘 보내는 영상강의는 '돈키호테'입니다. 10년 이상이나 제 강의를 들어 오신 어느 분께서 저에게 '돈키호테 강의'를 듣는 것이 다섯 번은 되는 것 같다고 말씀하십니다. 그렇게 많이 강의한 줄은 몰랐네요. 아마도 마스네의 오페라 〈돈키호테〉 강의가 두어 번일 것이고, 오르테가 이 가세트의 『돈키호테 성찰』 강의, 그리고 리하르트 슈트라우스의 〈돈키호테〉 등의 강의도 있었을 것입니다.

아무튼 제가 돈키호테를 자주 이야기하는 것은 음악 때문은 아닙니다. 돈키호테라는 인물의 정신 때문입니다. 미겔 데 세르반테스Miguel de Cervantes Saavedra, 1547~1616라는 불세출의 천재가 만들어 낸 이 가공의 인물이 마치 살아 있었던 것처럼 여겨지는 것은 세계 사람들의 가슴속에 사라진 꿈을 되살려 주기 때문이 아닐까요? 저 또한 이렇게 돈키호테를 많이 강의하는 것을 보면, 저에게도 아직 꿈이 있나 봅니다.

실은 저도 돈키호테가 되고 싶습니다. 돈키호테는 결코 미친 사람이 아닙니다. 어지러운 세상에서 미친 척하는 것입니다. 그는 시골의 하급 귀족 정도 되는 양반이었지만, 나이가 들어서, 좀 늦게 중늙은이 나이에야 독서삼매경에 빠집니다. 그러고는 독서 덕분에 현실과 조금 동떨어진, 그러나 자신으로서는 누구보다도 행복한 삶을 사는 사람입니다.

우리는 어려서부터 많은 꿈을 꾸며 살았습니다. 그런데 지금도 그 꿈을 여전히 지니고 있는 분이 계실까요? 나이가 들어서도 그 꿈을 지니고 있다면 그는 행복한 분입니다. 나이를 먹는다는 것은 무언가를 이루는 과정이지만, 반대로 꿈을 하나씩 잃어버리는 과정이기도 하지요. 지위와 명예와 재산과 자녀를 하나씩 얻으면서, 대신에 꿈을 차례로 버리는 겁니다. 어려서의 꿈을 이룬 행운아도 계시겠지만, 그렇지 않은 사람이 더 많을 것입니다.

저는 여기서 돈키호테처럼 분연히 떨치고 일어나 꿈을 이루기 위해서 세상으로 달려 나가라는 말을 하는 것이 아닙니다. 돈키호테처럼 최소한 꿈을 가슴에 지니고는 살자는 것입니다. 평생 우리는 계산하고, 또 계산하고, 앞으로 재어 보고,

뒤로 재어 보고, 오른쪽 보고, 왼쪽 살피고, 이것 생각하고, 저것 눈치 보며 살아왔습니다. 그러나 그렇게 계산하고 조심하고 살면서도 돌이켜 보면 대단하게 이룬 것도 없습니다. 대신에 만일 계산을 포기하고 꿈을 위해서 달렸다면, 도리어 진정한 행복을 맛보았을지도 모릅니다. 그런데 젊어서는 왜 그렇게 용기가 없었을까요? 저는 그때에 그런 생각을 해 보지 않은 것이 자주 후회됩니다.

돈키호테 정신의 중요한 핵심은 "이룰 수 없는 꿈인 줄 알면서도 도전하는 것"이며, "이길 수 없는 상대라는 것을 알면서도 달려드는" 것입니다. 이것이 인간이 가질 수 있는 가장 아름다운 점이 아닐까 생각합니다.

그런데 그런 꿈은 어디서 나올까요? 꿈을 지니기 위해서 인간은 공부를 해야 합니다. 공부를 하지 않으면 꿈도 생기지 않는 것입니다. 많이 알고 깊이 알수록 보다 구체적이고 훌륭한 꿈이 생기는 것입니다. 야구를 아니까 야구선수가 되고 싶은 것이고, 영화를 보니까 영화감독이 되고 싶은 것입니다. 배를 모르는 자가 마도로스를 꿈꿀 수 없는 것이고, 음악회를 가 보지 않은 사람이 지휘자를 소망할 리가 없는 것입니다.

그래서 우리는 먼저 넓고 깊은 소양을 위해서 공부를 해야 합니다. 이제는 비로소 돈을 벌기 위해서, 출세를 하기 위해서, 좋은 직장을 가지기 위해서 하는 공부가 아니라, 공부자체가 꿈인 그런 공부를 할 수 있는 나이인 것입니다.

소설 속의 돈키호테는 늙어서 독서에 빠집니다. 그리하여 그는 책을 더 읽고 싶어서 자신의 전답田畓을 팔아서 책을 사들입니다. 논과 밭을 팔아서 책을 산다는 이 대목은 늘 저에게 감동을 준답니다. 책 내용을 보면 그의 장서藏書는 '큰 책(아시죠? 이른바 '큰 책'이란 중세에 일어서서 낭독하거나 읽기 위해 손으로 필사한 커다란 책으로, 아름다운 삽화와 장식들로 채워져 있고 표지는 양피羊皮로 만들어져 있습니다. 대단히 고가高價입니다)' 이 100권 정도이며, 나머지 작은 책들도 수두룩하다고 나옵니다. 돈키호테는 독신이지만, 그를 보살피는 젊은 조카딸과 가정부가 있습니다. 그런데 두 여인은 돈키호테가 책을 사들이는 것을 이해하지 못합니다. 그들은 책을 읽지 않기 때문입니다.

노년老年에 관하여 쓴 세계 최초의 책으로 알려진 것이 『노년에 관하여』로서, 로마 시대의 철학자이자 정치가였던 키케로가 쓴 것입니다. 요즘 노년의 삶에 관한 수많은 책들이 쏟아지지만, 대부분이 처세술 수준이며 어느 것도 키케로의 고전을 넘어서지 못합니다. 수업 때 책읽기로도 한번 소개한 적이 있지요. 혹시 그때 읽지 않으신 분은 지금이라도 키케로를 한번 읽어 보세요. 2000년 전 노인의 지혜가 지금도 살아서 가슴으로 다가옵니다. 또한 이렇게 쉽게 쓸 수가 없지요. 분량도 길지 않으니 이 책을 읽는다면 "고전古典이라는 것은 어려운 것이 아니구나" 하는 자신감과 성취감도 생길 것입니다.

이 책에 여러 가지 이야기가 나오지만, 키케로의 핵심은 바로 "노년을 지혜로 채워 가야 한다"는 것입니다. '노화과정'이란 바로 자기가 늙어 가는 것에 대한 저항과 수용이라고 말할 수 있습니다. 늙어 가는 신체와 정신, 그리고 노인으로서 세상에서 당하는 소외에 대해서, 때로는 저항하고 때로 수용하면서 그 조화와 균형의 지점을 찾아가는 것입니다.

그런데 백세시대에, 이렇게 중요한 노년의 과정을 정작 학교에서는 가르치지 않습니다. 뭐, 어차피 세상에서 중요한 것은 학교에서 가르치지 않지요. 그래서 이 공부는 스스로 해야 합니다. 그렇지 않으면 혼자 저항하고 분노하게 되고, 수용하면서 슬퍼하게 됩니다. 그 공부는 어떻게 하나요? 그것은 책밖에 없습니다. 그러므로 노년의 독서란 어떤 약보다도, 비타민이나 오메가-3보다도 자신의 건강한 삶에 필요한 보약입니다. 그래야 정신이 계속 살아 있게 되고, 이 역동하는 세상에서 지혜롭고 세련된 관점을 지닐 수 있습니다.

하지만 우리는 주변에서 그런 멋진 노인을 뵙기가 쉽지 않습니다. 과거에 우리는 노인이라면 적어도 '고결하고 지혜로운' 이미지를 갖고 있을 거라고 상상했습니다. 오페라에도 보면 항상 현자賢者라는 분들이 나옵니다. 보통 베이스가 부르죠. 동양의 산신령과 비슷한 이미지입니다. 현자들은 허연 수염을 길게 늘어뜨리고 보통 오페라의 마지막 부분쯤에 잠시 나와서, 짧지만 가장 지혜롭고 강렬한 이야기를 하며 젊은 주인공들의 갈등을 정리해 주고는 초연히 사라집니다(여기서 그가 주저앉아서 말이 길어지면 현자가 아니라 꼰대가 되는 것이죠).

그런데 그런 현자들이 지금 다 어디 갔습니까?(김현자나 배현자 씨 말고요) 여기저기에 노인들이 나서서 도리어 갈등을 부추기고 편 가르기 싸움이나 하고 있지는 않습니까? 그런 것을 노추老醜라고 합니다. 노인이 동네에서 인사라도 제대로 받으면서 고결한 모습으로 지내기 위해서는 정말 책을 읽어야 합니다.

학교에서는 정상을 향해서 올라가는 것만 가르칩니다. 그러나 정작 중요한 것은 내려오는 것입니다. 올라갈 때보다도 정상에 다다른 이후나 내려올 때에 실족하는 사람이 더 많습니다. 정말 잘 내려와야 합니다. 왜 사람들이 경험 많은 노인을 찾지 않고 그에게서 지혜를 구하려고 하지 않는지, 노인들이 자신을 돌아보아야 합니다. 노인들은 모두 돈키호테처럼 책을 읽어야 합니다. 아름답지는 못할지언정 노추라는 소리를 들어서는 안 되겠지요. 존경 받는 머리 허연 현자들로 가득한 동네, 그것이 가장 세련되고 멋진 동네입니다.

  우리 시대에도 돈키호테를 연상시키는 멋진 분이 있습니다. 김태환 선생님은 1935년생이니, 새해가 되면 87세입니다. 그러나 그는 지금 누구보다도 열정적으로 책을 사고 읽으면서 행복한 노년의 삶을 살고 있습니다. 어떤 지면에 소개된 인터뷰를 소개합니다. 원래 대담 형식으로 주고받는 글이었지만, 편집자가 그의 독특한 화법을 살리기 위해서 일인칭 형식으로 손을 본 글입니다. 이것을 제가 다시 좀 더 손봐서 옮겨 봅니다.

  20대에 대학에 못 간 나는 그 벌충으로 책을 읽었다. 30대에 대학에 진학해서는 앞선 머리 좋은 이들을 따라잡으려고 책을 봤다. 필요가 태도를 결정지은 것이다. 40~50대에 교사생활 하면서는 독서다운 독서를 못 했고, 퇴직 이후 60대에 독서 인생의 절정기를 맞았다. 젊어서는 속도를 중시했는데 급히 읽는 책이 체하는 듯해 지금은 음미하며 읽는다. '노인'과 '속도'는 어울리지 않는 옷으로, 나는 정독파다. 그렇더라도 하루 24시간은 짧아 촌음을 아껴 버스에서도, 노처老妻가 병원 진료를 받는 시간에도 옆에서 책을 꺼내든다.

  지난 시절 내겐 병이 있었다. 책 수집하는 병. 리어카째로도 구입해 2만 권쯤 모았는데, 체계랄 것도 없었다. 거의 개화 이후 것이었고 월북 작가 저서가 많았다. 그 책들은 나를 떠나 새 임자를 만났는데, 바로 범우사 윤형두 대표다. 그 뒤로 책을 안 사겠다고 다짐했건만, 지금도 2000권쯤 소장하고 있고, 그중 취미인 바둑책이 100권 쯤 된다. 바둑기사 기타니 미노루와 오청원의 호화판 기보도 있다. 또 애장본으로 가와바타 야스나리의 『명인』, 정지용의 『문학독본』, 노천명의 『창변』, 홍난파의 『음악만필』 등이 있다. 딱하다, 내 이런 수집벽 탓에 젊은 아내가 많이 울었다.

나이 먹으면서 재독再讀을 즐긴다. 첫 번에 읽은 기억이 닳았을 뿐더러 의미의 재발견이 있기 때문이다. 김남천의 『오디』는 몇 번 읽었는지 모른다. 눈이 푸지게 내리는 술맛 나는 날, 소녀 기생이 그 옛날 선생을 만나 오디 따던 기억과 함께 그 시절로 돌아가고……. 이태준의 『석양』도 60~70년 전에 읽은 걸 또 읽는다. 임화는 시 한 대문 때문에 좋아졌는데, 김윤식의 700쪽 넘는 『임화 연구』도 그를 넘어서기에는 힘이 한참 부친다.

보르헤스 등 유명 작가들은 젊고 총명한 시절의 자신을 떠올리며 노년을 부끄러워했다. 내게 그런 부끄러움은 사치다. 6.25 때 중2였던 나는 사촌형들이 보던 『사회과학사전』을 지붕 추녀에 감췄는데 경찰이 잡으러 왔었다. 마침 집을 비웠기에 목숨을 건졌다. 장가갈 때 시골 공의였던 장인어른도 나더러 "명 붙은 데가 없다"고 말할 만큼 약골이었던 내가 지금 살아 있는 것은 기적이다. 여생은 그저 피천득 선생 말대로 '졸리 올드맨好好翁'이면 좋겠다.

늙으면 밥이 똥이 되지 않고 돌이 된다던데 남의 일이 아니다. 갈 때 되면 곡기 끊고 지내다 편히 마지막 숨을 쉬고 싶다. 그런데도 오늘 나는 여전히 책을 사고 있고 아직도 읽어야 할 책을 수북이 쌓아 두고 있다.

그야말로 노년에 책읽기의 즐거움과 소중함을 그대로 드러내고 있습니다. 우리 이웃의 멋진 돈키호테라고나 할까요? 늙은 아내가 병원에서 진료를 받는 동안에 복도의 벤치에서 기다리며 책을 꺼내는 노인의 모습은 얼마나 아름답습니까?

책 한 권 읽지 않고 종일 휴대전화나 들여다보고 다들 아는 정치 이야기나 반복하는 사람들은 자신의 분노를 억제하지 못하여 속병을 만들어 갑니다. 세상에 몸에 좋다는 식품은 다 알고 있는 사람들이 정작 마음을 다스리고 살찌우는 것에는 관심이 없습니다. 그래서 분노로 가득 찬 몸은 망가져 가고 화로 가득한 노년을 보내게 되며, 그것은 결국 노욕老慾이 되기 싶고 나아가 노추로 비칩니다.

노년에 책을 드는 노인은 세상에 하는 일이 하나도 없어 보여도, 한 사람 한 사람이 혼자서 그렇게 교양을 쌓아 가는 사회가 결국 집단지성의 사회로 발전하는 것입니다. 노인은 성취하는 일이 없어 보여도, 그의 그런 태도는 좋은 영향을 끼쳐서 결국 사회를 개선하게 되는 것입니다.

마지막으로 미치 리의 오페레타 〈라만차의 사나이〉(원래 뮤지컬이 아닙니다)에 나오는 아리아 「불가능한 꿈」을 적어 봅니다. 가사를 한번 조용히 곱씹어 봅시다. 감사합니다.

> 불가능한 꿈을 이루기 위해
> 이길 수 없는 적과 싸우기 위해
> 견딜 수 없는 슬픔을 견디기 위해
> 감히 닿을 수 없는 곳으로 달려가기 위해
> 부당한 것을 바로잡기 위해
> 저 먼 곳의 순수함과 고상함을 사랑하기 위해
> 당신의 두 팔이 너무나 지쳤을 때도 계속하기 위해
> 결코 닿을 수 없는 별에게 닿기 위해
> 그 별을 쫓는 것이 나의 소명이네
> 비록 희망이 없고, 너무나 멀리 있다고 해도
> 정의를 위해 싸우기 위해 의문을 품지도 멈추지도 않고
> 하늘의 도리를 들어 기꺼이 지옥으로 향하리라
> 그리고 나는 알고 있네, 이 영광스러운 전투 앞에
> 내가 진실 될 수만 있다면

죽음에 이르렀을 때,

나의 마음은 평화롭고 고요하게 잠들 것이라는 걸

그리고 이로 인해 세상은 조금 더 나아지리라

상처투성이로, 멸시당하는 그 한 사나이가

최후의 용기를 다해 싸워서

결코 닿을 수 없는 별에게 닿음으로써

책 읽는 여행
- 여행하며 독서하는 효율과 즐거움에 관하여

제가 추천하는 책읽기가 좋다는 분들이 많으시지만, 동시에 책을 다 읽지 못해서 따라가지 못한다는 분들도 계십니다. 시간이 없다는 것이지요. 어떤 분이 제게 진지하게 물어 오셨습니다. "『신곡』 같은 것은 3권이나 되는데, 어떻게 읽어요? 시간이 있으세요?"

물론 TV만 보지 않고 스마트폰만 덜 해도 시간은 얼마든지 생깁니다. 하지만 TV도 필요할 때는 봐야 할 것입니다. 그래서 제가 나름대로 책을 읽는 방법 중의 하나를 소개하겠습니다.

요즘은 여행을 할 수가 없습니다만, 제가 책을 많이 읽은 방법의 하나가 이동 중에 읽는 것입니다. 저는 여행을 책읽기에 가장 좋은 기회로 여깁니다. 그래서 여행을 준비할 때면 여행 자체로도 설레지만, 한편으로 여행 때에 읽을 책 때문에 들뜨기도 합니다. 그래서 쉬는 시간에 수첩에 여행 가서 할 일만 적는 것이 아니라, 이번 여행에 읽을 책들도 적어 보면서 일찌감치 설렌답니다.

여행을 떠날 때는 그 방문지에 관련된 책을 가져가면 여행은 더욱 풍성해지고 독서도 실감이 납니다. 이탈리아를 간다면 이탈리아 책들을 가져가는 것이죠. 만일 베네치아에 간다면 당연히 베네치아와 관련 있는 책들 즉 『베네치아에서의 죽음』이나 『베니스의 상인』 혹은 『오셀로』를 가져가는 것입니다. 물론 릴케나 브로드스키는 말할 것도 없지요. 국내 여행도 마찬가지입니다. 군산에 갈 때는 군산을 배경으로 한 채만식의 『탁류』를 가방에 넣는다면 군산을 더 잘 이해하게 되지요. 통영에 간다면 박경리의 『김약국의 딸들』이지요.

이탈리아에 간다고 해서 이탈리아 가이드북, 즉 여행 안내서를 들고 가는 분들이 있는데, 그것은 반대입니다. 이것은 다른 시간에 봐야죠. 비행기를 타면 10시간 넘게 인터넷이 차단되는데, 절호의 찬스가 아닙니까? 이때야말로 교양을 살찌우는 책을 들고 타는 것이 최고입니다. 좀 두꺼운 고전이 좋습니다. 저도 단테의 『신곡』 3권을 이탈리아 여행에서 읽었답니다.

그렇게 말하면 어떤 분은 3권이나 가져가니 많다고 생각할 수도 있겠지만, 그것은 적은 편입니다. 평소 바쁜 분이라면 여행을 하면서 책을 읽을 시간이 더 많이 나는 법이지요. 일단 비행기에 앉으면 다른 것을 할 수가 없기 때문입니다. 영화나 음악이요? 비행기의 작은 화면에서 보는 영화는 제대로 된 맛을 느끼기 어렵고, 음악도 비행기 안의 음악은 곡목이나 연주 등이 흡족하지 않으며, 음향도 별로입니다. 대신에 전화도 오지 않고 인터넷도 없는 틈을 이용해서 미루어 두었던 책을 읽기에 가장 좋은 것이 기내입니다.

열차도 책읽기에 좋습니다. 저는 몇 년 동안 부산에 강의를 다닐 때에 큰 기쁨의 하나가 부산에서 올라오는 길에 부산역 2층에 있는 서점에 들르는 것이었습니다. 그것 때문에 열차표의 시간도 좀 여유 있게 끊어 놓는답니다. 그 서점은 나름대로 신간도 제법 갖추고 있어서 쓱 둘러볼 수가 있습니다. 읽을 만한 신간이 별로 눈에 띄지 않으면, 벽면의 문학코너에 갑니다. 거기에는 세계문학전집이나 세계시인선 같은 문학서들이 제법 있습니다. 고전 중에 미처 읽지 못했거나 읽었어도 오랜만에 다시 읽고 싶은 책을 고릅니다(이 책을 펴낼 즈음에 다시 방문했더니, 그 서점은 코로나 기간을 이기지 못하고 사라져 버리고 말았습니다).

집에 있는 책과 중복된다고요? 상관하지 마세요. 만 원만 쓰면 됩니다. 커피 한잔 값이랍니다. 한 권 더 있으면 뭐 어떻습니까? 하나는 남에게 줘도 됩니다. 별로 두껍지 않은 책을 고르면, 기차 좌석에 앉아서 기차가 움직이기 전부터 읽기 시작합니다. 부산 강의가 저에게는 일주일의 마지막 스케줄입니다. 일주일 강의를 다 마쳤으니 홀가분하게 책에 빠져듭니다. 서울에 도착할 때까지 얇은 책은 거의 한 권을 읽습니다. 혹시 미처 다 읽지 못하면 집에 와서 저녁을 먹고서 조용히 마저 읽습니다. 그러면 1박의 짧은 부산 여행과 강의의 스트레스도 한꺼번에 날아가고, 행복한 금요일 저녁의 꿀잠으로 빠져들게 된답니다.

만일 해외로 간다면 며칠 전부터 읽을 책들을 수첩에 적습니다. 그렇게 해서 보통 한 번의 여행에 책을 10여 권 안팎으로 가져갑니다. 그때는 미처 손대지 못했던 고전들이 포함되지요. 그럴 때도 이왕이면 방문지에 관련된 책을 읽는 것입니다. 포르투갈로 간다면 당연히 페소아의 시집을 다시 읽는 식입니다. 독일이라면 토마스 만이나 귄터 그라스의 두꺼운 책들, 오스트리아라면 츠바이크나 슈니츨러의 책들 중에서 읽지 못한 것을 가져갑니다.

일본에 갈 때면 물론 일본작가의 책들만 가져갑니다. 나쓰메 소세키나 모리 오가이 혹은 다자이 오사무 같은 오래된 책이 좋습니다. 그리고 일본에서 이동 시에 주로 이용하는 열차에서 펼칩니다. 저녁에는 숙소의 이불 속에서 겨우 몇 페이지만 읽어도 책의 분위기가 실감나게 전해져 옵니다. 그러면 낮에 있었던 여행의 체험이 책 속의 인상과 중첩되면서 더욱 즐겁고, 감상과 생각이 켜켜이 쌓이는 기분이 듭니다. 그렇게 보면 국내 여행은 1~2권, 일본은 2~3권, 유럽은 10권 정도를 가져가네요.

10권이나 들고 다니면 무겁지 않느냐고요? 글쎄요. 구두 한 켤레 더 넣는 것보다도 무겁지 않다고 생각합니다. 겨울이면 코트 한 벌보다 낫지요. 번스타인이나 아바도는 여행을 갈 때마다 여행용으로 짠 작은 책장을 통째로 가져갔다고 수업에서 말씀드렸었지요? 유럽에서 열흘 정도면 책을 거의 다 읽게 되고, 그러면 가까운 우체국에 가서 책을 집으로 부칩니다. 다 읽은 책뿐만이 아니라 현지에서 구입한 책들도 함께 말이죠.

10일 정도의 여행이면 우체국에 한 번 가면 되고, 20일이면 두 번 가면 됩니다. 그러면 현지에서 아주 편하게 돌아다닐 수 있습니다. 그렇게 여행을 마치고 집에 돌아오면, 집 앞에 제가 부친 소포가 함께 도착해 있는 경우도 있답니다. 이것이 제가 여행길에 책을 가져가서 읽고 오는 제 나름의 방식입니다.

외국에서 어떤 책을 사냐고요? 저는 혼자 여행을 할 때는 현지에 도착하면 다음 날 보통 서점을 먼저 들릅니다. 그리고 그 도시에 관한 책이나 그들의 여행책을 고릅니다. 우리나라 여행책에서 소개하는, 가볍고 천편일률적인 장소를 찾는 것에서 벗어나는 좋은 방식입니다. 그것이 제 여행의 노하우입니다. 그래서 한국 사람들이 모르는 장소도 알고, 현지인들이 좋아하는 식당도 알게 되며, 또한 새로운 장소나 식당의 정보도 얻습니다.

외국어를 모른다고요? 크게 상관없습니다. 저도 거의 영어책에 의존하는데, 혹시라도 현지어, 예를 들면 슬로베니아어나 체코어인 경우라도 제목이나 사진만 보면 명소나 식당 정도는 쉽게 알 수 있습니다. 오랜 여행에서 얻은 눈치도 있는 것이죠. 물론 풍월당에 필요한 음악이나 예술에 관한 책들도 살펴봅니다. 거기서 우리의 강의나 출판에 관한 많은 힌트도 얻습니다. 그렇게 가져온 책을 나중에 우리가 번역하게 되는 경우도 있습니다. 더불어 현지의 책에서 얻는 정보, 예를 들면 식당 정보 같은 것으로 그 자리에서 바로 그 식당을 찾아가기도 하고, 그곳에서 다시 새로운 정보를 얻지요. 이렇게 본다면 여행은 저에게 바로 책읽기이고, 책읽기는 여행으로 더욱 깊어집니다.

제가 가진 민음사 판본의 『신곡』을 펼쳐 보니, 3권의 뒤에는 모두 읽은 날짜와 도시와 호텔 이름이 적혀 있습니다. 베네치아군요. 그렇게 3권을 들고 다니면서 이런저런 도시에서 다 읽은 것입니다. 이동 중에 거리의 카페에서 역의 플랫폼에서 열차를 기다리면서 그리고 호텔 방에서 말입니다. 이렇게 메모해 놓으니, 나중에 펼쳐 볼 때는 그 여행이 다시 떠오릅니다. 그리고 오래된 책을 펼치면 지금도 책갈피 사이에서 그 도시의 그림엽서나 공연 입장권이나 카페의 컵받침 혹은 마른 낙엽이 툭 하고 떨어집니다. 이것도 작은 즐거움이죠.

저는 현지에서 아침 일찍 일어나면 호텔의 식당이나 아니면 가까운 공원이나 거리의 벤치로 가서 낯선 공기를 마시며 그 나라의 소설을 읽는 것이 큰 즐거움이었습니다. 저에겐 역시 소설이 제격입니다. 그러면 소설의 내용이나 인물의 사고방식이 더 쉽게 이해되는 것 같답니다. 창밖에 걸어가는 남자가 소설 속의 인물같이 느껴지기도 합니다. 소설에 나오는 종소리나 비둘기가 나는 모습을 책을 읽으며 함께 느낀다는 것은 참 즐거운 일입니다.

그렇게 책과 함께 집으로 돌아오면, 그냥 사진 찍고 먹고 쇼핑하고 했던 여행보다도 확실히 성취했다는 기분이 듭니다. 책의 내용은 물론 다 잊어 먹기도 하지만, 그것들이 내 몸속 어딘가에 쌓여 있을 것이라고 생각합니다.

삼촌, 우리가 잃어버린 이름
- 그 많던 삼촌들을 불러 보며

지난 추석연휴에 저는 앞뒤의 주말까지 더해서 9일 동안 꼼짝하지 않고 숨어서 책 한 권을 탈고했습니다. 가톨릭에서 말하는 피정避靜이나 불교의 안거安居 비스무리 한 것을 제 나름대로 해 본 것 같은 기분입니다.

원고는 물론 틈틈이 써 둔 것이지만, 마무리할 때에는 집중적으로 해야 해서 이번 연휴를 이용했습니다. 약속도 고사하고 집에만 박혀 있었습니다. 그 기간에 딱 한 사람이 저를 방문했는데, 제 조카 중의 한 명입니다. 저는 누나가 많으니 조카도 많지요. 어려서는 가까이 지냈지만, 장성하니까 다들 바빠서 얼굴 볼 일이 없습니다. 그런데 붙임성 좋은 조카 하나가 누나가 정성껏 만들어 준 명절 음식을 싸 가지고 와서 잠시 얼굴을 봤습니다. 그도 이미 가장인데, "삼초온……"이라고 부

르는 것이 정다웠습니다

삼촌이라는 말은 참 좋은 호칭입니다. 생물학적으로는 아버지나 어머니의 형제를 일컫는 말이지만, 사실 살가운 옛날 동네라면 나이 많은 동네 어른 아무에게나 써도 되는 말이죠. 형이라고 부르기에는 좀 나이가 많고, 부모보다는 젊은 그런 경우에 주로 씁니다.

요즘 식당 같은 데에서는 이모라는 말을 많이 쓰기도 하죠. 삼촌도 같은 의미입니다. 제주도에서는 삼촌(또는 삼춘)이라면 손윗사람 모두에게 쓰는 대명사가 되어 버렸죠. 현기영이 제주도를 배경으로 쓴 소설 『순이 삼촌』도 바로 그런 삼촌을 일컫는 것입니다.

그런데 종종 '삼춘'이라고 부르는 사람도 있어요. 삼촌이나, 삼춘이나 같은 말입니다. 저는 어려서 누구는 삼촌이라고 말하고, 누구는 삼춘이라고 불러서 늘 헷갈렸습니다. 사전事典을 몰랐던 어린 시절 저로서는 나름 큰 고민 중의 하나였답니다. 저의 아버지와 어머니 두 분 모두 대여섯이 넘는 여러 형제들 가운데 맏이라서, 저는 삼촌들이 많았습니다.

그중에서 외삼촌 한 분이 계셨는데, 그분이 제 윗세대에서 클래식 음악을 듣는 유일한 분이셨습니다. 그 삼촌은 외국에 출장을 갔다 오실 때면 귀한 해외 LP판을 사 가지고 왔습니다.

그러면 먼저 부산에 있는 누나 집, 즉 우리 집에 들렀던 것이죠. 그러고는 짐을 풀어서 저와 누나들에게 음반을 자랑, 아니 설명해 주셨습니다.

기억에 남는 하나는 크리스타 루트비히가 부르는 슈베르트 리트집이었습니다. 지금은 풍월당에서 리트 책도 내고 하지만, 당시에 어린 저로서는 리트를 이해할 수가 없었습니다. 삼촌께서는 너무 좋다면서 열변을 토하셨지만, 저는 알아듣지 못했지요. 우리 집 전축에는 아버지가 좋아하시던 안다성의 「바닷가에서」가 올려져 있었는데, 그걸 내리고 슈베르트가 올라앉은 겁니다. 하지만 저는 지루해서 모르겠더라고요. 그런데도 그때 받았던 인상이 너무 커서, 지금도 저는 그 음반을 똑똑히 기억하고 있습니다. 어윈 게이지가 피아노를 맡았던 음반이죠. 나중에 2집도 나왔지요. 그때 저는 독일 가곡, 즉 리트란 것의 존재나마 알게 되었고, 언젠가는 한번 도전해야 할 하나의 산봉우리처럼 느껴졌습니다.

아마 여러분들 중에도 저와 비슷하게 삼촌에 대한 기억을 가지고 계신 분이 적지 않으실 겁니다. 실은 한 사람의 성장에서 삼촌이 갖는 비중은 엄청나다고 할 수 있습니다.

우리는 항상 부모 역할의 중요성을 얘기하고, 다음으로는 종종 할아버지와 할머니의 역할을 이야기합니다. 하지만 그 옆에 삼촌이라는 존재가 중요합니다. 삼촌은 아이의 성장에서 늘 조역을 맡지만, 축구에서는 스트라이커 옆에서 남모르게 어시스트를 해 주는 그런 역할을 합니다. 스트라이커 혼자서만 골을 넣기는 어렵습니다.

즉, 부모가 할 수 없는 것을 삼촌이 했습니다. 간혹 부모의 한쪽이 혼자 아이를 키우면서 겪는 힘든 이야기들을 하지요. 아버지가 없어서 혹은 바빠서, 아이와 축구를 해 줄 수가 없다. 야구를 해 줄 수가 없다. 수영장에 같이 가 줄 수가 없다. 운동회에 가지 못한다. 이런 말들입니다. 요즘은 이런 것들을 돈을 주고 사람을 사서 하더라고요. 그러나 그런 분과 삼촌은 다르죠. 이런 일들이 모두 삼촌의 몫이었던 것이죠.

아이들은 삼촌을 통해서 자랍니다. 삼촌과 함께 냇가에 가서 고기도 잡고, 삼촌에게 헤엄도 배우고, 삼촌과 3류 영화관도 다니고, 삼촌에게 기타도 배우고, 바둑과 장기도 배우고, 자전거도 배웁니다. 엄마가 먹지 말라는 군것질도 삼촌과 하고, 담력도 키우고, 산도 오르고, 귀뚜라미도 잡고, 꽃도 꺾고, 목욕탕도 같이 가고, 군대 얘기도 듣고, 연애 얘기도 들으며 큽니다. 삼촌에게 성교육도 받고, 삼촌의 방에서 성인잡지도 처음 보고, 연애편지도 몰래 읽어 보고, 어느 날 실연당한 삼촌에게 술도 배우는 것입니다.

바쁜 삼촌은 곤란합니다. 삼촌은 백수일수록 좋은 삼촌입니다. 늘어난 삼선 추리닝에 슬리퍼를 신었으면 최고입니다. 제 어렸을 때에 저와 놀아 주는 삼촌들은 고무신을 신었는데요. 그런 삼촌에게 더 많은 것을 배울 수 있지요. 삼촌에게 음악도 미술도 책도, 그리고 세상도 배우는 것이 최고입니다. 삼촌은 아빠처럼 무섭지도 않고, 엄마처럼 잔소리도 많지 않고, 융통성도 있고, 조카를 이해해 줍니다. 삼촌은 스승이자 보호자이며 친구이고 동지입니다.

그런 삼촌들이 사라진 지가 오랩니다. 저는 지금 아이들이 항상 엄마나 아빠하고만 지내는 것이 안타깝습니다. 그런 것이 아이가 세상을 보는 시각을 좁게 할 수도 있고, 부모를 통해서 단순한 사고만을 주입당할 수 있습니다. 또한 오직 자신만을 위하는 부모의 품에 있으니, 아이는 자기 위주가 되고, 그의 가치관도 소가족 위주가 되며, 결국 잘되어도 시야가 좁은 소시민으로 머물게 됩니다.

삼촌의 존재는 아이에게 객관성을 가르쳐 주고, 자신만을 중심에 두는 세상이 아닌 넓은 세상을 알려 줍니다. 부모는 늘 최상을 가르치고 최고만을 주지만, 삼촌은 이류도 주고 B급도 주고 때로는 세상에 C급도 있다는 것을 알려 줍니다. 그래서 아이는 많은 대체물을 알고, 세상을 헤쳐 갈 여러 방법도 알게 됩니다. 세상에는 부모가 알려 주는 반듯하고 모범적인 세상만 있는 것이 아니기 때문에, 삼촌이 필요합니다.

제가 아는 많은 사람들이 (부모가 아니라) 삼촌의 영향으로 클래식을 배우고, 영화를 알고, 책을 읽고, 학문에 빠지고, 직업에 대한 동경을 가지고 세상을 알아 갑니다.

항상 아이만 중심에 두는 핵가족의 부모님과, 종종 더 심한 할아버지와 할머니가 가르쳐 줄 수 없는 것을 가르치는 삼촌들…… 이제 그런 삼촌이 없습니다. 다 사라졌습니다. 세상에 삼촌이 사라짐을 아쉬워합니다. 요즘 세상의 많은 문제들은 삼촌의 부재에서 오는 것이 아닌가 한번 생각해 보았습니다. 물론 이모나 고모도 마찬가지입니다.

저의 그 많던 삼촌들도 한두 분씩 돌아가시고 이제는 절반만 남았습니다. 삼촌과 가까이 지내던 때가 제 인생에서 가장 즐거웠던 시절이었던 것 같습니다. 그 시절이 그립습니다.

들판의 출판사,
밭두렁의 서점
- 들판 가운데서 만난 가장 아름다운 남자

　　지난여름, 찾아간 시골은 아름답고 경건했습니다. 저는 충청도 쪽으로 연고가 없지만, 이런저런 일로 찾아갈 일이 생기면서, 충청도 지방이 가진 아름다움에 젖곤 했습니다. 그러면서 다정해진 두 고을이 있는데, 하나는 공주요 다른 하나는 홍성입니다.

　　과거 충청도에서 가장 중요하여 함부로 붙이지 않는 고을 '주州' 자가 붙은 주요 4대 고을이 청주, 충주, 공주 그리고 홍주였다고 합니다. 그런데 충주와 청주의 이름을 따서 충청도라고 이름이 붙여지면서, 공주와 홍주는 점점 잊혀 갔습니다. 공주는 원래 대전보다도 번성한 곳이었다고 하죠. 홍성도 원래 홍주洪州였던 지명이 일제강점기를 거치면서 홍성洪城으로 바뀐 것입니다. 다시 홍주로 바꾸려는 노력이 있다고 합니다.

저는 최근 몇 년 사이에 공주와 홍성의 매력을 점점 알아 가고 있어서, 스스로도 즐겁고 행복합니다.

그중에서 공주는 여러 차례 방문했습니다만, 홍성은 갈 일이 없었습니다. 홍성은 고속철도도 닿지 않고 명승지도 별로 없습니다. 오직 말이 느린 사람들이 조용히 농사를 짓는 곳이라는 이미지입니다. 일부러 갈 일은 별로 없는 곳이죠.

하지만 지난여름 어느 날 제가 책상에서 갑자기 벌떡 일어나서 "홍성으로 가자!"고 한 것은 한 출판사 때문입니다. 몇 년 전 수업의 책읽기에서 소개하여 많은 분들에게 감동과 충격을 주었던 책이 『자발적 가난 — 덜 풍요로운 삶이 주는 더 큰 행복』(그물코)입니다. 그 책을 낸 출판사가 그물코 출판사였는데, 저도 이 책으로 그 출판사를 알게 되었습니다.

그러다가 점점 이런 기사나 저런 이야기에서 그물코 출판사에 대한 언급에 눈에 가기 시작했지요. 역시 알아야 보이는 것이죠. 그러다가 원래 서울에 있던 출판사가 홍성으로 내려간 것이라는 사실도 알게 되었습니다.

홍성으로 내려간 그들은 그곳에서 친환경 농법에 대한 책을 내고, 출판사 사람들이 직접 농사를 짓고, 시골 사람들과 함께 생활하고, 들판에 서점을 세우고, 초등학교 아이들에게 시와 그림을 가르치고, 농민들을 위한 도서관을 열고, 아이들을 위한 작문 대회를 열고, 아이들에게 상을 주었습니다. 그리고 무인 서점을 만들어 농부들이 오고가며 책을 읽고, 심지어 채소나 과일을 놓고 가면 서로 나누고…… 하는 이야기들이 점점 귀에 들려왔습니다.

저를 부르는 그것이 무엇인지 모르겠습니다. 하지만 저에게는 늘 몸으로 느끼는 저만의 예감 같은 것이 있어서, 그것이 저를 홍성으로 가라고 유인했다고 말할 수밖에 없습니다. 저는 그런 느낌을 믿고 행동으로 옮기는 편입니다.

그래서 가기로 했습니다. 출판사 견학이니, 풍월당의 식구들도 같이 가 보기로 했습니다. 기차를 탄다면 홍성역에 내리더라도 또 시골까지는 차가 필요했습니다. 그래서 아예 차를 한 대 준비하여 몇 명이 같이 움직였습니다.

내려가는 동안에 출판사 대표에게 전화를 걸었습니다. 몇 번이나 시도한 끝에 겨우 통화가 되었습니다. 그러면 "무슨 마을 몇 번지로 오세요" 아니면 "무슨 길로 오면 됩니다"라고 말하는 것이 보통이죠. 그런데 이분은 "아, 어떡하지? 와도 볼 게 없는데……"라고 말을 흐리는 것이 아닙니까? 그래서 우리가 "볼 것 없어도 괜찮아요. 시골 서점에 뭐 있겠어요? 그냥 가서 이것저것 책 구경하고, 서점의 평소 모습 보고, 얼굴 보고 인사나 드리고 오면 되죠"라고 말했습니다. 그런데도 계속 "아, 볼 게 없는데……"라고만 말씀하시는 겁니다.

차는 구릉이 이어진 시골의 밭 사이를 이리 돌고 저리 돌고, 길을 잘못 들고, 마을을 찾지 못해서 다시 돌아오고…… 하다가 결국엔 그곳에 닿았습니다.

　키 큰 농부가 장화를 신고 쟁기를 든 채로 밭 가운데에 서 있습니다. 그의 모습을 본 순간 저는 직감적으로 그분이라는 것을 알았습니다. 그리고 차를 세우고 내렸습니다.
　출판사는커녕 서점은커녕 아무것도 없는 밭 가운데에 공중전화 부스 같은 좁은 모양의 나무로 지은 창고 같은 것만 하나 서 있었습니다. 그 구조물이 선 자리는 한 평도 되지 않을 것 같았습니다. 그 안에 쟁기랑 호미랑 몇 권의 책이 있었습니다……. 그게 다였습니다.
　키 큰 농부와 악수를 했습니다. 그분이 그물코 출판사의 대표였습니다. 얼마 전에 서점은 모두 뜯었다고 하였습니다. 그래서 아무것도 없다고 했습니다…….
　하지만 그 창고에는 마을 아이들이 그린 그림과 직접 쓴 시들이 바람을 맞으며 붙어 있었습니다. 아이들 이름과 아이들에게 수상했다는 상의 이름들이 정다웠습니다. 그는 마치 톨스토이의 소설에서 나온 농부 아니면, 젊은 날의 톨스토이 그분, 같았습니다. 그 주변의 밭은 온통 꽃이었습니다. 하지만 꽃은 거의가 지고 파헤쳐 놓은 고랑이 더 많았습니다.
　그가 보여 줄 것이 없다고 말한 것은 건물이 없어졌다는 뜻도 있었지만, 실은 밭에 꽃이 다 졌다는 뜻이었습니다. 꽃이 져서 보여 줄 것이 없다는 말입니다. 하지만 물론 저는 상관없었습니다. 그는 꽃보다도 더 아름다운 남자였습니다. 한 남자가 서 있는 모습이 이렇게 아름답게 보인 적이 몇 번이나 있었을까요? 책을 읽는 남자, 책을 쓰는 남자, 전쟁하는 남자, 전쟁에서 이긴 남자가 아니라, 밭에, 뒤엎은 들판에 홀로 선 남자가 이렇게 아름답게 보일 줄은 몰랐습니다.

그물코 서점은 사라졌습니다. 출판사는 사라졌습니다. 하지만 건물만 사라진 것이죠. 형태는 사라졌지만 법적으로는 엄연히 남아 있고 그가 펴낸 책들은 여전히 친환경 농업을 지향하는 농부들의 책장에 꽂혀 있으니까요. 전국에서 주문이 들어오는 책들을 보낼 때에 직접 키운 꽃을 넣어 주는 약속 ―그것이 '퍼져라 책과 꽃'이라는 운동이라고 합니다 ― 을 지키기 위해서 그는 꽃농사를 짓고 있었던 것입니다. 그리고 그 많던 재스민은 다 져 버리고, 그 들판에는 꽃보다 아름다운 남자만이 서 있었습니다.

저만치 고랑 속에서 한 여성분이 농사를 짓다가 역시 완연한 농부의 차림으로 나왔습니다. 그녀가 그물코 출판사의 편집장이라고 했습니다. 우리는 세상을 위한 농사를 짓는다고 흔히 말하지만, 그들 그물코의 식구들은 진짜 농사도 함께 짓고 있었습니다. 아무리 주인이 농사를 짓는다지만 직원들도 함께 기꺼이 호미를 들다니, 참으로 신기했습니다. 서울의 사무실에 앉아서 펜대만 놀리는 사람들과는 모습도 자세도 마음도 영혼도 다른 차원이 저의 뒤통수를 강타하고 저의 가슴속에서 뜨거운 것이 올라왔습니다.

손님을 대접할 방도, 앉을 의자도, 내놓을 차 한잔도, 과자 한 조각도 없었습니다. 검은 흙이 묻은 손을 비비고 다들 들판에 앉았습니다. 꽃이 진 꽃밭 너머 서쪽으로 사라지는 석양을 향해서 한 방향으로 나란히 앉아 다 함께 서쪽만 바라보았습니다. 그렇게 말이 없는 사람들을 오랜만에 보았습니다. 말이 많았던 제가 부끄러워졌습니다.

모두가 말이 없었습니다. 특별히 할 말도 없었습니다. 하지만 모두가 같은 쪽을 보고 있었습니다. 석양이 그렇게 아름다울 수가 없었습니다. 그때만큼 제 마음이 가난하고 텅 비고 깨끗해진 적이 없었을 겁니다.

그물코 출판사에 대해서 제가 더 아는 것은 없습니다. 대신에 몇 가지 신문에 나온 기사들을 모아서 다음과 같이 정리해 보았습니다.

장은성이 세운 그물코 출판사는 충남 홍성군 홍동면에 있다. 20년 전 서울 마포에서 문을 열고, 『녹색시민 구보 씨의 하루』, 『지구를 살리는 7가지 불가사의한 물건들』, 『자발적 가난』 같은 스테디셀러를 만들어 내다가, 2004년 농촌으로 이전했다. 홍성이 장은성 대표의 고향이기도 했지만, 홍동면은 우리나라에서 친환경 농업을 가장 먼저 도입한 곳이기도 하다. 또한 홍동면은 대안학교와 협동조합 등 지역 공동체 활동이 활발한 곳이다. 그물코 출판사는 일부러 농촌으로 들어가서 우리나라 농촌의 '면面' 단위에서 책을 만드는 유일한 출판사가 되었으며, 오랫동안 혼자서 책을 만드는 '1인 출판사'였다.

그물코가 만드는 책은 주로 생태나 환경을 주제로 한 책들이다. 홍동으로 이전한 후에 『농부의 길』, 『소 — 땅과 사람을 이어주던 생명』, 『백성 백작 — 농부는 백가지 일을 하고 백가지 작물을 기른다』, 『논 생물도감』, 『땅에 뿌리박은 지혜 — 다시 농업을 생각한다』, 『아이들은 왜 자연에서 자라야 하는가』 같이 농업이나 농촌과 관련한 책을 발간하고 우리나라의 주도적인 생태환경전문 출판사로 인정받고 있다. 장대표는 "베스트셀러는 없지만 꾸준히 팔리는 잡초 같은 책들"이라고 표현했다. 그는 "재생용지만 사용하고, 양장본은 만들지 않고, 신념에 맞지 않는 책은 만들지 않고, 광고는 하지 않는다"는 원칙을 지킨다.

지역 출판사들이 겪고 있는 판로 확보 문제는 과제다. 대형서점을 중심으로 하는 온라인과 오프라인 유통은 작은 출판사와 작은 서점에는 넘기 힘든 벽이다. 따라서 장대표는 지역의 대표 서점과 동네의 작은 서점, 오랫동안 거래해 온 배급업체 등을 통해서 독자와 만난다.

그물코는 지역 공동체와 적극적으로 소통한다. 장대표가 농촌마을로 와서 처음 한 일은 '느티나무 책방'를 만든 것이었다. 주민의 요청으로 시작된 일이었는데, 운영자가 없고, 장부도 없는 무인점포였지만, 수익이 남았다. 도서관 건립도 주도했다. 지역주민들이 출자해 지난 2011년 개관한 '밝맑도서관'을 운영하고 있다. 그는 청소년을 위한 만화방과 마을카페에도 참여하고, 마을의 각종 소식지도 만든다. 주민들이 공동체 신문 같은 인쇄물 제작을 요청했다. 특히 홍동에는 협동조합이 많은데, 조합 등지에서 필요로 하는 출판물을 그물코에서 제작한다. 지역의 출판사가 공동체와 함께하는 실례를 보여 준 것이다. 장대표는 자신이 펴낸 책처럼 '자발적 가난 — 덜 풍요로운 삶이 주는 더 큰 행복'을 지향하며, 작고 소박하지만 건강하고 재미있게 시골에서 책을 만들며, 하나의 모델을 만들어 가고 있다.

전 국민의 심각한 독서량 감소로 한 군(郡)에 서점이 하나도 없는 군들이 계속 늘어나고 있는 실정이다. 그 증거는 시골의 작은 동네책방의 몰락이다. 하지만 인구 2000명의 시골마을인 홍성군 홍동면에는 출판사와 서점, 책방, 도서관이 모두 갖춰져 있다. 운영방식도 생존방식도 다른 지역에 비해 특이하다. 생태환경의 삶이 담기고 더불어 사는 평민들의 진리가 담긴 곳, 그래서 가능성과 희망을 안겨 주는 곳이다. 따라서 작은 지역공동체에서 지역과 환경, 생태와 문학을 공통분모로 작가와 주민이 만나는 풀뿌리 문화공간이 주목받고 있는 곳이 홍동마을이다. 주민을 대상으로 글쓰기, 책읽기 강좌를 마련해 풀뿌리 문화공간으로 인기를 누리며 생활 속의 작은 문화공간이 되었다.

홍동마을에는 그물코 출판사와 그물코 서점이 있고 느티나무 책방과 밝맑도서관도 있다. 농촌 한가운데 출판사와 서점, 도서관이 모두 있는 것이다. 이곳 책방에서는 신간도 팔고 헌책도 싸게 판다. 시골사람들이 논밭을 오며가며 책방에 들러 책을 사고 책을 읽으며, 오랫동안 천대받던 영혼들이 비로소 귀한 대접을 받는 느낌이라고 한다. 또한 홍동마을에는 풀무생협과 풀무신협을 비롯해 대안학교인 풀무학교, 갓골어린이집, 유기농연구소, 협동조합 얼렁뚝딱건축조합, 할머니장터조합 등도 있다. 이러한 지역자원이 협동조직을 통해 새로운 성장 동력이 될 수 있음을 실증적으로 보여 주는 곳이다.

대부분의 사람들이 돈과 명예를 목표로 살면서, 영혼은 피폐해지고 질투와 질시와 극단적인 양극화로 가득 찬 세상이 되었습니다. 이런 시대에 우리의 인간성을 지키고 영혼을 구제하는 것은 돈이 아닌 정신을 목표로 두는 데에 있습니다. 우리를 구원하는 것은 진정 『자발적 가난』입니다. 이 책의 부제인 '덜 풍요로운 삶이 주는 더 큰 행복'이 말해 줍니다.

그리고 무엇보다도 출판사 대표가 자신이 낸 책 『자발적 가난』의 정신을 직접 실천하며 살고 계신 것은 참으로 귀하고 높은 일입니다. 늘 배우고 감사하게 생각합니다. 그렇게 살아가는 분을 직접 본 것은 진흙탕에서 살아가던 제가 산중의 현자를 만난 것 같은 감동이었습니다.

서울로 돌아와서 우리 일행의 짧은 행차가 그분들의 고요한 삶에 약간의 먼지와 잠시의 바람을 일으키지는 않았을까 하는 걱정도 남았습니다. 물론 우리도 조심했지만, 그렇게 오염된 우리를 뒤돌아보게 할 정도의 짧지만 숭고하고 강렬한 여행이었습니다.

오늘 여러분께 드린 책은 그물코 출판사가 올해 두 번째로 만든 '퍼져라 책과 꽃' 시리즈인 『디어 프루던스』입니다. 관용이 사라져 가는 세상으로부터 등을 돌리고 싶은 이런 시기에 저자인 호시노 도모유키가 펜을 들어서 쓴 작은 책입니다. 힘든 팬데믹 시대에 다들 힘을 내자고 쓴 것입니다. 작은 책이지만 "국가를 흔들리게 할 규모의 책을 쓴다"고 오에 겐자부로가 칭찬했던 그의 소박하지만 위대한 정신을 만나 보세요.

세상에 떠드는 사람은 많습니다. 그러나 현자의 높은 단계는 고독과 침잠입니다. 더 높은 그다음의 단계는 못난 세상을 향한 관용과 포용입니다. 모자라는 우리를 안고 가려는 호시노 도모유키나 장은성 대표 같은 분에게 진심으로 감사합니다. 혹시 그물코 출판사를 돕고 싶으신 분들이 계시다면, 각자의 방법으로 도와주세요. 우리의 작은 응원이 하나하나의 작은 그물코가 되어 쓰레기더미가 된 세상을 구하는 큰 그물이 될 수 있습니다.

그런 우리의 마음이 우리의 뿌리인 농촌을, 우리 아버지와 삼촌들을, 우리의 땅을, 그리고 나아가 우리 자신의 영혼을 살리게 되지 않을까요?

길 위에서 만나는 천사들
- 더 나은 사람이 될 수 있도록 내려 준 기회들

 가을 날씨가 완연합니다. 기온도 선선할 뿐 아니라 하늘은 쾌청하고 공기도 맑아 걷기에 좋은 계절입니다. 저의 산책은 이제는 서울 구석구석을 누비고 있습니다. 처음에는 일주일에 한두 번으로 시작한 산책이, 이제는 중독성이 있어서 일주일에 대여섯 번으로 늘어났습니다. 나가고 싶은 마음을 자제해야 하는 실정이랍니다.

 저는 길을 다닐 때 돈을 지니고 다닙니다. 큰돈은 아니고 1만 원짜리와 5천 원짜리와 1천 원짜리로 현찰을 골고루 준비합니다. 길에서 만나는 행상들은 카드를 받지 않기 때문입니다. 그리고 행상을 만나면 물건을 사려고 합니다. 그러면서 저는 세상을 배웁니다.

1.

장승배기 사거리의 화단에 잠시 앉습니다. 곁에 쪼그만 할머니가 쪼그리고 앉아서 더덕을 팝니다. 작은 칼을 들고 더덕을 깎아서 일일이 하얗게 만듭니다. 말을 겁니다. "중국산이에요?" "국산이야. 내가 직접 사 왔어." "어디서 샀어요?" "아침에 경동시장까지 가서 사 왔어." "얼마에요?" "5천 원." 쌓아 놓은 것은 겨우 두 무더기입니다. 한 무더기가 상당히 많은데 오천 원이랍니다. 백화점에서는 정말 비싸죠. 그분은 오늘 다 팔아도 1만 원밖에 벌지 못합니다.

"그거 하나 주세요." 그러자 할머니가 허리춤에서 세월 지난 폴더폰을 꺼내서 어딘가로 전화를 겁니다. "누구에게 전화하는 거예요?" "아들에게." "왜요?" "내가 아침에 나오면서 거스름돈 가져오는 걸 잊어서, 5천 원짜리 들고 나오라고요. 5천 원짜리가 있어야 거슬러 주죠." "아들은 뭐하는데, 집에 있어요?" "아들은 장애가 있어요. 지난봄에는 에어컨 설치하는 걸 배워서 다녔는데, 여름이 지나니 에어컨을 다는 사람이 없지. 그래서 집에 있어요……."

가난을 벗어나기는 어렵습니다. 열심히 살지 않아서 가난하다는 말은 옳지 않습니다. 물론 제가 더덕 한 봉지 사 준다고 그 할머니가 가난에서 벗어날 것이라고 생각하지는 않습니다. 그러나 오늘 하루 그 할머니를 잠시 기분 좋게 할 수는 있습니다.

두 봉지를 다 샀습니다. 그리고 일부러 제가 가진 5천 원짜리들을 모아서 2만 원을 드렸습니다. 아들이 나오지 않아도 되도록 말이죠. 두 봉지에 2만 원을 드렸지만, 여분의 1만 원은 동냥이 아닙니다. 할머니에게 1만 원어치의 더덕은 다른 분께 드리거나, 반찬으로 만들어 아들과 드시라고 했습니다. 일어서니 아침에 메고 나온 빈 배낭이 벌써 절반쯤 찼습니다. 그분의 활짝 핀 얼굴을 뒤로하고 또 힘차게 걷습니다.

2.

청량리 청과물시장 앞을 걷는데, 입구에 호호 할머니가 앉아 있습니다. 겨우 무 세 개를 놓고 팝니다. 한 개에 1천 원이라고 합니다. 그래도 지붕이 있는 시장 안 가게들은 하나에 2천 원인데요. 그 분은 오늘 세 개를 다 팔아도 3천 원입니다. 무 세 개를 다 사 드리고 싶지만, 제 배낭도 한계가 있고 저도 걸어야 하니 곤란합니다. 그래서 2천 원을 드리고 무 하나만 집어넣었습니다. 무가 하도 크고 실해서, 지금도 남은 조각이 냉장고에 있습니다.

단순히 돈만 주는 것보다 물건을 사 주는 것은 그들에게 용기를 드리는 것입니다. 적극적으로 살아가려는 분들의 상행위에 응답하는 것이며 그들의 사회활동에 호응하는 것입니다.

그들이 새벽에 지하철을 타고 경동시장까지 가서 더덕을 사와서 종일 깎는 행위가 틀린 것이 아니라고 응원해 주는 것이며, 무거운 무를 들고 나온 것이 헛수고만은 아니라는 박수인 것입니다.

그분들을 뵈면 참 불쌍합니다. 더 쉽게 많이 팔 수 있는 방법을 모르기 때문입니다. 그들은 급변하는 세상을 따라가지 못합니다. 따라갈 수 있는 능력이 없기에 힘들고, 그래서 열심히 허리가 아프도록 살아도 세상에서 계속 낙오되는 것이며, 오늘도 내일도 여전히 가난한 것입니다. 그러므로 우리가 그들을 조금이라도 도와야 합니다. 그리고 앞서 말씀드렸듯이 제가 2천 원이나 5천 원을 좀 더 얹어서 드리는 것은, 돈 때문이 아닙니다. 제가 무슨 돈이 있겠습니까? 작은 돈으로 솔직히 변변찮은 물건을 사는 것은 세상에는 그분들에게 관심이 있는 사람이 있다는 것을 알려 드리고, 세상은 아직 살아 볼 만하다는 용기를 드리고 싶기 때문입니다.

3.

비가 내리면 지하도를 걷습니다. 동대문역사공원역에서 지하상가를 따라 걸으면 멀리 서소문까지 지하로만 갈 수 있습니다. 왕복이 거의 2시간에 1만 보는 쉽게 넘어갑니다. 서소문을 돌아서 시청 쪽으로 다시 걸어오는데, 긴 지하통로 바닥에 할머니가 앉아 있습니다. 무언가 심상치 않습니다. 다가가 여쭤 보니 일으켜 달라고 합니다. 제가 두 손을 잡고 당기니 겨우 일어납니다. 그러고는 걸음이 불편하여 제대로 걷지를 못합니다.

"집이 어디에요?" "부천." "여기는 뭐하러 왔어요?" "다니러." "집에 누구랑 살아요?" "혼자." "자식들은?" "연락을 안 해요……" "그럼 오늘은 누구 만나러 왔어요?" 끄덕끄덕. "만났어요?" 도리도리…… 제가 다시 자세하게 물었습니다. 오늘 회가 무척이나 먹고 싶어서 부천에서 여기까지 왔답니다. 을지로입구의 묵호횟집에서 일을 한 적이 있다고 합니다. 여주인을 안다고 합니다. 그래서 회를 먹으려고 지하철을 타고 왔답니다. 그런데 식당을 찾지 못해서 그냥 돌아간다고 합니다. 그러다가 지하도에서마저 길을 잃고 주저앉은 겁니다. 제가 부축하여 1호선까지 같이 가는데, 계단도 있고 예삿일이 아닙니다. 저도 땀을 좀 흘렸습니다. 그런데 지나가던 어르신 두 분이 그런 저와 할머니의 모습을 보고 경찰에 신고를 했다고 합니다. 그렇게 넷이서 기다렸습니다. 한참 있으니 경찰관들이 왔습니다.

그들이 할머니에게 이것저것 확인합니다. 할머니의 신분증을 보자고 합니다. 할머니가 지갑을 찾아 여니까, 돈은 없고 명함과 카드 같은 것들만 나옵니다. 경찰이 그 사이에서 주민등록증을 찾아냅니다. 그중에 사진이 한 장 나옵니다. 경찰이 물으니, 아들이랍니다…….

보고 싶은 아들은 만날 수가 없는 채로, 성치 않은 몸을 끌고 비가 오는 날에 회를 먹으러 서울까지 온 할머니……. 천원 한 장 없는 지갑에는 소중한 아들의 사진이 들어 있었습니다. 이미 오후 4시니, 점심도 드시지 못한 것이 분명합니다. 경찰관이 모시고 저만치 갈 때에 제가 달려가서 그 지갑에 5만 원짜리 한 장을 찔러 드렸습니다…….

이번 강의의 주제는 '프랑크푸르트'입니다. 강의에는 그 유명한 로트실트 가문에 관한 이야기가 나오지요. 우리가 흔히 영어로 로스차일드라고 부르는 그들의 이야기는 굳이 제 강의가 아니라도 여기저기서, 특히 경제나 경영에 관한 이야기에 종종 나올 것입니다.

그런데 굳이 제가 이 이야기를 드리는 이유는 무엇일까요? 우리나라 경영이나 역사 강의 등에서 로트실트 가문을 말할 때는 대부분 돈을 어떻게 벌었다는 이야기만 하기 때문입니다. 그러나 더욱 중요한 것은 그들이 돈을 어떻게 썼는가 하는 것입니다.

로트실트 은행을 창업한 1대 로트실트인 마이어 암셸 로트실트Mayer Amschel Rothschild는 큰 부를 이루었습니다. 그는 항상 주머니에 금화를 넣고 다녀서 걸을 때마다 금화 소리가 났다는 일화가 있습니다. 그는 거리에 나갈 때마다 주머니 가득히 금화를 넣었습니다. 그리고 처음 만나는 빈자貧者들에게 금화를 한 닢씩 주었습니다. 금화 하나면 가치가 상당합니다. 하지만 그는 주저하지 않고 아낌없이 그것을 주었습니다.

그것을 적선積善이라고 합니다. 선善을 쌓는다는 것입니다. 자선慈善이 모여서 적선이 됩니다. 거지가 "한 푼만 적선하세요"라고 하는 말은 자신에게 온정을 베풀라는 말이 아닙니다. "네가 천국에 가려면 선을 쌓으라"는 말입니다. 우리는 남을 위해서 적선하는 것이 아닙니다. 나를 위해서 합니다. 내가 지금의 지위와 안정을 얻기까지, 나도 모르게 행했던 많은 나쁜 짓들을 해결하고 그로 인해 피해를 입거나 상처를 받았던 사람들에게 되갚는 것입니다. 그렇게 해야만 나의 부富가 아주 조금이나마 용서받을 수 있는 것입니다.

재미있는 것은 로트실트는 재산이 너무 많아서 아무리 기부를 해도 욕을 먹었다는 사실입니다. 하지 않으면 안 한다고 욕먹고, 하면 이것밖에 하지 않느냐고 욕을 먹은 거지요. 그래서 로트실트는 자신의 정체를 아는 사람에게는 금화를 주지 않았다고 합니다. 자기 정체를 아는 사람은 자신의 재산을 알고 어차피 욕을 할 테니까 주지 않는 것이고, 또한 자신을 안다면 그는 이미 금화를 받은 사람일 것이기 때문입니다. 즉 그는 만나는 모든 사람에게 금화 한 닢만큼은 주려고 했던 것입니다.

로트실트는 아무리 욕을 먹어도 금화 한 닢 주기를 멈추지 않았습니다. 왜일까요? 적선은 액수로서 가치가 결정되는 것이 아니기 때문입니다. 적선은 액수가 아니라 행위의 횟수로 결정되는 것입니다. 그렇게 쌓아 가는 것입니다. 로트실트 가문은 외부에서 보기에 돈만 아는 사람처럼 보일 수 있지만, 유대인인 그들은 항상 기도하고, 경전을 외우고, 가족들끼리 권면하고, 감사하면서 살았습니다. 그들은 세상의 이치를 알고 있었습니다. 사람들은 그들이 내놓는 액수가 적다고들 흉보았지만, 중요한 것은 금액이 아니라 얼마나 자주 적선하는가입니다.

매일 기도를 해야 하는 것이나 비슷합니다. 교회나 절에 가지 않는 사람이 어쩌다 가서 크게 한 번 기도하고, 헌금을 왕창 하는 것이 중요하지 않은 것과 같습니다. 매일 혹은 매주 가서 한 번에 500원짜리 동전 하나라도 헌금을 하는 것이, 교회의 표현으로 말하자면 "하느님이 보시기에 더 좋았다"고 말할 수 있는 것입니다.

어쩌다 크게 기부하는 사람을 봅니다. 감사할 일입니다. 그러나 더 중요한 것은 눈앞에 보이는 누군가를 늘 조금이라도 도우려는 시도입니다. 그런 작은 마음과 작은 행동이 중요합니다.

그런데 그렇게 하려면 높은 곳에 앉아서는 그들이 보이지 않습니다. 즉 우리가 항상 자동차를 타고 다니고, 차로 백화점이나 고급 슈퍼마켓에서만 쇼핑을 하고, 으리으리한 호텔의 식당만 다니면, 세상은 보이지 않습니다. 마치 저 구름 위에서 사는 것과 같습니다. 세상을 알려면 세상에 어떤 분들이 사는지, 그들이 어떻게 생활하고 있는지를 알아야 합니다. 보아야 합니다. 그래야 그들이 보입니다.

제가 걸어 보니, 서울은 하나의 서울이 아니었습니다. 자가용을 타고 보는 서울이 있고, 택시에서 보는 서울이 있으며, 걸으면서 보는 서울이 다 다릅니다. 그리고 지하철에서 보이는 서울은 또 다른 서울입니다.

내려와야 많이 보입니다. 자가용에 앉아서는 그런 분들이 보이지 않습니다. 버스에서 보는 사람과 보도에서 보는 사람과 지하철에서 보는 사람조차 다 다르더군요. 그런 곳에서는 그들을 만날 수 있는 많은 기회들이 있습니다.

그것은 그들을 돕는 기회가 아니라
우리가 더 나은 사람이 될 수 있는 기회입니다

그런 기회를 많이 얻어야 적선할 기회가 많을 것입니다.

유럽 최대의 부자가 된 로트실트 창업자의 어머니인 로트실트가의 노할머니는 95세까지 프랑크푸르트의 유대인 게토에 살면서, 좁고 낡은 집을 떠나지 않았습니다. 항상 가난한 유대인들과 이웃으로 살았던 것입니다. 그 할머니의 그런 복을 짓는 행동 때문에 자손들이 큰 부를 이루었는지도 모릅니다.

독일 아이들이 유대인이라고 욕을 하면서 게토 안으로 돌멩이를 던지곤 했습니다. 그러면 아들 로트실트는 묵묵히 마당의 돌들을 주웠다고 합니다. 심지어 식사를 하는 동안에도 식당의 창문을 깨고 돌멩이가 날아왔다고 합니다. 돌멩이를 싼 종이에는 가난한 사람들이 적선을 구하는 어려운 형편이 적혀 있기도 했습니다. 그러면 로트실트는 주머니의 금화를 꺼내어서 돌멩이를 쌌던 종이에 금화를 쌌습니다. 그러면 비서가 종이에 적힌 주소로 금화를 가져다주었다고 합니다.

돈을 버는 것 이상으로 중요한 일은 돈을 잘 쓰는 것입니다. 그런 수많은 적선으로 로트실트가는 이후로 250년간 세계 금융계를 지배할 수 있었습니다. 그들의 경영 수완이나 기술 같은 것은 제가 알 턱이 없습니다. 다만 저의 짧은 소견으로는 그들이 유대인이라고 손가락질을 받으면서도 그 오랜 시간에 걸쳐서 부를 유지할 수 있었던 비결은, 바로 그들의 아낌없는 그리고 끊임없이 계속되었던 적선 행위에 있었던 것이 아닐까 생각합니다.

적선은 죽어서는 하늘의 공적이 되지만
땅에서는 후손에게 돌아갑니다

걷기 좋은 가을입니다. 걸어 보세요. 시골길이나 산길이나 공원이 좋은데, 제가 왜 굳이 도심을 걷는지 이해하셨을 겁니다. 저는 여전히 자연보다도 사람이 좋습니다. 저의 관심사는 사람입니다. 특히 소외되고 힘없는 사람들입니다. 저는 걸으면서 배웁니다. 길은 저의 학교입니다. 저는 책에서 읽었던 것들을 길에서 확인하고 실천하려고 노력합니다. 제 방이 저의 도서관이라면, 길은 저의 실습실입니다.

우리가 천 원짜리나 만 원짜리 지폐를 주머니에 넣고 걷는다면, 우리의 길은 달라지지 않을까요? 개중에는 로트실트처럼 금화를 넣고 다닐 수 있는 분도 계실 것입니다. 형편에 맞게 넣고 다니면 되겠죠. 제 편지를 읽는 분이 500명쯤 됩니다. 저는 500명이 다들 천 원이나 만 원을 주머니에 넣고 걷는 그런 도시를 상상해 봅니다. 지난 학기 이탈리아 강의에서 나폴리의 카페나 피자집에서 손님들이 커피 값이나 피자 값을 치르고 왜 거스름돈을 받지 않는지 얘기했었지요? 나중에 커피 값이나 피자 값이 없는 사람들이 들어오면, 내쫓지 말고 그들에게도 커피나 피자를 대접하라는 뜻입니다.

그렇게 해서 도시가 움직이는 것입니다. 국가에서 하는 복지는 한계가 있습니다. 국가가 모든 이를 구제하지는 못합니다. 대신에 우리가 서로 돕는 세상은 정부가 만드는 사회보다도 더 온기가 있습니다. 더욱 정이 넘칩니다. 그런 사회를 꿈꾸어 봅니다.

    산책을 마치면 저는 종종 많이 산 채소를 혼자 다 먹을 수 없어서, 집으로 가기 전에 풍월당에 들러 나눠 주기도 합니다. 제가 복장이 너무 허술할 때에는 들어가지 않고 우리 직원 한 명을 밖으로 살짝 불러냅니다. 그가 들고 올라간 채소를 본 풍월당 식구들은 "산책이 아니라, 쇼핑을 다니시네"라며 놀립니다. 하지만 가장 보람찬 쇼핑이랍니다.
    날이 좋은 가을입니다. 거리가 당신을 부릅니다.

홑청의 추억
- 겨울의 문턱에서 생각나는 소중한 옛 문화

이번 목요일은 추수감사절입니다. 비록 기독교식의 서양 명절이지만, 코로나 시대에도 여전히 우리가 밥을 먹게 해 주심에 감사 드리고 싶습니다. 특히 세계적으로 고통 받고 있는 수많은 난민들을 보면 그렇습니다. 그리고 지난 2년간이나 강의를 하지 못했음에도 아직 밥을 먹고 있는 저와 풍월당을 돌아보면서, 여러분께도 감사 드립니다.

날이 추워지고 있습니다. 요즘에는 추우면 벽에 붙어 있는 보일러 계기판의 온도만 올리면 되지만, 과거 같으면 이불을 바꾸었던 기억이 있습니다. 추워지면 더 두꺼운 요와 좀 더 두꺼운 이불로 바꾸어 갔던 것이죠.

과거에는 추운 날에 비록 방의 공기가 차가워도 이불 속에

누웠을 때 두툼한 이불이 가슴을 눌러 주면 기분이 좋았습니다. 그건 대체 무슨 기분이었을까요? 그 적당히 무거운 무게와 두툼한 솜의 부피가 제 몸을 눌러 주면서 마음을 안정시키고, 저라는 존재를 어머니 품에, 어머니가 지키시는 우리 집에 고정시켜 주는 그런 기분이었을 겁니다. 돌이켜 보면 그것은 '안정'이라는 단어로 설명할 수 있습니다. 따뜻하고 깨끗한 잠자리만큼이나 아이들에게 중요한 것이 안정입니다.

보호 시설에서 청소년기를 보내는 아이들이나, 19세가 되어 보호시설에서 나와 공유가정 같은 데에서 생활하는 아이들에게 경제적인 문제만큼이나 중요한 것은 바로 안정감입니다. 그 아이들을 보면, 경제적으로 사정이 좋지 않은데도 자꾸만 놀려고 하고 낭비하는 것을 봅니다. 액세서리를 산다거나 상표가 붙은 신발을 산다거나 게임에 몰두한다거나 하는 것이죠. 그러면 그들이 철딱서니 없다는 생각이 들기도 하지만, 한편으로는 그 아이들도 인형이 필요하고 액세서리가 필요하다는 생각을 합니다.

그것은 낭비하는 것이 아니라, 안정을 희구하는 것입니다. 뭐든지 사 줄 수 있는 어머니, 뭐라도 사 달라고 조를 수 있는 아버지가 없는 것이 그들이 공허감을 느끼는 이유일 것입니다. 그래서 그 아이들은 더욱 갈구합니다. 그런 습관이 커서도 낭비벽으로 이어지는 사람이 있습니다. 돈으로라도 그런 공백을 메울 수 있다면 다행이지만, 돈으로 메우지 못하는 구멍이 있기 때문에 더 안됐다는 생각이 듭니다. 안정감을 돈으로라도 살 수 있다면 얼마나 좋을까요?

　두어 해 전에 우리 동네 하성이불에서 맞추었던 두툼한 솜이불을 꺼내어 보니 벌써 안쪽 홑청이 헤졌습니다. 어렸을 때 같으면, 홑청을 여러 개 해 놓고 어머니가 며칠이 멀다하고 바꾸어 주셨을 겁니다. 학교 갔다 오면, 방안 가득히 이불을 넓게 펴 놓고 어머니와 할머니가 커다란 바늘을 가지고 홑청을 꿰매곤 하셨습니다. 그러다가 이불 속에서 바늘을 잃어버려 찾느라고 요란을 떨었던 기억도 납니다.
　그러면 그날 저녁은 싫었습니다. 저는 새 홑청을 단 날이 끔찍이 싫었던 것입니다. 추운 저녁에 이불 속에 들어가면, 날도 추운데 빳빳하게 풀까지 먹인 새 홑청이 차가워서 싫었던 것이죠. 그래서 새 이불은 싫다고 하면서 어제까지 덮던 낡고 따뜻한 이불을 내어 달라고 떼를 썼습니다. 어머니는 조금 있으면 체온으로 따뜻해진다고 말씀하셨죠. 하는 수 없이 이불 속에서 몸을 웅그린 채 떨다가, 몸이 데워지는 것을 느낄 새도 없이 잠들곤 했습니다.
　그러니 새 솜이불을 맞추면 뭐합니까? 이불 홑청을 많이 만들어 놓고 수시로 갈아 끼우지 않으니, 이불만 낡고 떨어지는 것입니다. 아무리 좋은 이불을 맞추어도 다가 아닙니다. 홑청을 여러 장 만들어서 개켜 놓고 있다가 자주 갈아 끼워야만 하는데, 그러지 못하는 이건 뭐 천민 주제에 어설프게 양반 흉내나 내는 꼴입니다. 그래서 돈으로라도 '안정과 추억'을 사고 싶어서, 이불을 한 채 더 맞춰 볼까 하여, 하성이불을 찾았지만 맙소사 그 가게는 문을 닫고 사라져 버렸습니다. 요즘 주부들은 그런 이불은 구입하지 않나 봅니다. 홑청을 자주 갈기도 싫을 것입니다. 젊은 분들 중에는 홑청이 무엇인지 모르는 분도 계실 것입니다.

그도 그럴 것이 사라진 전통적인 이불집 옆으로 혀 꼬부라지는 이름의 이불집들이 생겼더군요. 쇼윈도에는 '유럽 어디산 오리털'이라고 써서 붙였습니다. 저는 세상에 오리털 이불이 가장 싫습니다. 이불이란 가슴을 딱 눌러 줘야지 무슨 가슴에 바람 들어갈 것처럼 구름 같은 이불을 덮어 봤는데, 아침에 일어나면 이불이 솜사탕처럼 굴러다녀서, 그거 저는 못쓰겠더군요. 그러다 어느 날 거리를 걷다가 하성이불이라는 간판을 보았습니다. 이불을 맞출까 하다가, 좀 더 생각을 해야지 하고 그냥 지나쳤습니다.

이불은 맞추지 않았는데, 그날 밤에 어머니 꿈을 꿨습니다. 집에 어머니가 보이지 않아서 이 방 저 방을 다 뒤졌지만, 보이지 않는 것입니다. 그러다가 부엌 내지는 부엌에 딸린 작은 방 같은 데를 열어 보니 그곳에 어머니가 쪼그리고 누워 계신 것이 아닙니까? 그런데 요도 없이 부엌 바닥 같은 데에 얇고 허술한 나일론 같은 홑이불 하나만 덮고 누워서 앓고 계셨습니다. 실제로 어머니는 그런 이불을 덮은 적이 없었는데요. 어머니는 아프다고 하셨습니다……. 제가 어렸을 때 어머니가 자주 아프셨는데, 그때의 모습들 중에서도 가장 안타까웠던 모습이었습니다. 늙고 작아진 어머니의 초라하고 아픈 모습만큼 슬픈 것이 있을까요? 아직 밖이 어두운데 저는 일어나서 좀 울었습니다…….

어렸을 적의 어머니를 추억하면 생각나는 것의 하나가 어머니의 서랍이었습니다. 우리만큼 옷장과 서랍이 많은 집이 있을까? 우리만큼 장롱과 서랍 속에 속옷과 홑청이 많은 집이 있을까? 하는 생각이 들었습니다. 어머니는 우리 가족의 많은 속옷을 빨고 삶고 개켜서 역시 장롱과 옷장에 일일이 넣어 두셨습니다. 내복이나 양말이 구멍이 나면 더 낡은 내복과 더 떨어진 양말을 가위로 일일이 잘라서 덜 떨어진 내복과 덜 구멍 난 양말의 뒤꿈치에 대어 주셨습니다. 그래서 저는 무릎이나 팔꿈치를 덧댄 내복을 입고 군색해서 짜증을 내곤 했습니다. 양말은 거의 다 뒤꿈치를 덧대어서 불편했고, 서랍 속에는 양말이 수백 켤레나 있었지만 그 많은 양말 중에 새것은 별로 없었습니다. 서랍마다 들어 있는 꿰맨 내복들, 팬티들, 양말들, 풀

먹이고 다려서 개켜 놓은 이불 홑청들, 베갯잇들, 저는 어디에 쓰는지 알 수도 없는 흰 천들, 수많은 흰 천과 색깔 있는 천들, 무늬 있는 천들…… 그리고 어머니의 많은 손수건들, 어머니가 '가재 수건'이라고 불렀던 거즈로 만든 수건들……. 어머니는 제 책가방에 손수건을 넣어 주실 때도 손수건을 다시 거즈 수건으로 싸서 묶은 뒤 넣어 주셨습니다……. 어머니는 왜 그렇게 많은 속옷과 홑청을 가지고 계셨을까 하는 생각을 했습니다.

  그러다가 괴테에 관한 책을 읽었습니다. 프랑크푸르트에 있는 괴테의 집에 가 보셨습니까? '프랑크푸르트' 강의에서 말한 것처럼, 볼 것도 많고 갈 데도 많은 프랑크푸르트에서 한국 관광객들이 꼭 가는 거의 유일한 장소가 괴테하우스입니다. 괴테를 읽지도 않고 괴테가 무엇인지도 모르는 사람들이 줄줄이 들어와서 괴테하우스를 구경합니다.

  실은 괴테하우스는 아주 중요합니다. 괴테를 읽은 사람들에게요. 그러니 괴테를 읽었던 독일 사람들에게 괴테하우스는 볼 것이 많은 장소입니다. 그의 사상과 예술이 어떤 환경에서 나왔는지 알 수 있기 때문입니다. 괴테하우스는 괴테가 태어나고 자란 곳입니다. 그러니 그의 아버지의 취향이 서린 곳입니다. 사실 괴테가 쓴 명작의 산실이자 그가 꾸민 괴테하우스는 바이마르에 있습니다. 그런데 프랑크푸르트의 괴테하우스가 인기가 좋은 이유는 사람들이 그의 성장환경을 알고 싶어 하기 때문입니다. 괴테하우스는 당시 독일 상류층 가정의 생활상을 볼 수 있는 대표적인 장소입니다.

괴테하우스에는 린넨실이 있습니다. 그곳의 많은 장롱 속에는 엄청나게 많은 시트들과 베갯잇들이 들어 있습니다. 시트를 빨고 나면 시트 여러 겹을 한꺼번에 포개서 누르는 압착기도 있습니다. 일종의 대형 다리미 같은 것입니다. 가정의 스케일을 보여 주는 물건이지요.

과거 유럽에서는 집에 천이 얼마나 많은가 하는 것이 부유함의 척도였습니다. 천을 깨끗하게 자주 빨고, 자주 바꿀 수 있는 것이 바로 위생이고 안전이고 안정이고 최고의 호사였던 것입니다. 어떤 이들은 그런 곳에 가서 화려한 가구나 사치스런 장식품만을 보지만, 독일인의 가치는 내실內實입니다. 그런 것은 아는 사람에게만 보이는 것이지요. 괴테하우스를 그린 글을 읽으면서, 우리 집은 부자가 아님에도 괴테에 못지않게 최선을 다해서 우리를 입혀 주시고 재워 주신 어머니가 떠올랐습니다. 그렇게 정성을 다하신 것이었구나 하는 생각이 들어서 다시 한 번 울컥했답니다.

유럽에서 가난한 사람의 상징은 무엇일까요? 그중의 하나가 매일 빨래를 한다는 점입니다. 옷이 한두 벌뿐이기 때문입니다. 그래서 나폴리나 제노바의 서민 구역에 가면, 창밖으로 빨래가 그렇게 널려 있는 것입니다. 또 빨아서 얼른 말려야 입고 외출할 수 있기 때문입니다.

물론 더 나쁜 것은 아예 옷을 갈아입지 않는 것입니다. 그러니 빨래가 잔뜩 걸린 집은 비록 가난하지만, 주부가 부지런하고 위생적이라는 뜻입니다. 그런 집은 여유는 없지만, 근면하고 애정이 넘치는 어머니가 계시는 집이며 사랑과 안정이 있는 가정입니다.

괴테의 집에 얼마나 시트가 많았는지, 그 집에서는 1년에 시트 빨래를 두 번밖에 하지 않았다고 합니다. 놀라운 일이죠? 그렇다고 시트를 갈지 않은 것이 아니니, 그 많은 방의 시트들을 매일 교환할 수 있을 정도의 시트가 집에 수백 장 아니 수천 장이 있었다는 얘기입니다. 그런 집에서 시트를 빨래하는 날은 우리로 치면 김장하는 날과 같았습니다. 수십 명의 하녀와 하인들이 총출동하고 외부의 손까지 빌려서, 집안을 관장하는 노할머니의 지휘 아래서 다 함께 시트를 세탁하는 것입니다. 상상해 보면 장관이었겠지요? 유럽에서는 빨래를 얼마나 적게 하고 천을 얼마나 많이 가지고 있는가 하는 것이 부의 척도의 하나이자 신분의 상징이었다고 합니다. 그래서 '천이 넉넉하다wenn man gut betucht ist'란 말이 바로 부유하다는 표현으로 쓰였다고 합니다.

여러분, 외국 여행을 하시면 어떤 호텔이 고급 호텔이라고 생각하십니까? 럭셔리한 인테리어를 한 곳일까요? 고급스런 침구를 늘어놓은 곳일까요? 아닙니다. 가장 좋은 고급 호텔이란 이른바 '베드체인지'를 자주 해 주는 곳입니다. 놀랍게도 우리나라의 고급 호텔 중에도 이 점을 모르는 곳이 적지 않습니다. 앞에서 '천이 넉넉하다'라는 말이 '부유하다'란 뜻이라고 했던 것이 여기서 그대로 적용되는 것입니다.

유럽의 고급 호텔은 잠시만 방을 비우고 돌아오면 수건이 바뀌어 있고, 한 번만 닦은 수건이 또 교환되어 있는 곳을 말합니다. 대체 잠시 나가는 것을 어떻게 아는지 놀라울 정도입니다. 저는 제가 정리한 것이 흐트러지는 게 싫어서, 종종 아무도 들어오지 말라고 합니다. 그런 분들이 적지 않으실 겁니다. 그런데 잠시 로비로 내려갈 때 깜빡 잊고서 '방해하지 마세요'라는 팻말을 걸어 놓지 않으면, 여지없이 방이 치워져 있습니다. 잠깐 쓴 수건이 또 바뀌어져 있으며, 침대가 또 가지런하게 정리되어 있고, 욕실의 용품들이 다시 가지런하게 정리되어 있고, 손 한 번만 씻은 세면대가 또 닦여 있는 곳이 있습니다. 저녁 무렵에 방에 들어가면 시트가 벗겨져 있고, 슬리퍼가 정리되어 있으며, 커튼도 쳐져 있고, 조명도 어둡게 조절해 놓은 곳들이 있습니다. 심지어 제가 가져간 잠옷까지 꺼내어 침대 위에다 개켜 놓은 곳도 있습니다. 귀찮을 정도입니다.

그런 곳이 고급입니다. 하루가 지나도 고객을 본 듯 만 듯하는 호텔은 아무리 크고 화려해도 고급이라고 하지 않습니다.

즉 '천'을 얼마나 자주 가는가 하는 것으로 고급이냐 아니냐가 결정되는 것입니다. 세탁을 빨리 해 주는 것도 호텔의 능력입니다. 다음 날 오후까지 기다리는 것은 유럽식이 아닙니다. 그래서 린넨실에는 무수히 많은 수건들과 시트들이 쌓여 있어야 합니다. 시트나 타월이 모자라면 일이 되지 않습니다. 며칠을 빨래를 하지 않아도 될 정도로 끝없이 쌓인 시트나 타월들……. 시트나 타월이 좀 낡았거나 하는 것은 중요하지 않습니다. 심지어는 시트에 작은 구멍이 났거나 타월의 올이 풀린 데도 있습니다. 그것은 바로 얼마나 자주 빨았으며, 얼마나 제대로 빨았는가 하는 좋은 증거이기도 합니다. 그들은 질 좋은 천을 구해서 수백 번 빨래를 함으로써 비록 낡았지만 깨끗한 것을 자부심으로 여기는 것입니다. 그것이 과거로부터 내려온 유럽의 문화입니다. 많은 시트와 타월들, 심지어 철마다 다른 색으로 갈아 끼우는 커튼과 소파 커버들…… 그런 것들은 고객에게 변치 않는 안정감을 줍니다.

식당도 마찬가지입니다. 항상 얼룩 하나 없는 하얀 천으로 식탁보를 씌워야 합니다. 손님은 거기에 무엇을 쏟아도 상관없습니다. 토마토소스를 잔뜩 쏟아도 됩니다. 시트는 밥값과 서비스에 포함되어 있습니다. 그래서 싸구려 식당은 천으로 된 식탁보가 없습니다. 빨래한 식탁보를 다리미질해서 빳빳하게 만들어 씌워 놓는 것이 좋은 식당의 상징입니다. 즉 좋은 식당에는 항상 린넨으로 만든 깨끗한 흰 냅킨이 다림질까지 되어 개켜져 있습니다. 그것은 그들의 위생과 원칙과 전통과 서비스의 상징입니다.

    그런데 간혹 어떤 손님은 그런 곳에서 종이냅킨을 달라고 합니다. 한 마디로 자신을 낮추는 꼴입니다. 맥도날드에만 다니던 사람이라는 뜻이기도 합니다. 그런 식당을 다니는 것이 나쁘다는 말이 아니라, 좋은 식당에 가고 싶다면 그 문화를 알고 따라야 한다는 것입니다. 굳이 따라야 하냐고 반문하시거나 그런 것이 싫으시다면, 그런 식당이나 호텔은 가지 않으면 됩니다. 거꾸로 생각해 봅시다. 외국인이 우리나라 음식을 먹고 싶다고 서울의 한식당에 왔다고 칩시다. 방에 신발을 벗고 들어가야 하는데, 굳이 그가 신발을 벗지 않겠다는 것과 비슷하다고 생각합니다. 한식이 먹고 싶다면서 포크를 달라는 것이나 비슷하지요. 그런 분은 의자가 있는 식당으로 옮겨야 하는 것이죠. 굳이 그 식당의 음식을 먹고 싶다면, 불편해도 신발을 벗고 책상다리를 배우고 젓가락질을 배우는 수밖에 없지 않겠습니까?

    이야기가 빗나갔습니다. 지금 우리는 걸레도 잘 빨지 않고, 종이행주나 종이걸레를 너무나 많이 쓰고 있습니다. 세상은 온통 일회용의 세계로, 찰나의 세상으로 바뀌고 있습니다. 하지만 그렇게 편리만을 추구하던 우리의 삶이 지구를 이렇게 병들게 만들지 않았습니까? 코로나의 창궐도 결국 그런 환경파괴의 연장선에서 생긴 것입니다. 아, 죄송합니다. 저는 이 편지에서 환경 문제를 말하려는 것은 아니었습니다.

거추장스럽고 불편해 보였던 우리의 전통에는 가족의 위생을 생각하던 조상의 사랑이 있었다는 말씀을 드리고 싶은 것입니다. 아무리 좋은 최신식 침구나 최신 유행의 옷이나 신발이라고 하여도, 새것에서는 안정을 느끼기 어려운 법입니다. 다 떨어진 옷이나 다 헤진 타월이나 낡은 인형을 굳이 손에서 놓지 않는 아이를 보셨는지요. 아이는 안정을 원하는 것입니다. 그것이 아이가 자신을 지키려는 본능입니다.

그러니 부모는 새것을 자꾸 사 주는 대신에 빨래를 자주 해 주어야 합니다. 그래야 아이의 육체적 위생과 정신적 위생이 모두 보호받게 되는 것입니다. 걸핏하면 새 장난감을 사 주는 엄마보다도 오래된 레고 블록을 전부 씻어 주는 엄마가 더 좋은 엄마입니다. 아이의 장난감을 빡빡 씻어 보셨습니까?…… 그래서 우리는 오래된 옷을 꺼내어 입는 것이고, 오래된 것이 소중하고 더욱 좋은 것입니다.

오늘은 빨래하고, 말리고, 다리고, 널고, 개키고 다시 바꿔 끼우는 우리 문화가 참으로 소중했다는 회고를 해 봤습니다. 일회용 문화가 확산되면서 우리 주변에서 그런 문화도 사라지고 있습니다. 일회용으로 우리가 조금 편리해지기는 했지만, 어머니의 손길을 느낄 수 있는 기회도 점차 사라지는 것이 아닌가, 세상에서 온기도 점점 사라지는 것이 아닌가, 하는 생각을 해 보는 초겨울 아침입니다.

날이 추워지자 어머니가 기워 주신 옷이 생각납니다. 제가 전공의를 하러 병원 숙소로 들어갈 때, 한 달 후에나 집에 올 저를 위해서 짐 속에 양말 30켤레를 넣어 주시던 어머니가 그립습니다. 새것은 하나도 없고 모두 제가 오래 신었던 양말 30켤레. 깨끗하게 빤 60짝 양말의 발목에 눈에 띄는 진노란 색실로 종호의 'ㅈ'자를 일일이 60번 수놓아 주신 어머니가 보고 싶습니다.

첫 추위를 맞아서 말이 길어졌습니다. 얘기하다 보니 어머니가 해 주시던 찹쌀과 다진 소고기를 넣은 파전과 맑은 뭇국도 먹고 싶은 날입니다.

지금도 어디선가
고통 받는 사람들
- 코로나의 그늘에서 더욱 힘든 사람들을 생각하며

얼마 전에 유심히 본 뉴스가 있습니다. 은혜의 강 교회에 관한 것입니다. 코로나 시기에도 불구하고 교회에서 예배를 강행하여 신도들에게 집단감염이 생겼다는 소식을 들으셨을 겁니다. 심지어 그들이 틀린 상식을 가지고 신도들의 입안에 소독제를 뿌려서 도리어 전염을 부추겼을 거라는 얘기도 들립니다.

국민들의 공분을 샀지요. 다들 그 목사에게 욕을 했습니다. 욕심 때문에 예배를 강행했다는 것이죠. 이후 그 목사는 안수도 하는 이상한 사람이라는 등...... 우리 사회에서 마녀사냥에 따라다니는 이런저런 비난들을 감수해야 했습니다.

목사는 이렇게 말했습니다. "한국 사회, 교회에 누를 끼쳐 죄송하다. 주일 낮 예배만 남긴 상태에서 행사를 줄여 가고 있었는데, 논란의 중심에 서게 되었다. 책임과 비난을 감수하겠다. 이래서 목회를 더 할 수 있겠느냐? 사태가 정리되면 (목사를) 그만둬야 한다고 생각한다……." 이어서 그는 이런 말을 덧붙였습니다. "대형 교회는 모르겠지만 우리같이 작은 교회, 목회자가 나이가 많은 곳은 유튜브 생중계를 할 인프라가 없다."

그날 오후 늦게 그의 말을 접하고 이상하게 눈물이 났습니다. 제가 목사 때문에 눈물을 흘린 일이 있었을까 하는 생각이 들 정도였습니다. 희한하게 목사의 한 마디 한 마디가 제게 다가왔습니다. 진정성이 느껴졌다고 할까요?

"온라인으로 예배를 해라"…… 정말 뭘 모르는 말이죠. 그 말에 저는 국가의 고위층뿐 아니라 대부분의 공무원들은 다들 대형 교회만 다니고 있나 보다 하는 생각이 들었습니다. 작은 교회는 좁아서 거리를 두고 앉을 수도 없고, 늙은 목사는 온라인이 뭔지 알 수도 없습니다. 그리고 그들은 정말 무식합니다. 얼마나 모르면 목사의 부인이 신도들의 입에 소독제를 뿌리겠습니까? 무식하지만 뭔가를 하기는 해야겠다고 생각한 것입니다. 가난하고 모르고, 정말 어찌해야 할 바를 몰랐을 겁니다. 그 교회에 다니던 신도들 중에 옳은 방법을 조언해 줄 수 있는 의사나 약사나 과학자, 아니 학사 출신의 신도가 한 명만 있었어도 목사에게 이렇게 하면 안 된다고 말하지 않았겠습니까? 그런 신도도 없었던 겁니다. 정말 알고 잘못을 하는 것보다 몰라서 하는 것이 더 무섭다는 사실을 뼈저리게 느꼈지요.

이런 교회가 우리 사회에 절반이 넘는다는 것입니다. 그 어두운 곳에 있는 작고 가난한 교회들이 가여워서 눈물이 났습니다. 천하에 죄인이 된 그 목사(그 부부도 확진되어 투병 중인 걸로 알고 있습니다)는 앞으로는 목사도 하지 않겠다고 하셨는데, 지금은 심정이 어떨까요? 그를 보고 떠오르는 책이 있었습니다.

이 일로 드디어 필립 로스$^{Philip\ Milton\ Roth,\ 1933~2018}$를 얘기하게 되는군요. 책을 많이 읽으시는 분들은 아실 텐데, 현대 미국에서 가장 인기 있고 중요하며 최고의 소설가로 손꼽히는 사람입니다. 노벨상 빼고는 모든 명예를 다 누린 사람입니다.

그런데 왜 여태 로스의 소설을 추천하지 않았냐고 물으신다면…… 대답하기가 조금 난감합니다. 로스의 소설은 상당히 재미있고 짜임새가 훌륭하며 문체도 뛰어납니다. 대부분의 사람들이 읽으면서 그의 넓게 보는 구성력과 섬세한 짜임새에 감탄을 금치 못하지요. 그러면서 읽는 재미도 있어서 대중적으로도 엄청난 성공을 거두었습니다. 그런 점에서 저는 로스를 읽으면 무라카미 하루키가 자주 떠오릅니다. 저는 로스를 '미국의 하루키'라고 부를 만하다고 생각합니다.

사실 하루키와 로스는 공통점이 많습니다. 첫째, 한 사람은 일본의, 다른 한 사람은 미국의 제2차 세계대전 이후 세대를 대표합니다. 둘 다 당시의 일본과 미국 사회를 배경으로 작품을 그려 내고 있습니다. 둘째로 두 사람 모두 초기에는 자기 이야기처럼 보이는 소년少年의 성장소절적인 내용을 주로 그렸습니다. 셋째로는 양쪽 모두 성적性的인 내용이 많습니다. 한마디로 야한 소설이라는 말입니다. 특히 로스 쪽은 더 노골적입니다. 제가 수업에 선정하기를 꺼렸던 큰 이유입니다. 넷째는 대중소설이라는 점입니다. 하루키는 일본에서, 로스는 미국에서 가장 인기 있고 가장 많이 팔리는 대중작가이기도 합니다. 그래서 많은 사람들이 예술성이 있는 문학소설이라기보다 통속소설로 여기는 경향도 있습니다. 다섯째로는 두 사람 모두 거의 매년 노벨상 후보로 거론되고 있다는 점입니다. 그러나 앞의 네 번째 이유, 즉 대중성 때문에 둘 다 노벨상을 받지 못했다는 말도 있습니다. 물론 로스는 죽었고, 하루키는 아직 살아 있습니다만······.

 이쯤이면 대략 로스에 대한 설명도 자연스럽게 된 것 같습니다. 거기에 하루키에는 없는 로스의 특징을 덧붙이자면, 첫째로 로스는 유대인입니다. 폴란드에서 미국으로 이민 온 유대계 후손으로, 그가 미국 사회에서 살아가는 유대인의 모습을 보여 주는 것도 특징입니다. 둘째로 로스 소설의 무대는 거의가 같은 장소입니다. 즉 미국 동부, 정확히는 뉴욕 근교의 뉴어크라는 소도시가 배경입니다.

이제 관심이 있으신 분은 로스의 소설을 골라서 읽어 보시기 바랍니다. 단, 앞서 말했듯이 노골적인 성적 표현에 부담이 없으셔야 합니다. 대신에 남성분들에게는 적극적으로 권해 드립니다. 사춘기를 지난 남자라면 공감할 만한 이야기가 많습니다. 특히 성적인 표현에 거부감이 없으신 분이라면 『울분Indignation』을 권합니다.

대신에 오늘 추천하는 소설 『네메시스Nemesis』는 성적인 표현이 거의 없는 해맑은 책입니다. 다른 소설들과는 스타일도 다릅니다. 재미있고 감동적이며 우리 마음을 움직입니다. 무엇보다도 요즘의 코로나 시대에 꼭 읽으셨으면 하는 책입니다. 전염병 문제를 이렇게 잘 다룬 책이 세상에 있을까 하는 생각입니다. 전염병에 관한 최고의 소설이며, 우리의 이야기이며, 소외된 자들에 관한 진실한 이야기입니다.

또한 덧붙이면 장애인에 관한 좋은 소설입니다. 우리 주변에서 장애를 가진 분들의 심정을 다시 한 번 생각하게 하는 책입니다. 이 책으로 우리 모두가 한 단계 더 성숙한 시민이 되기를 진심으로 바랍니다.

우리나라에서는 한국전쟁이 펼쳐지던 1950년대 미국 뉴어크의 어느 여름 방학입니다. 밖은 아주 뜨겁지만, 혈기왕성

한 아이들은 밖으로 나가서 뛰어놀아야 하죠. 이 책에 보면 미국에는 좋은 제도가 있는데, 바로 '놀이터 지도교사'라는 것입니다. 교육청에서 마을에 있는 놀이터에도 지도교사를 상주시켜서 방학 동안에 아이들이 놀 때에 안전을 책임지고 효율적인 체육교육이 되도록 지도하는 것이죠. 주인공인 캔터는 자부심이 넘치는 훌륭한 지도교사입니다. 여러 스포츠에 능한 만능 스포츠맨이지만, 그는 시력이 나빠 직업 운동선수는 되지 못하고 정규교사도 되지 못했습니다. 하지만 체육교사로서 자부심을 가지고 마을의 아이들을 성의를 다해서 돌봅니다. 개인적으로 아이들의 고민도 들어주고, 그날 너무 많이 논 아이들은 일사병을 걱정하여 집으로 돌려보내기도 합니다.

그러던 어느 여름에 이 지역에 폴리오가 돕니다. 소아마비죠. 원래 폴리오라고 불러야 하지만, 이 질병을 앓고 난 다음 팔다리에 후유증을 남기고 아이들에게 많이 발병해서 그것을 우리는 소아마비라고 불렀습니다. 소아마비가 창궐하여 많은 부모들이 걱정하고 있습니다. 그런데 이웃 이탈리아 이민자들이 사는 마을에는 폴리오 환자가 매일 나오지만, 잘살고 깨끗한 유대인 마을에는 환자가 없습니다. 그러던 어느 날, 이탈리아 마을의 불량배들이 놀이터에 와서 기웃거립니다. 캔터가 "왜 왔냐?"고 하니 그들은 "폴리오를 퍼뜨리려 왔다"고 말합니다. 부자동네에 와서 시비를 거는 것이지요. 그러면서 폴리오를 퍼뜨린답시고 길바닥에 침과 가래를 탁탁 뱉습니다. 캔터는 안 되겠다 싶어서 그들에게 다가가 언하게 대하며 그들을 내쫓죠. 그리고 그들이 침을 뱉은 바닥을 아이들과 함께 물청소를 합니다.

그날 이후로 마을에 폴리오가 돌기 시작합니다. 캔터가 가장 아끼던 아이가 폴리오의 첫 번째 희생자가 됩니다. 그리고 죽는 아이가 또 마을에서 나옵니다……. 캔터에게는 약혼녀 마샤가 있습니다. 마샤는 방학을 잠시라도 캔터와 보내고 싶어 하죠. 캔터는 여름방학이 다 끝나기 전에 휴가를 내고 마샤 가족들과 캠핑을 가서 함께 놉니다. 마샤의 두 여동생들도 캔터를 잘 따릅니다. 그런데 그곳에 폴리오가 발생합니다. 마샤의 여동생도 걸립니다. 점점 환자가 늘고 캠프장은 파장이 됩니다…….

캔터는 자신이 폴리오를 퍼뜨렸다고 생각합니다. 물론 알 수 없습니다. 누구도 모르는 일입니다. 확인할 수 없는 일입니다. 그리고 캔터가, 근육의 균형과 육체적 조화의 아름다움의 상징이었던 스포츠맨인 그가 폴리오에 걸립니다. 그는 스스로 마샤를 떠나고, 세상으로부터 자신을 격리시킵니다……. 그리고 사실 이야기는 지금부터입니다. 책은 280쪽 정도 되는데, 진짜는 200쪽부터입니다. 그때까지 참고 읽어야 합니다. 로스의 소설들이 거의 다 이런 식입니다. 마지막에 가서 교향곡 4

악장의 코다처럼 휘몰아치는 맛이 대단합니다. 그러니 지금까지 제가 한 이야기는 한 것도 아니랍니다. 그리고 또한 이것은 사랑의 이야기입니다.

'네메시스Nemesis'란 말은 그리스 어원을 가지며, 사전을 찾아보면 '정복할 수 없는 것, 도달할 수 없는 것', 그렇게 이길 수 없는 '강한 상대, 천벌, 응보' 등의 뜻이 있습니다. 이 이야기는 우리의 이야기입니다. 첫 번째 편지에 썼듯이, 전염병이란 바이러스가 퍼지는 것만이 아닙니다. 우리의 불안과 편견과 차별과 편협함이 퍼져 나가는 것입니다. 우리는 그간 살기 위해서 얼마나 남을 헐뜯고 할퀴고 사악함을 드러내 왔던가요?

겉으로만 착한 척, 잘난 척, 세상을 위하는 척 살았던 우리 인간의 사악함과 나약함이 모조리 드러나는 지금입니다. 결국 인간이 이것밖에 되지 않는 걸까요? 며칠 전 세계적인 역사학자인 유발 하라리Yuval Noah Harari가 이런 말을 했습니다.

> 지금 인류는 앞으로 서로 배려하면서 살 것인가
> 배척하면서 살 것인가 하는 기로에 서 있습니다

지금은 힘든 시기입니다. 하지만 동시에 우리가 사는 세상과 우리의 삶에 대해서 진정으로 많은 생각을 할 수 있는 기회입니다. 그런 한 주일 동안 안녕히 계십시오.

지하철 학교
- 지하철에서 만나는 고단한 이웃들의 희망

    지하철 학교라니, 도시철도공사에서 대안학교라도 만들었다는 말인가요? 그건 아닙니다. 지하철을 타고 다니면, 지하철이나 지하철역이나 연결통로에서 많은 것을 봅니다. 물론 저의 관심이 가장 많이 가는 것은 사람입니다. 하지만 언젠가부터 지하철의 안전벽에 적힌 시詩가 눈에 들어오기 시작했습니다.

    30여 년 전 처음 싱가포르에 갔을 때, 플랫폼에서 선로로 뛰어드는 사고를 방지하기 위해서 설치해 놓은 안전벽을 보고 놀란 적이 있었습니다. 자살을 하려는 사람의 마음과 그것을 막아 보려는 당국의 의지 사이에서 마음이 정리되지 않아 좀 혼란스러웠습니다. 당시 자살을 공부하던 저는 거금을 들여서 자살 시도를 막으려는 의도와, 거기에 들어갔을 투자와, 그런 작업의 타당성 등을 여러 각도에서 생각하게 되었습니다.

이제는 어느덧 경제력으로 세계 10위권에 들어간 우리나라 수도 서울의 거의 모든 지하철역 플랫폼에는 안전벽이 설치되었습니다. 물론 안전벽에 딸린 안전문(한때 스크린도어라고 보도했지만, 공식 명칭은 안전벽과 안전문이라고 합니다)을 수리하던 어린 기능공의 안타까운 사고가 세상에 오르내린 적이 있었습니다. 그런데 정작 사회는 그 안전벽을 왜 세웠을까 하는 생각은 잊은 것 같습니다.

그런 생각들을 하면서 안전벽 앞에 서서 열차를 기다리는 동안에, 그 안전벽에 붙여 놓은 시가 제 눈에 들어왔습니다. 처음에는 솔직히 조지훈, 정지용, 이육사 같은 위대하지만 너무 위대하기에 우리를 새삼 자극시키지 못하던 대가들의 소위 명시들만 보일 뿐이었습니다.

그러다가 언젠가부터 그런 명시들 사이에 지하철을 타고 다니는 시민들, 아니 서민들의 시가 붙기 시작했습니다. 지하철 회사에서 시민들에게 공모를 하기 시작한 것입니다. 물론 처음에는 유치한 시들이 많았습니다. 보는 사람들은 어린 시절 교실 뒷벽의 문예란 같은 데에 붙었던, 글짓기를 연상했을 것입니다. 그리고 물론 지금도 여전히 유치하거나 손이 오글거리는 시들도 없지는 않습니다.

하지만 점점 시절이 지나고 세월이 변하면서, 지하철을 이용하는 사람들의 의식도 발전하고 공부를 한 사람들도 많아졌는지 아니면 공모하는 사람의 수준이 높아진 것인지, 여하튼 지하철의 시들도 진화를 거듭했습니다.

　이제 저는 열차를 기다리면서 시를 읽습니다. 열차가 한참 오지 않거나 기다리는 승객이 별로 없을 때에는 긴 플랫폼을 운동 삼아 끝에서 끝까지 왔다 갔다 걸으면서 시를 읽습니다. 열차가 도착하면 제 눈앞에서 벽이 갈라집니다. 그러면 바로 올라타는 것이죠. 찾아 읽는 재미도 있고, 생활 속에서 쓴 그들의 순박한 시들이 종종 저의 가슴을 울립니다. 그것을 통해서 서민들의 고단한 삶을 엿봅니다. 그래서 저는 지하철역을 학교라고 부릅니다. 제 하루의 걷기는 종종 지하철역에서 아름다운 한 수의 시를 읽는 것으로 시작하게 됩니다.
　그동안 제 휴대전화에 담아 두고 때때로 꺼내어 읽던 지하철 시를 몇 수만 소개할까 합니다. 오늘 소개하는 시는 세 편인데, 두 수는 어머니를, 한 수는 아버지를 생각하는 시입니다. 모두가 지하철 시민 시 공모에서 뽑힌 무명시인들의 작품입니다.

어느 귀갓길 - 강순국

주말 한나절 공사장에서 번 돈으로
신당동 중앙시장 은갈치 몇 토막 담아
아내가 기다리는 집으로 간다
얼큰한 갈칫국에 막걸리 몇 잔 마시고
못난 남편 만나 고생 많제
손이라도 슬쩍 잡으면
이 양반이 더위 먹었나
눈을 흘길거나 괜히 설렐거나
흐뭇한 마음으로 횡단보도 건너는데
차비가 없어서 집에 못 가요
밭고랑 같은 할머니 메마른 눈빛
호박 몇 개 머리에 이고 5일장 가서
삼천 원 벌었다는 늙은 모친 떠올라
지폐 몇 장, 갈치 담은 봉지 쥐어 주고
빈손으로 가는 길에 비가 내린다

아버지의 도장 - 주영국

무너진 집터에서 찾아낸
아버지의 인감도장
빚보증 잘못 섰다 날아간
큰 밭을 오래도록 바라보다
인주를 묻혀 도장을 찍어 본다

발자국이든 무엇이든
우리는 찍으며 한 생을 살아가는데,
돌아보지 못하고 멈추는 날이
찍는 일 끝내는 날이다

목포의 어느 도장집에서
길인으로 새겼다는 검은색 뿔도장
주인은 간 지 오래여도
이름 석 자 생피처럼 붉다

엄마 - 이관복

내가 돈 벌 땐
남한테 상처 주지 않을까
걱정하고

내가 돈 떨어졌을 땐
남한테 상처받지 않을까
걱정한다

마지막 시는 단 한 문장입니다. 어머님이 자식을 생각하는 마음을 한 문장으로 참 잘 표현했죠? 저는 이 시를 읽고서야, 늙으신 어머니가 장성한 저를 얼마나 걱정했을까 하는 생각을 했습니다.

한때 아들이 돈 좀 번다고 우쭐대고, 바쁜 척하며 돌아다니고, 저녁에도 늦게 들어오고, 마음 내키는 대로 살 때에, 늙으신 어머니는 작은 방에서 그런 저를 걱정하셨을 것입니다. 그때는 정말 남들에게 상처를 주고 살았구나 하는 생각도 해봅니다. 제가 늦게 귀가할 때면 방의 미닫이문을 조금 열고 문을 붙잡고 서서 빼꼼히 저를 쳐다보시며 미소로 맞이해 주시던 어머니가 참으로 그립습니다.

지하철은 저의 학교입니다. 제가 미처 생각하지 못한 세상과 사람들을 이해하게 해 주는 학교입니다. 오늘도 지하철 학교로 갑니다. 오늘은 어떤 시와 어떤 선생님을 만날지 기대하며 말입니다.

소유적인 삶과 존재적인 삶
- 서울이라는 도시를 걸으며 부동산에 초연하는 법

　　서울을 걷다 보면, 마음이 불편한 점이 있습니다. 수십억씩 한다는 고급 아파트들이 늘어서 있지요. 그런 아파트를 보며 괴리감을 느끼지 않고 걷는다면 거짓말일 것입니다. 저도 종종 한숨이 나옵니다. 제 마음의 흔들림을 어떻게 극복할까 하는 생각을 합니다.

　　그런데 며칠 전에 조계종 종정이 되신 통도사 성파 스님의 인터뷰가 신문에 났습니다. 제가 요즘 생각하고 있는 것과 같은 화두라서 깜짝 놀랐습니다. 스님의 말씀은 이러합니다.

　　강남 아파트가 아무리 크다고 해도 몇 평이나 되나? 자연을 봐라. 자연은 임자가 없다. 달도 임자가 없다. 그러니 내 달이라고 하면 내 달이다. 강 위에 부는 바람과 산 위의 밝은 달은 내가 아무리 취해도 금지할 사람이 없다. 나는 그걸 즐긴다. 그렇게 나는 무진 보배 속에서 살아간다…….

맞는 말입니다. 우리는 끝없이 소유하려고 합니다. 하지만 소유의 끝은 무엇인가요? 아파트를 사면 끝도 없이 더 좋은 아파트와 더 넓은 집이 눈에 보입니다. 자동차를 사기 시작하면, 더 좋은 자동차와 새로운 모델이 끝없이 나옵니다. 훌륭한 사람은 가장 좋은 차를 타는 사람이 아닙니다. 적당한 수준에서 멈출 줄 아는 사람입니다. 집도 차도 옷도 그러합니다.

진정한 소유란 돈으로 살 수 있는 것을 사는 것이 아닙니다. 돈으로 살 수 없는 것을 사는 사람이 바로 가장 큰 부자이며 훌륭한 사람입니다. 성파 스님의 말씀과 같습니다. 우리의 일생은 짧습니다. 인간은 보잘것없고, 지구는 광대하며, 자연은 위대합니다.

아무리 좋은 정원을 가지고 있어도 창경궁만이야 하겠습니까? 저는 돈도 없지만, 이제 더 이상 집을 꿈꾸지 않습니다. 대신 요즘에 저는 궁전을 즐깁니다. 특히 종묘와 창경궁을 좋아합니다. 코로나 때문에 궁궐들이 텅텅 비었습니다. 궁궐을 사려면 엄청난 돈이 들겠지만, 궁궐을 거닐면 그것이 내 것입니다. 대궐이나 별장을 산 사람이라도 정작 1년에 몇 번도 즐길 수 없습니다. 그런데 왜 그것을 살까요? 아마 자랑하고 싶은 얄팍한 욕심 때문일 것입니다. 자랑만 하지 않는다면, 좋은 집도 좋은 차도 좋은 옷도 굳이 살 필요가 없는 경우가 많습니다.

지금 종묘에 가 보세요. 그 아름답고 오래된 정원이 모두 나의 것입니다. 사람? 없습니다. 입장료? 천 원입니다. 게다가 정원을 관리해 주는 최고의 정원사들이 수십 명이요, 아침부터 바닥을 깨끗하게 빗질해 놓는 성실한 청소부가 수십 명입니다. 종묘는 나의 것입니다. 비원도 나의 것입니다. 서울의 모든 궁궐과 정원은 다 나의 것입니다. 이것이 가장 큰 소유라는 것을 깨달았습니다. 피천득 선생은 수필집 『인연』에서 이렇게 말했습니다.

> 미美는 그 진가를 감상하는 사람이 소유한다. 비원뿐이랴. 유럽의 어느 작은 도시, 분수가 있는 광장, 비둘기들, 무슨 애비뉴라는 고운 이름이 붙은 길, 꽃에 파묻힌 집들, 그것들은 내가 바라보고 있는 순간 다 나의 것이 된다. 그리고 지금 내 마음 한구석에 간직한 나의 소유물이다.
> 주인이 1년에 한 번 오거나 하는 별장은 그 고요함을 별장지기가 향유하고, 꾀꼬리 우는 푸른 숲은 산지기 영감만이 즐기기도 한다. 내가 어쩌다 능참봉陵參奉(능을 관리하던 하급관리)을 부러워하는 것은 이런 연유에서 오는 것이다.

꾀꼬리 우는 오월이 아니더라도 아침부터 비가 오는 날이면 나는 우산을 받고 비원에 가겠다. 눈이 오는 아침에도 가겠다. 비원은 정말 나의 비원이 될 것이다.

그야말로 "오, 솔레 미오"입니다. 좋은 집이나 비싼 물건을 사려고 하지 않고, 매일 저 하늘의 태양을 즐기고 보는 사람만이 그것을 "나의 태양"이라고 말할 수 있습니다. 그럼에도 태양에 등기권리증이 있어야만 나의 태양이라고 말하는 사람은 꽉 막힌 사람입니다. 그런 사람은 소유만 쫓다가 삶을 즐기지 못합니다. 이탈리아 사람들이 부르는 "오, 솔레 미오" 뒤에는 세속의 욕심을 버린 천진하고 낙관적인 그들의 철학이 있습니다.

"거리에는 주인이 없다"는 말이 있습니다. 마찬가지로 서울의 많은 궁궐과 공원과 거리는 내 것이라고 생각하고 말하고 누리는 사람의 소유입니다. 그래서 그렇게 생각하는 사람은 더 이상 궁핍하지 않습니다. 마음은 억만장자 이상으로 여유롭고 행복합니다.

풍요롭게 존재한다는 것은 삶에서 돈을 추구하는 것보다도 더 중요한 것입니다. 인간의 삶은 무엇을 소유하는 것으로 만족해 가는 것이 아니라, 자신의 능력을 사용하여 세상과 자신이 하나가 되는 실존적인 양식을 찾는 데에 있습니다. 에리히 프롬이 쓴 유명한 책 『소유냐 존재냐』에서 얘기하는 것이 바로 이것입니다.

> 우리는 많이 소유하는 것을 삶의 목표로 삼는 것이
> 아니라 풍요롭게 존재하는 것을 목표로 해서
> 살아야 합니다

소유적인 사람은 내가 무엇을 갖고 있느냐 하는 것으로 자신을 규정합니다. 자신의 존재가 없기 때문입니다. 자신이 어떤 사람이라는 것을 자신으로서는 규정하지 못합니다. 대신에 좋은 아파트를 가진, 고급 자동차를 가진, 명품 시계를 찬, 브랜드 옷을 입은 자신을 보여 줍니다. 그것이 자신이라고 착각합니다. 그래서 그런 사람은 상표를 포기하지 못합니다. 실은 그는 상품의 소유자가 아니라 상표가 그를 소유한 것이며, 그는 다만 상표의 노예인데 말이죠. 그런 사람은 남도 소유한 것으로써 판단합니다. 그래서 판단을 자주 그르칩니다.

더 큰 문제는 소유적인 사람은 인간관계에서도 소유를 찾는다는 것입니다. 부부관계나 자녀문제에서도 소유적인 방식으로 대합니다. 누구든 그 대상을 항상 소유할 수도, 영원히 소유할 수도 없다는 것을 깨닫는 것이 중요합니다. 재산은 말할 것도 없고, 배우자도 연인도 소유할 수 없습니다. 그리고 본인이 그를 소유한다고 생각하지만, 그가 나를 소유하고 있는 경우가 더 많습니다. 그는 집의 노예고, 자동차의 노예고, 옷의 노예입니다.

그렇게 소유에 집착하고 소유에서 벗어나지 못하는 사람의 다음 목표는 무엇일까요? 바로 명예와 권력입니다. 자본주의 사회에서는 아무리 소유해도 만족하지 못합니다. 그래서 더 많이 소유하려는 욕심은 명예나 권력을 지향하게 됩니다. 권력에는 돈도 따르고 다른 사람을 조종할 수 있으니, 남도 소유하고 싶어집니다. 그래서 소유의 욕심은 권력으로 이동해 갑니다. 권력자들이 자주 판단을 그르치는 이유를 여기서 알 수 있습니다. 애당초 그들은 존재적인 인물이 아니었던 것입니다. 소유를 쫓다가 권력으로 이동한 사람들입니다. 그 위에 국민과 국가를 위한다는 미명微明을 덧쐬웠을 뿐입니다. 그렇게 존재적인 사람들은 정치판을 외면하고, 소유적인 사람들만 정치판을 기웃거리니, 정치가 이런 모양인 것입니다.

소유적인 사람은 미망迷妄의 상태에서 살아갑니다. 사전에 미망이란, "사리에 어두워 실제로는 없는 것을 있는 것으로 생각하고 갈피를 잡지 못한 채로 헤맴"이라고 규정되어 있네요. 소비하고 소유하는 것이 미망의 결과이며 그것이 미망의 세계입니다. 우리는 지금도 미망에서 헤맵니다.

우리가 미망을 깨뜨리고 착각에서 벗어나는 길은 존재적인 삶을 사는 것입니다. 그러면 비록 소유를 하지 않아도 인생에 여유가 생기고 세상을 넓게 바라보며, 본질에 접근하여 존재적인 사람이 됩니다. 그 해답은 공부입니다. 세상에 가장 많은 공부가 필요한 것이 이 부분이라고 생각합니다. 법정스님이 그냥 '무소유'라고 한 것이 아닙니다. 그 단어에는 이렇게 많은 의미가 들어있습니다.

그것은 예술에도 해당됩니다. 미술작품을 소유하는 것이 미술이 아닙니다. 그림을 이해하고 즐기는 것이 진정한 자기 것입니다. 음악도 듣는 사람의 소유입니다. 세상에 음악의 주인은 없습니다. 듣는 자가 주인이요, 듣지 않는 사람은 음악의 주인이 아닙니다. 주변에 클래식을 더 많이 안다고 으스대는 사람이 있지요? 그들 앞에서 주눅이 들기도 하지요? 그러나 그들은 클래식의 주인이 아닙니다. 여러분이 북한산에서 등산을 즐기려는데, 어떤 사람이 다가와서 "내가 이 산에 30년째 다녔는데"라고 들먹거리며 북한산이 자기 것이라고 주장할 수 있나요? 그것과 마찬가지입니다.

클래식을 처음 듣거나 클래식을 잘 모르거나 그런 것은 아무런 상관이 없습니다. 지금 듣고 즐기면 당신의 것입니다. 베토벤의 〈운명〉 교향곡을 들으며 감탄한다면, 그 순간에 그 곡은 당신 것입니다. 음반을 가진 사람이 그 음악의 주인도 아니고, 그 음악을 잘 아는 사람이 그 음악의 주인도 아닙니다. 음악은 오직 듣는 사람의 것입니다.

음악이야말로 소유하지 않는 즐거움을 알려 줍니다

김형석 교수도 그의 글에서 인간의 발전 단계를 처음에는 '소유', 다음에는 '나눔'이라고 말합니다. 진정 성공한 삶은 '가진 삶'이 아니라 '나누어 주는 삶'입니다. 존재의 의식이 소유의 의식을 앞설 때, 비로소 그의 삶은 성공한 삶이라고 말할 수 있다고 합니다.

소유적인 인간은 모으는 재미로 살아가지만, 존재적인 인간은 베푸는 재미로 살아갑니다. 그런 모습은 태도와 얼굴에서 표가 납니다. 아등바등 소유하려고 하지 않고, 소유를 자랑하려고 하지 않는 여유 넘치는 모습은, 다음 단계에서 자연스럽게 베푸는 삶으로 이어집니다. 그렇다면 베풂의 다음 단계는 무엇일까요?

이승에서는 존경이 따라올 것이고
저승에서는 천국이 따라올 것입니다

어떤 종교든 간에 그렇습니다. 저는 믿어 의심치 않습니다. 하지만 존경이나 천국 이전에, 존재적인 삶은 자신의 마음을 풍요롭게 하고 자신의 내면에 평화를 가져옵니다.

제가 큰 스님도 아니니, 저도 완전히 존재적인 사람은 되지 못합니다. 하지만 "서울숲이 나의 숲이고, 한강은 나의 강이다"라는 심정으로 걷습니다. 정말 서울이 저의 도시가 되어가기를 바랍니다. 아직은 좀 슬프고 좀 부럽기도 하지만, 언젠가는 그렇게 될 것입니다.

구세군 냄비와 할머니
- 우리의 공동체에 대한 우정과 의리

　연말이라 거리를 걷다 보면, 구세군의 빨간 냄비가 보입니다. 그런데 종을 든 사람만 쓸쓸하게 종을 흔들 뿐, 거기에 무엇을 넣는 사람을 보지는 못했습니다. 그건 저도 마찬가지입니다.
　어제 아침에 지하철을 향해서 바삐 걷다가 저만치 구세군 냄비를 보았지만, 추워서 코트에서 손을 빼지 못하고 걷던 관성으로 그냥 지하철역으로 들어가 버렸습니다. 가면서도 내내 검은 코트를 입고 종을 흔들던 그 남자가 눈에 밟혔지만, 걷는 방향을 바꾸지도 걸음을 멈추지도 못했습니다.
　그런데 지하철에 올라탔더니 아주 조그맣게 늙어 버린 할머니가 껌을 파는 것이 아닙니까? 할머니가 저를 보고는 껌 한 통에 천 원이라고 말합니다. 요즘은 지하철에서 장사나 구걸이 금지되어 있어서, 차내에서 행상이나 걸인을 보기가 어렵습니다. 그 할머니는 그런 것도 모르고 들어오셨으니, 진짜 아마추어인 것입니다. 고개를 숙여서 할머니의 얼굴을 보니 정말 맑고 깨끗합니다. 제 지갑을 열었는데, 하필 만 원짜리 한 장도 천 원짜리도 한 장도 없이 다 떨어지고, 5만 원권만 있는 것이 아닙니까? 그래서 저는 솔직히 아까운 기분으로 하는 수 없이 5만 원짜리 지폐를 할머니 손에 쥐여 주었습니다. 그런데 할머니는 5만 원짜리인 줄 제대로 확인도 하지 않으시고, 저에게 껌 상자를 내밀면서 아무거나 가지라고 하십니다. 저는 자일리톨껌 두 통을 잡았습니다. 그러면서도 할머니가 5만 원권인 줄 모르는 것 같아 내심 섭섭했습니다.

그런데 집으로 돌아오면서 이런 생각이 들었습니다. 구세군 냄비에 돈을 넣지 않은 제 마음의 빚을 덜어 주려고, 천사가 뒤따라서 지하철까지 내려와 저에게 수금하러 온 것이 아닌가 하고 말입니다. 그렇게 생각하니 할머니에게 고마운 생각이 들었습니다. 그제야 마음이 가벼워졌습니다.

옛날에 병원을 할 때에 12월의 마지막 봉급날이 되면, 병원의 후배 의사들을 구세군 냄비 앞에 데리고 가서 큰돈을 넣으라고 반은 농으로 반은 억지로 강요한 적이 있었습니다. 그들은 저를 이상하거나 야속하게 생각했을지 모르지만, 당시 제 눈에 열정만 넘치고 어려 보였던 그들에게 1년에 백만 원을 넣는다고 해서 살아가는 데에 지장이 없다는 것을 보여 주려고 했던 것입니다. 코로나 사태 전까지는 풍월당에서도 연말회식을 하기 직전에 구세군 냄비 앞으로 가서 직원들에게 각자 성의껏 넣으라고 했었습니다. 회식 장소를 정할 때에도 구세군 냄비가 있는 장소를 먼저 검색해서 그 부근으로 결정하곤 했습니다. 물론 회식 때는 그들에게 제가 준비한 봉투를 다시 주었지만 말입니다.

그렇게 해서 직원들에게 습관이 들게 해 주려고 했던 것입니다. 어떤 분들은 구세군은 돈이 많다는 둥, 구세군에서 그들이 쓰는 경비가 더 많을 것이라는 둥 이야기를 합니다. 저도 압니다. 제가 잘 압니다. 그럼에도 구세군 냄비에 돈을 넣는다는 것은 무슨 의미일까요? 가난한 이웃을 도와야 한다는 뜻일까요? 아닙니다.

물론 이웃을 도와야 합니다. 하지만 그 이전에 그런 행위는 나 자신을 위한 것입니다. 1년 동안 나만을 위해서 많은 낭비를 하고 지구에게 많은 잘못을 저지른 나를 새삼스럽게 뒤돌아보고, 아직도 선한 면을 가지고 있는 자신의 정체성을 행동으로 선언하는 행위입니다.

나의 생활이 그렇게까지는 일탈하지 않고

나는 이 공동체에 선의를 가지고 살아왔고

공동체의 요구에 응했으며

구성원을 돕고자 했다는 내 자세의 표현이다

더불어 내가 구렁텅이에 빠졌을 때에

공동체의 구성원들이

나를 지켜 줄 것이라는 그들의 우정과 의리에 대한

나의 희망의 표시다

우리는 함께 살아가는 세상에서 삽니다. 환경파괴 속에서도 아직 지구는 멸망하지 않았고, 코로나 위기 속에서도 인류는 여전히 살아가고 있으며, 세상이 어지럽고 혼탁해도 선의를 가진 사람들은 도처에 많습니다.

연말입니다. 여러분의 공동체에 대한 희망을 보여 주세요. 빨간 냄비가 보이면 기꺼이 차를 세우고 내려서 만 원이라도 넣어주세요. 그 돈 만 원의 가치가 아니라, 자동차를 세우고 일부러 내려서 냄비에 돈을 넣는 여러분의 행동이 주변의 행인들을 감동시키고 각박한 세상에 희망을 안겨 줄 수 있는 것입니다. 빨간 냄비가 보일 때마다 만 원씩 넣는다고 해도 내년 여러분의 생활에 아무런 지장이 없을 것입니다. 아니 내년을 더욱 당당하고 힘을 내어 시작하실 수 있을 겁니다.

물론 디지털 구세군 냄비도 있습니다. 인터넷에 '디지털 구세군 냄비'라고 치면 바로 앉아서 기부할 수도 있습니다. 그 외에도 여러 가지 기부 사이트가 있습니다. 그것들도 좋습니다. 그러나 빨간 냄비를 직접 눈으로 보고 손을 호호 불면서 돈을 넣는 것도 연말의 기분 아닐까요?

저는 여러분을 믿습니다. 우리가 열심히 공부해 온 진정한 이유입니다. 제가 매주 편지를 써 온 까닭입니다. 이렇게 쓸쓸한 연말일수록 우리 마음에 남아 있는 선한 영향력을 발산할 때입니다. 마지막으로 신흠의 시구를 여러분께 들려드립니다.

> 오동은 천년을 늙어도 항상 음악을 간직하고,
> 桐千年老恒藏曲
> 매화는 일생 동안 추위도 향기를 팔지 않는다
> 梅一生寒不賣香
> 달은 천 번을 이지러져도 본바탕은 변함이 없고,
> 月到千虧餘本質
> 버들가지는 백번을 꺾여도 새 가지를 낸다
> 柳經百別又新枝

연말 잘 보내시고, 새해 복 많이 받으십시오. 기독교인들에게는 "메리 크리스마스"이며, 다른 종교를 가진 분들에게는 "해피 홀리데이"를 전해 드립니다. 내년 봄에 뵙겠습니다. 감사합니다. 두 번째 코로나의 해를 보내면서.

택시운전사
- 택시에서 배우는 세상의 이야기

「택시운전사」라는 영화가 있습니다. 송강호 씨가 나왔던 영화죠. 미국에도 「택시 드라이버」라는 영화가 있었지요. 로버트 드 니로가 주역을 맡아 유명했던 영화죠. '택시운전사'라고 쓰고 보니, 같은 이름의 영화가 떠올랐습니다. 하지만 오늘은 영화 이야기를 하려는 것은 아닙니다. 오늘은 우리와 같은 서울 하늘 아래에서 운전하며 살아가는 진짜 택시운전사 이야기를 하려 합니다.

저는 주로 지하철을 타지만, 최근에 병원을 다니기 위해서 몇 번 택시를 탔습니다. 오랜만에 택시를 타니, 택시운전사들이 다르게 보이기 시작했습니다.

요즘 택시를 타 보셨습니까? 코로나 이전과 비교하면 많이 달라졌습니다. 나름대로 우리나라 택시, 아니 서울 택시가 달라진 점을 정리해 봅니다.

첫째, 확실히 이전보다도 깨끗해졌습니다. 과거에는 청소도 하지 않고, 기사들의 복장도 엉망인 경우가 많았는데, 요즘은 대부분의 택시가 청결합니다. 담배냄새가 나는 택시도 거의 없습니다(이건 제가 마스크를 쓰기 때문일까요?). 둘째, 차량이 좋아졌습니다. 이런 정도라면 이제는 유럽의 어지간한 도시의 택시들보다도 차가 크고 넓습니다. 그리고 확실히 새 차가 많습니다. 셋째, 기사들이 점잖아졌습니다. 쫄티에 금목걸이를 하고 거들먹거리거나, 가요를 크게 트는 기사들은 사라졌습니다. 그것은 기사들의 나이가 들었기 때문이기도 합니다. 지금 기사들은 거의가 60~70대입니다. 젊은 기사들은 완전히 사라졌습니다. 과거 일본에 가면 기사들이 노인들만 있어서 놀랐던 기억이 있지요. 당시 일본의 전철을 밟고 있는 것 같습니다. 그러고 보면 세 가지가 모두 과거의 일본을 따라가는 양상입니다. 좋은 점도 있지만, 그 속에는 우리 사회의 어두운 면도 있습니다. 최근에 만난 택시운전사들의 이야기를 들려 드립니다.

1.
택시를 탔습니다. 역시 나이가 지긋하십니다. "요즘 젊은 사람들은 모두 택배로 가서 보이지 않는 거지요?" "그렇습니다. 이거 종일 운전해도 보통 한 달에 100만 원대 받아 갑니다. 200만 원도 벌기 어렵습니다. 그러니 어떤 젊은 사람이 이것 하겠어요? 나이든 사람은 콜을 받을 줄도 모르고, 집집으로 찾아다니기도 힘들고, 물건을 들 수도 없어요. 그러니 나이든 사람만 남기고 모두 택배로 퀵서비스로 떠난 것입니다." "100만 원대요? 사실입니까?"

"그럼요. 요즘 택시 타는 사람이 없습니다. 온통 자가용이 잖아요. 코로나 때문에 술 마시는 사람도 없고 관광객도 없으니, 기사가 다 떠났습니다. 택시 회사들의 차들 중에서 최소 30퍼센트, 많은 데에는 50퍼센트 정도의 차들이 차고에 서 있습니다. 운전할 사람이 없어서요. 그러면 결국 차도 다 망가지지요." "그런데 정작 저녁에 집에 가려면 택시가 없다는데요." "기사가 없어서 그래요. 택시는 2교대잖아요. 오후 4시가 교대 시간입니다. 나이 든 기사들은 새벽 4시에 나와서 오후 4시까지 합니다. 누가 밤 근무를 하려고 하겠어요? 그러니 저녁시간에 나올 택시는 더욱 없는 것이에요. 저도 4시에 근무를 시작하려면 3시에 일어나야 하는데요. 그런데 수입이 이것밖에 안 됩니다……."

2.

택시를 타고 가는데, 클래식 음악이 흘러나옵니다. "라디오인가요? 클래식이네요." "93.1입니다." "클래식을 좋아하시나 봐요. 저도 괜찮으니, 좀 크게 트셔도 좋습니다." "그냥 틀어 놓는 거죠. 이 차는 카카오 택시인데, 카카오 회사에서 기본적으로 93.1에 맞춰 놓도록 지시하고 있어요." "그거 좋네요."

제가 세상에서 싫어하는 회사가 카카오입니다. 인간의 정신성을 전산망으로 확보해서 결국 알고리즘으로 인간의 취향과 사고를 통제하고, 결국에는 그것으로 막대한 부를 축적하는 무서운 회사죠. 그래서 저는 택시 잡을 때에 불편하고 불이익도 당하지만, 그래도 카카오는 하지 않습니다. 저는 카카오에 계정도 없습니다. 마지못해서 굴복할 때까지는 하지 않을 것입니다. 그런데 그런 회사가 클래식 방송에 주파수를 맞추라고 한답니다.

잠시 카카오가 기특해졌지만, 이내 흔들리는 제 마음을 다잡았습니다. 그렇다고 기사가 클래식을 듣는 것은 아니니까요. 그러면 클래식이 보급될까요? "그러면 클래식에 귀를 좀 기울게 되나요?" "천만에요. 모든 신경은 콜을 받는 데에만 집중하지요. 집중하려면 시끄러운 것보다는 클래식이 낫죠. 음악에 귀를 기울이는 기사는 아무도 없을 걸요……."

3.

제가 다니는 한 병원은 두 번이나 지하철을 갈아타야 하고 역에서도 한참 걸어야 하니, 택시를 탑니다. 아침에 병원에 가는 일은 왜 항상 늦어질까요?

병원 이름을 대니, 70대인 기사 자신도 병원에 다닌다는 얘기를 합니다. 하필이면 그분도 비뇨기과랍니다. 모든 남성들은 나이가 들면 전립선에 대한 이야기를 나누나 봅니다. 결국 제가 오지랖 넓게 한 마디 합니다. "그러니까 전립선이 커진다는 것은 자연스러운 노화현상이에요. 머리가 희어지는 것과 같은 것이지요. 더 이상 자손을 나을 일이 없으니, 전립선이 일을 그만두게 되고…… 어쩌고저쩌고, 그러면 커지는 것이에요. 더 이상 일감이 없어서 공장이 문을 닫는 것과 같지요." "아니, 저는 술도 하지 않고 담배도 피지 않는데요. 다만 친구들과 노는 것을 좋아합니다." "술도 안 마시면서, 친구들과 뭘 하세요?" "일이 끝나면 당구장에서 친구들과 당구를 칩니다. 저는 친구들과 있는 것이 그렇게 좋더라고요." "대신 운동을 하세요. 당구는 거의 운동이 안 되죠. 운전하는 일은 정말 운동부족이잖아요?"

"맞아요. 그래도 제가 70세가 훨씬 넘었지만, 아직도 집사람과 그걸 한다고요. 토요일은 딱 정해 놓고 준비해서 행사를 치르는 날이죠. 하하하." "그런데요. 여자들은 그렇게 정해 놓고 하는 거 별로 안 좋아합니다. 분위기가 나야 하죠. 저녁부터 잘해 주시다가 자연스럽게 사랑스러운 분위기가 되면……." "아! 그렇습니까? 정말입니까? 알겠습니다. 이제부터 그렇게 하겠습니다!" "그리고 오랫동안 부인에게 잘해 주시려면, 당구가 아니라 운동을 하셔야죠. 그러면 전립선도 좋아질 겁니다." "옙! 알겠습니닷-! 감사합니다. 안녕히 가십쇼!"

4.

오랜만에 여성 운전사입니다. 60대 정도로 체격은 작지만 다부져 보이십니다. 택시가 달리는 주변으로 꽃잎들이 흩날립니다. "참, 좋네요"라고 제가 운을 뗍니다.

"정말 좋지요? 저는 3월이 가장 좋습니다." "왜요?" "3월은 31일까지 있잖아요? 집에 가져가는 돈이 한 푼이라도 많아서요. 그리고 노는 날도 많잖아요? 대선도 있었고. 그래서 많이들 다니시죠. 일을 많이 할 수 있어서 좋아요. 저는 30일까지 있는 달은 싫어요. 2월은 가장 슬프죠." "일이 많은 게 좋으시군요." "얼마나 고맙습니까? 저는 콜이 오는 대로 다 받습니다. 나이 든 어르신 기사들은 가려서 받죠. 가까우면 안 받고, 퇴근 무렵에 집 방향이 아니면 안 받고. 저는 그런 거 없어요. 무조건 다 받아요. 그게 기사의 정신이죠. (기사도!) 당연한 거 아니에요? 일하러 나왔으면 한 푼이라도 더 벌어야죠. 다른 기사들은 기사식당에서도 천천히 밥 먹고 1시간씩이나 쉬어요. 저는 10분 만에 먹어요. 그 시간도 아까워서 도시락을 싸 와서 차에서 먹기도 합니다. 저는 이 일이 너무 소중합니다. 다들 손님이 없다고 투덜대지만, 저는 300만 원까지도 벌어요……."

그녀의 살아가는 모습에 콧등이 시큰합니다. 가장 노동을 사랑하고 노동의 숭고함을 아시는 분입니다. 요즘 젊은이들은 편안한 일만 찾고 걸핏하면 일을 하지 않습니다. 점심에 카페나 식당에 가면 젊은이들로 자리가 없습니다. 대체 소는 누가 키우고 있을까요?

노는 젊은이들과 일하는 그 여성 운전사를 비교하면서, 노동의 격차를 봅니다. 빈부의 격차만큼이나 노동자들 사이에서도 노동의 격차는 큽니다. 지금 우리나라는 일하는 사람만 점점 더 일하고, 노는 사람은 계속 놉니다. 건전한 사회는 아닙니다. 사회가 걱정이 되기도 합니다.

그녀의 모습이 하이든을 연상시킵니다. 오늘 함께 드리는 '하이든' 강의 영상에 보시면, '직업인 하이든'에 대해 이야기하고 있지요.

하이든은 에스테르하지 후작 가문에 들어가서, 50여 년 동안 4대의 후작을 모셨습니다. 모차르트나 베토벤 같은 동시대 예술가들이 귀족 가문의 제복이 싫다고 벗어던지고 자신을 알아주는 청중을 찾아 세상을 돌아다녔다면, 하이든은 평생 한 직장에서 자신에게 주어진 직책을 성실하게 수행했습니다. 하기 싫은 일도 맡으면 최선을 다했습니다. 그랬더니 어느덧 하이든은 오스트리아에서 가장 존경받는 음악가가 되었고, 자신도 모르게 파리나 런던에서까지 유명해져 있었습니다. 그는 은퇴 후에 존경을 받으며 노후를 행복하게 살았습니다.

택시를 타면 배우고 느끼는 것이 많습니다. 사람들이 세상 살아가는 이야기를 듣습니다. 제 앞에서 멈춘 택시의 뒷문을 여는 순간은 마치 단편소설 책의 첫 페이지를 펼치는 순간 같습니다.

빅토르 위고를 생각하며
- 영원한 우리의 거울인 거인들의 가르침

오늘 책읽기로 선정한 책은 빅토르 위고Victor-Marie Hugo, 1802~1885의 『웃는 남자』입니다. 몇 년 전 책읽기에서 이미 소개했었습니다. 또한 오페라 〈리골레토〉 등을 해설할 때도 언급했고, 테마 강의 〈콤프라치코스〉 편에서도 상세히 소개했었습니다. 아마도 제가 책을 소개하는 중에 드물게 두어 번이나 반복해서 소개하는 책일 것입니다.

솔직히 이 두꺼운 책을 다 읽은 분은 많지 않을 것이라고 짐작해 봅니다. 책이 책장에 꽂힌 채로 잠자고 있는 집도 많을 겁니다. 이제 코로나 시대를 맞아서 드디어 이 책을 꺼내 읽을 때가 온 것입니다. 그 책을 환기시켜 드리려고 하는 것입니다. '이런 시기에' 읽어 보세요. 얼마나 감동적인지, 지금 우리의 상황을 얼마나 정확히 지적하고 있는지……. 책이 없는 분에게는 이형식 선생이 번역한 두 권으로 된 『웃는 남자』(열린책들)를 권합니다.

최근 우리나라에 「웃는 남자」의 뮤지컬도 나오고, 영화도 개봉한 적이 있었습니다. 그래서 빅토르 위고를 몰라도 제목은 좀 익숙해졌습니다. 그러나 『웃는 남자』는 글로 읽는 작품입니다. 이것은 문학이며 위고의 창작입니다. 꼭 책으로 읽으셔야 합니다.

빅토르 위고는 인류의 역사를 통틀어 가장 위대한 작가입니다. 저는 그렇게 생각합니다. 개인적으로는 톨스토이보다도 위고를 더 높이 두는데, 최소한 톨스토이와 같은 반열에는 둘 수 있다고 봅니다. 프랑스의 가장 위대한 인물들만 묻히는 파리의 판테온에 묻힌 작가는 아직까지 세 명뿐인데, 위고가 그중 제일 처음으로 묻혔습니다. 위고의 작품들 중에서 흔히 『레미제라블』을 대표작으로 말하지만, 그의 최고의 작품은 『웃는 남자』이며, 작가 스스로도 자신의 작품들 중에서 이것이 최고라고 말했습니다.

이 책은 두 권으로 되어 도합 900페이지를 상회하는 볼륨감이 있습니다. 물론 분량이 좀 부담스럽게 느껴질 겁니다. 하지만 영원히 이 책을 읽지 않을 수는 없습니다. 위대한 교향곡이나 오페라도 제대로 된 이야기를 담기 위해서는 어느 정도의 부피를 가지고 있을 수밖에 없습니다. 우리는 이미 말러의 아홉 개 교향곡들이나 바그너의 악극 〈니벨룽의 반지〉 4부작들을 기꺼이 다 감상하려고 했었습니다. 그러니 이 책의 부피도 내용의 깊이를 생각하면 당연한 것입니다. 하지만 이 분량도 『레미제라블』이나 『전쟁과 평화』에 비교하면, 절반도 되지 않습니다. 이런 시기야말로 이 책을 읽을 절호의 기회입니다. 가볍고 얇은 책들이 주는 단순한 감상感傷과는 비교도 안 되는, 다채로운 감동과 두터운 깊이가 선사하는 품격 속에서 헤엄칠 수 있습니다. 다 읽고 나면 그 감격에 몸을 떨게 되는 작품입니다. 혹시라도 떨리지 않으시면, 몸에 이상이 있을지도 모릅니다.

첫 장면은 바닷가에서 한 아이가 유괴범 일당에 의해 배에 실려 팔려 가는 대목입니다. 그들은 아이의 입을 칼로 찢어서 웃는 표정을 만듭니다. 그렇게 해서 서커스단에 광대로 파는 것입니다. 기구한 인생이 시작된 주인공은 다른 세 친구, 즉 떠돌이 남자, 앞을 못 보는 소녀 그리고 늑대 한 마리와 함께 세상을 떠돌면서 유랑광대로 밑바닥을 전전합니다…….

직접 읽을 분들을 위해서 중요한 이야기는 다 건너뛰고, 거의 마지막에 가까운 그 유명한 연설 장면을 소개하겠습니다. 그 아이가 대귀족의 아들이라는 것이 판명되고, 그는 아버지의 뒤를 이어 당연직으로 영국의 상원의원이 됩니다. 찢어진 입을 한 채로 상원에 등원한 그는, 고급교육을 받은 적도 없고, 밑바다 생활의 냄새가 나고, 입도 찢어진 채로 이 소설 최고의 대목인 838쪽부터 나오는 무려 12쪽에 걸친 감동적인 연설을 합니다.

(838쪽)

"경들이시여, 당신들은 드높은 곳에 계십니다. 좋습니다. 신께서 나름대로의 이유가 있어서 그렇게 하셨으리라 믿어야 하겠지요. 경들께서는 권력과 부유함과 즐거움과 태양과 권위와 독점적인 향유와 타인에 대한 대대적인 망각 속에 둘러싸여 사십니다. 좋습니다. 하지만 여러분의 아래에도 무엇인가가 있습니다. 어쩌면 그것은 여러분의 위에 있을지도 모릅니다. 그것은 '인류'가 존재한다는 사실입니다……."

(840쪽)

"특권의 아버지가 무엇인지 아십니까? 우연입니다. 특권의 아들은 무엇인지 아십니까? 악용입니다. 그것들에게는 좋지 않은 내일이 있을 뿐입니다. 저는 경들께 경들의 행복을 고발하러 왔습니다. 경들의 행복은 타인의 불행으로 이루어져 있습니다. 경들께서는 모든 것을 소유하고 계시지만, 그 모든 것은 다른 사람들의 헐벗음으로 이루어졌습니다. 경들이시여, 저는 절망한 변호사이며 패소한 사건을 변론하고 있습니다. 그러나 신께서 이 소송을 다시 승리로 바꾸어 놓으실 것입니다."

특권을 가진 자는 대부분 부모를 잘 둔 우연으로 특권을 가진 것이라는 말입니다. 자신의 능력이 아닙니다. 그러나 자손들은 그것을 악용하고 있습니다. 그러므로 그들의 미래는 결국 좋지 않을 것이라고 경고합니다. 지금 우리의 환경과 다르지 않습니다. 모두가 새겨야 합니다.

자, 이제 책을 펼쳐 보시기 바랍니다. 정 바쁘신 분은 하권 838쪽부터 끝까지 약 100쪽만이라도 읽어 보시기 바랍니다. 그러고 나서 다시 처음부터 읽어도 됩니다. 뭐, 읽지 않아도 됩니다. 책을 가지고만 있으면, 언젠가는 읽게 됩니다.

책이란 한 번만 읽는 것이 아닙니다. "두 번 읽을 필요가 없는 책은, 한 번도 읽을 가치가 없다"는 말은 20대부터 간직한 제 평생의 모토입니다. 물론 지금도 한 번만 읽고 버리는 책도 있습니다만, 평생 옆에 둘 책이 진짜 인생의 스승입니다. 그러면 위대한 위고를 스승으로 갖게 되는 것입니다. 단돈 1~2만 원에 말입니다.

좋은 책은 두고두고 생각날 때 꺼내서 읽는 것입니다. 읽을 때마다 처음부터 끝까지 통독할 필요도 없습니다. 필요한 부분만 읽어도 됩니다. 그런데 필요한 부분을 어떻게 알 수 있지요? 네, 처음 읽을 때에 표시를 해야 하는 것입니다. 그러니

한 번은 읽어야죠. 여러 가지 색연필(저는 다양한 컬러의 형광펜, 수성펜, 연필 등을 씁니다)로 줄을 긋고, 바스도 치고, 여백에 메모도 하고, 스티커도 붙이고, 그림도 그리고, 맨 뒤에 요약이나 감상도 쓰는 것이 좋습니다. 저는 독서카드 같은 것은 써 본 적이 없습니다. 그냥 책에다 바로 쓰는 겁니다. 빈자리에도 속표지에도 씁니다. 부족하면 포스트잇을 붙이기도 합니다. 그러면 다음번 읽을 때에 큰 도움이 됩니다. 책도 시험공부를 하듯이 읽는 것이 좋습니다. 저의 『웃는 남자』 책에는 그런 표기와 메모가 다양하게 되어 있기 때문에, 지금 이 편지를 쓸 때에도 빠르게 찾아서 여기에 쉽게 쓸 수 있는 것입니다.

아무튼 빅토르 위고를 다시 한 번 가슴에 새길 시점입니다. 그는 죽을 때에 인세印稅로 벌었던 많은 돈들을 전부 가난한 자들에게 남기고 떠났습니다. 그의 유언 중 일부입니다.

    진리와 광명, 정의, 양심, 그것이 바로 신이다
    가난한 사람들 앞으로 4만 프랑의 돈을 남긴다
    극빈자들의 관棺을 짜기 위한 나무를 사는 데
    쓰이길 바란다
    교회의 기도는 거부한다
    내가 바라는 것은 마음에서 일어나는 단 한 사람의
    진실한 기도다

빅토르 위고는 한때 젊은 저의 신神이었습니다. 제가 그를 신으로 모신다기보다는 그의 가르침이 바로 신의 말씀이며, 신이 그를 통해서, 그의 『웃는 남자』를 통해서 저에게 말씀을 한다고 생각하는 것입니다. 빅토르 위고의 책이나 톨스토이의 책을 읽으면, 사실 성경 속의 예수님 말씀과 다르지 않습니다. "네 이웃을 네 몸같이 사랑하는 것이 가장 중요한 일이다"라는 말은 보편의 진리를 외칩니다. 베토벤의 음악도 그렇습니다.

예술가들이란 모름지기 이런 사람입니다. 이래야 합니다. 그래서 우리는 예술가들을 경배하고, 오늘도 예술을 감상하는 것입니다.

반중 조홍감
- 음식을 대하면 생각나는 어머니의 기억

 5월입니다. 5월은 따뜻하고 밝고 그리고 누구나 여러 가지 일정이 많은 달입니다. 그래서 제대로 하는 것도 없는 것 같은데, 날짜가 무심히 흘러가 버리는 들뜬 계절이기도 합니다.

 그래도 5월의 여러 날들 중에서 가장 의미 있는 날은 역시 어버이날이 아닐까요? 어버이날을 생각하면 다른 날들은 모두 짝퉁이고 오징어 같습니다. 어버이날을 맞아서 SNS에 올라왔다는 황경민 시인의 시를 전해서 읽고는 콧등이 시큰했습니다. 여러분도 한번 읽어 보시라고 적어 봅니다. 참고로 글 중의 '소태'란 것은 원래 소태나무 껍질의 맛을 뜻하는 것으로, 몹시 쓴맛이라고 합니다. 하지만 부산 지방에서는 쓴맛보다는 아주 짠맛을 가리켜서 소태 같다고 말한답니다. 예를 들어,

"이거 완전 소태네!"라고 하죠.

소태 - 황경민

울엄마 된장찌개 끼리 놓고 안 짜다고 우기네
된장찌개는 본래 좀 짜게 묵는 기라고
쉰다섯 아들한테 공갈치며 우기네
다섯 새끼 분가하고 남편 떠난 지가 언젠데
한 냄비 철철 넘치게 끼리 놓고
이마이도 안 짜부모 그기 국이지 찌개냐꼬
느그 어릴 때는 이래 한 냄비 끼리놔도 모자라가
몬 무따꼬
남편한테 지고, 새끼한테 지고
평생 이기는 법을 몰랐던 울엄마
이제사 한 번, 우겨서 이기네
이기 뭐가 짜노, 이기 뭐가 짜노
짠순이 울엄마 가리느까 참 싱겁게 이기네

경상도 사투리에 익숙하지 않은 분들에게는 죄송합니다. 저는 이 시를 읽고서 늙은 엄마가 찌개를 짜게 끓였다는 것보다는 한 냄비나 철철 넘치게 끓였다는 말이 눈에 들어왔습니다. 분명히 솥만큼이나 큰 냄비였을 겁니다. 남편도 떠나고 자식들도 다 떠났는데 말이죠.

    일주일에 한 번 우리 집에 와서 일을 도와주시는 아주머니께서 청국장을 끓여 놓았습니다. 원래 음식은 하지 않아도 되는 것으로 얘기가 되었고, 청소나 세탁 같은 일만 하는 분입니다. 그런데 음식 솜씨가 좋으셔서 가끔 실력을 발휘해 놓고 가시기도 한답니다.

    그런데 일전에 지인께서 맛있는 청국장이라고 몇 덩어리로 포장한 것을 제게 보내 주셨습니다. 저는 엄두도 내지 못한 채로 그것이 냉장고만 차지하고 있었는데, 아주머니께서 그건 오래되면 점점 맛이 떨어진다면서 오실 때마다 한 덩어리씩 끓여 놓겠다고 하셨습니다. 그리고 집에 갔더니 정말 맛있게 끓여 놓으신 것이 아닙니까? 그래서 제가 먹고서 맛있다고 칭찬을 해 드렸습니다.

    칭찬이 과했던 걸까요? 아주머니는 점점 신이 나서서 다음에는 청국장에 애호박도 넣고 느타리버섯도 넣고 표고버섯도 넣고 그러다가 감자도 넣고 두부도 넣고 있는 실력을 다 발휘하셨던 것입니다. 어느 날 집에 갔더니 정말 맛있는 청국장이 한 냄비…… 있었는데, 그것은 어마어마하게 커다란 한 냄비였습니다. 이것저것 채소를 자꾸 넣다 보니 작은 한 덩어리의 청국장이 거의 가마솥만큼이나 많아져 있었습니다. 일주일 내내 같은 청국장만 계속 먹어 보셨나요? 아무리 맛있다지만 매일 똑같은 청국장만 먹으니 입에서도 몸에서도 옷에서도 청국장 냄새가 나는 것 같은 착각마저 들었습니다.

결국 일주일이 지나도록 청국장을 반도 먹지 못했습니다. 그다음 주에 제가 아주머니에게 "아무리 맛있어도 제가 이걸 어떻게 다 먹어요? 생각해 보세요. 저는 혼자인데, 그리고 제대로 먹어 봤자 하루에 한두 끼인데……." 그제야 아주머니는 사태를 깨닫고 반은 웃고 반은 무안해하시면서 얼굴을 붉히셨습니다.

이전에는 식구들이 많아서 무엇이든지 한 번 하면 많이 끓여야 했던 시절이 있었지요. 가족을 위해서 한가득 음식을 만드는 동안에 어머니들은 행복하셨을 겁니다. 그러다가 자식들이 하나둘 품을 떠나 객지로 가면, 어머니의 큰 솥은 이제 먹을 사람이 없어집니다. 하지만 종종 어머니들은 시인의 노모처럼 옛 생각이 나서 아니면 자신도 모르게 습관대로 한 솥을 거하게 끓이곤 합니다. 그리고 돌아오는 것은 늙은 아들의 칭찬이 아니라 타박입니다.

제가 어렸을 때 어머니께서는 새우튀김을 아주 잘 만드셨습니다. 젊어서부터 일을 하셨기 때문에 본인 말씀으로는 요리를 못한다고 하셨지만, 은퇴하신 이후에는 열심히 요리공부에 매진하셨습니다. TV에 요리 프로가 나오면 공책을 펴놓고 필기를 하시고, 신문에 나오는 요리 기사도 스크랩을 하셨습니다. 어머니가 특히 잘하신 것이 몇 가지 있는데, 파전과 새우튀김은 완전히 요릿집 수준이었습니다. 두 가지는 또한 어머니도 좋아하셨던 음식이었기에 더욱 잘하셨을 겁니다.

어머니의 파전은 유명한 동래 할매파전보다 맛있었다고 단언할 수 있는데, 수정동 시장 입구에 있던 '태평이네'라는 식당에 다니면서 다년간 익히신 것일 겁니다. 찹쌀을 갈아서 쓰고요, 거기에 쇠고기 다진 것을 다시 섞습니다. 고명은 부산 바다의 각종 해물이 아낌없이 올라가지요. 특히 담치를 잘게 올린 것이 인상적이었습니다. 지금은 어디에서도 그런 맛을 볼 수가 없습니다.

새우튀김도 역시 잘하셨는데, 새우튀김을 먹는 날은 저에게 "종호야, 크래커 하나만 사와"라고 말씀하셨습니다. 그러면 저는 신나게 뛰어가 에이스 크래커 한 줄을 사옵니다. 제가 좋아하는 시간입니다. 첫째로는 제가 에이스 크래커를 가는 체에 갈아서 고운 가루를 만들어야 하는데, 그동안은 TV 앞에 앉아서 당당하게 TV를 보면서 그것을 할 수 있어서입니다. 둘째로는 저녁식사죠. 우리 가족은 어김없이 어머니의 맛있는 새우튀김을 먹게 되기 때문입니다. 요즘처럼 파는 튀김가루가 없었을 적에 어머니는 제가 간 크래커 가루에 밀가루를 섞어 아주 바삭한 튀김옷을 만드셨습니다. 물론 새우는 이미 시장에서 가장 싱싱한 것을 구해 놓으신 것이죠.

 그런데 새우튀김에는 안타까운 기억이 있습니다. 제가 고3 때에 학교에서 각 반에 몇 명씩을 뽑아서, 뭔 대단한 대학에 집어넣겠다고 합숙을 시켰습니다. 주말에만 집으로 갔지요. 하지만 저는 공부는 하지 않고 밤마다 6층 음악실에 올라가서 창문 열어놓고 레코드를 들었습니다. 이 이야기는 종종 한 적이 있지요.

 그렇게 제가 집에 가지 못하고 아이들과 함께 매일 밥을 사 먹으니, 안타까우셨던 어머니께서 하루는 학교엘 오셨습니다. 그런데 새우튀김을 잔뜩 만들어서 가져오신 것이 아닙니까? 그것도 커다란 과일 바구니 같은 것을 구하셔서 그 위에 흰 종이를 깔고 그 위에 무려 한 30개는 됨직한 왕새우튀김들이 따뜻함과 진한 냄새를 잔뜩 품고 있었습니다. 어머니는 일부러 택시까지 타고 그것을 들고 오신 것입니다. 그런데 저는 그게 너무 창피했습니다. 다른 아이들은 모두 다 떨어진 낡은 운동화를 신고 있는데, 어머니가 사 주신 새 운동화가 너무나 희어서 부끄러워진 아이가 새 운동화에 흙을 마구 묻히는 심정과 같은 것이었을 겁니다. 고구마튀김도 잘 먹지 못했을 우리 반 아이들에게 저는 부끄러웠습니다. 나눠 먹을 생각 같은 것은 하지도 못했습니다. 저는 그 커다란 과일 바구니 같은 것이 너무 부끄러워서 어머니께 막 화를 냈습니다…….

　제가 그걸 먹었는지도 어머니가 어떻게 집으로 돌아가셨는지도 기억이 나지 않습니다. 심리학적으로 기억할 수가 없었을 것입니다. 다만 한편으로는 무안하고 한편은 웃으시고 또 한편은 섭섭해하시던 어머니의 표정만은 나른하고 화창한 봄날의 학교운동장을 배경으로 지금도 똑똑히 남아 있습니다. 요즘 저는 잠자리에 들면 어머니께 잘 못해 드렸던 과거의 에피소드들이 매일 같이 떠오르는데, 그중에서 가장 창피하고 후회스러운 레퍼토리의 하나가 바로 이 새우튀김 일화입니다. 이것을 입 밖으로 말하는 것도 처음일 것입니다. 지금 이 글을 쓰면서도 어머니의 마음을 몰랐던 저 기억은 부끄럽고 고통스럽습니다.

　시간이 흘러서 저는 사회인이 되었고, 새우튀김 정도는 사먹을 수 있게 되었습니다. 그러다 서울 시내의 어느 일식당에서 새우튀김을 아주 잘한다는 얘기를 들었습니다. 그래서 날을 잡아 많이 늙으신 어머니를 모시고 그 식당에 갔습니다.

　새우튀김이 나왔습니다. 20개까지는 아니어도 한 10개는 족히 넘었을 겁니다. 유난히 크고 맛있어 보였습니다. 어머니께 드셔 보시라고 권했습니다. 그런데 어머니는 식욕이 없으셨는지 아니면 냄새가 싫으셨는지, 아무튼 거의 드시지 못했습니다. 한두 개나 드셨을까요? 분명 두 개도 제대로 드시지 못했을 겁니다. 하는 수 없이 제가 억지로 많이 먹었지만, 역시 제법 남았습니다. 유명한 집이라는데 새우튀김을 많이 남기자, 식당 매니저가 다가와서 어쩔 줄 몰라 했습니다. 하지만 매니저의 얼굴은 제 안중에 들어오지도 않았습니다.

저는 고등학교 시절에 제가 새우튀김을 먹지 않았을 때 어머니의 심정이 어떠했을까만 생각났습니다. 그 후로 어머니는 돌아가실 때까지 아마도 새우튀김을 먹을 기회도 없으셨을 겁니다.

일본에 갔을 때, 일본 주부가 튀김을 만든다는 것이 얼마나 일이 많고 귀찮은지 그리고 일본에서는 집에서 튀김을 직접 하는 주부를 얼마나 대단하게 생각하는지를 들었습니다. 어머니가 한 번 튀김을 하기 위해서 기름을 얼마나 많이 사용해야 했고, 새우를 한꺼번에 많이 사야 했는지, 또 딸들이 이미 다 품안을 떠났지만 여전히 음식을 많이 하려는 어머니의 당시 심정을 이제는 이해할 수 있습니다. 하지만 야속한 아들이 그것을 알기까지는 긴 세월이 필요했습니다.

어머니가 한 냄비 음식을 하면 아들은 타박을 하고, 시간이 흘러 아들이 다시 그 냄비가 그리워질 때면 어머니는 세상에 계시지 않습니다. 어머니가 자식을 필요로 할 때 자식은 약속으로 바쁘고, 자식이 어머니에게 조금이라도 해 드리려고 할 때면 어머니는 없습니다.

요즘은 세상이 편리해져서 시장이든 백화점이든 음식을 잘 만들어서 진열해 놓고 파는 가게들이 많습니다. 종종 새우튀김도 보입니다. 그러면 저도 모르게 두어 개 사곤 합니다……. 그런데 집에 가져오면 어머니의 그 맛이 아닙니다. 어머니와 함께 먹는다면 두 개는 드리고 제가 몇 개는 더 먹겠지만, 이제 어머니는 계시지 않습니다. 저는 튀김가게의 새우튀김을 볼 때마다 박인로의 고시古詩가 입에 맴돕니다.

반중盤中 조홍早紅감이 고와도 보이나다
유자 아니라도 품음직도 하다만,
품어가 반길 이 없으니, 글로 설워하노라

새우튀김도 홍시도 찹쌀떡도 아이스크림도 케이크도, 요즘은 세상에 온통 반중 조홍감 천지입니다. 세상은 참 좋습니다. 5월의 봄날은 야속하게도 갈수록 매일 좋아지기만 합니다. 이번 일요일은 어버이날입니다.

서로의 삶을 맞바꾼 일생
- 어버이날에 생각하는 부모와 자식의 자리

 지난 어버이날에는 어머님이 누워 계시는 흑석동 성당에 갔습니다. 평소에는 깨끗하던 제단 위에 줄지어 놓인 카네이션 꽃다발들을 보면서 '어버이날이구나' 하는 생각이 새삼 들었습니다. 성당 마당에 잠시 앉았는데, 갑자기 배가 아파 오는 것이 아닙니까? 재작년부터 간혹 저를 괴롭혔던 명치끝의 고통이 시작되었습니다. 그것 때문에 응급실까지 간 적도 있었지만, 특별한 이상은 발견할 수 없었습니다. 다만 한 번 통증이 생기면 시간이 지나야 할 뿐, 무슨 약으로도 쉽게 호전이 되지 않곤 했습니다. 그런 것이 몇 달에 한 번씩 빚쟁이가 뜬금없이 독촉장을 보내듯이 복통이 찾아오는 것입니다. 이날도 갑자기 시작된 통증은 오랜만에 즉 금년 들어 처음 오는 것이라 더 당황했습니다. 보통 한 시간 정도 지속되기 때문에 저는 다른 도리가 없어 배를 움켜쥐고 앉아 있었습니다.

그러다가 아주 조금 나아지자 귀가를 서둘렀습니다. 지척에 중앙대 병원이 있었지만, 경험상 별 도움이 되지 못할 것이라고 판단했습니다. 택시를 타면 기사님에게 폐를 끼칠 것 같아서, 가다가 중간에 쉴 수도 있고 내릴 수도 있고 화장실도 있는 지하철로 가는 것이 좋겠다고 생각했습니다. 가까운 흑석역으로 천천히 걸었습니다. 일단 역 안으로 들어가니 추위가 사라져 좀 안심은 되었습니다.

역 안 한쪽에는 유달리 깨끗한 대기실 같은 공간이 있고 벤치들이 놓여 있었습니다. 그래서 벤치 하나를 차지하고 앉아 배를 쓰다듬고 명치를 눌렀습니다. 그러자 어릴 적 엄마가 제 배를 쓰다듬으면서 "엄마 손은 약손" 하시면 배 아픈 것이 낫곤 했던 기억이 떠올랐습니다. 저는 일부러 배가 아프다며 어머니 발치에 드러눕곤 했었지요. 그러면 배를 만져 주던 어머니의 손길이 그렇게 기분 좋고 평화로울 수가 없었습니다. 그런데 이제 어머니가 안 계시니 저 혼자 만지며 "내 손이 약손"이길 빌지만, 효과는 나타나지 않습니다.

제 뒤편 맨 뒤 벤치에 한 노인이 앉아 있었습니다. 키가 크고 마른 편에 옷차림이 반듯했습니다. 제가 배를 쓰다듬는 동안에 등 뒤로 노인의 전화가 울렸습니다. 노인이 전화를 받았습니다. 영상통화인지 소리가 다 들립니다. 분명 시집간 젊은 딸의 목소리였습니다.

"아빠, 잘 잤어?" "응." "얼굴 좋네." "응." "목소리 좋네." "응." 쥐뿔, 좋기는. 제 느낌에는 전혀 좋은 목소리가 아니었습니다. 어버이날 아침부터 갈 데가 없어서 사람 하나 없는 지하철역에 나와서 앉아 있는 노인의 목소리가 좋다는 것은 다만 딸의 바람일 뿐이겠지요. "아빠." "응." "식사했어?" "응, 했지." "아빠, 거기 어디야?" "잠시 나왔어." "근데, 어제 내가 보낸 지현이 사진 봤어?" "응?" "근데 왜, 답이 없었어?" "응." "아빠, 식사 잘 하시고, 잘 지내세요. 언제 한번 들를게요." "응……."

딸은 일요일이자 어버이날 아침부터 뭐가 그리 바쁜지, 영상통화를 하면서도 아버지의 안색 한 번을 유심히 살피지 않고, 아버지 목소리에 신경 쓰지도 않고 말로만 통화를 할 뿐, 건성으로 자기 말만 했습니다. 어쨌거나 어버이날 의무는 한 것입니다.

분명 노인의 부인은 돌아가신 것 같고, 혼자 남은 노인은 딸에게 부담 주기 싫어서 봄이지만 유달리 추웠던 날씨에 갈 데가 없어서 지하철역에 나와 지나가는 사람들이나 구경하며 앉아 있는 것입니다. 그 딸은 자신이 지현이인가 하는 딸을 보살피듯이 그렇게 노인의 보살핌을 받았을 것입니다. 하지만 딸이 장성하자 노인은 이제 딸의 인생에서 물러났고, 딸은 또 자신의 딸을 위한 삶을 살아갑니다. 노인이 불쌍하지만, 딸이 야속한 것만도 아닙니다. 이제 그 딸두 자신이 "엄마 손은 야손"을 해 주어야 할 딸이 있는 것입니다. 하지만 그것이 또 얼마나 갈까요? 지현이라는 아이도 짧으면 10년 길어도 20년이면 또 엄마를 더 이상 찾지 않게 될 것입니다.

배가 아픈 저는 흑석동 원불교 회관 앞 지하철역에서 배를 붙잡고 누워 고통 속에서 별의별 생각을 합니다. 원불교의 원圓을 연상시키는 인간의 윤회, 전생에서 이승으로 다시 내세로 이어지는 윤회가 아니라, 부모에서 자식으로 이어져 자식이 다시 부모가 되고 이어 자식으로부터 잊혀 가는 인간의 윤회를 생각합니다. 이런 시가 떠오릅니다.

오 분간 - 나희덕

이 꽃그늘 아래서
내 일생이 다 지나갈 것 같다
기다리면서 서성거리면서
아니, 이미 다 지나갔을지도 모른다
아이를 기다리는 오 분간
아카시아꽃 하얗게 흩날리는
이 그늘 아래서

어느새 나는 머리 희끗한 노파가 되고,
버스가 저 모퉁이를 돌아서
내 앞에 멈추면
여섯 살배기가 뛰어내려 안기는 게 아니라
훤칠한 청년 하나 내게로 걸어올 것만 같다
내가 늙은 만큼 그는 자라서
서로의 삶을 맞바꾼 듯 마주 보겠지
기다림 하나로도 깜박 지나가 버릴 生,
내가 늘 기다렸던 이 자리에
그가 오래도록 돌아오지 않을 때쯤
너무 멀리 나가 버린 그의 썰물을 향해
떨어지는 꽃잎,
또는 지나치는 버스를 향해
무어라 중얼거리면서 내 기다림을 완성하겠지
중얼거리는 동안 꽃잎은 한 무더기 또 진다
아, 저기 버스가 온다
나는 훌쩍 날아올라 꽃그늘을 벗어난다

어버이날에 카네이션을 달아 드릴 어버이도 없고 카네이션을 들고 올 자식도 없는 저는 흔히 말하듯이 상팔자이기는 하지만, 어버이날 어머니를 뵈러 갔던 자리에서 하필 복통이

와서 "엄마 손은 약손"을 해 주시던 어머니를 생각했습니다.

시인의 시를 읽으니 어머니의 일생이란 생애 전체가 저를 기다리는 시간이었다는 것을 새삼 깨닫습니다. 저처럼 못난 사람은 훌륭한 예술을 통해서야 깨닫나 봅니다. 항상 부모를 기다리고 부모에게 달려오던 아이는 어느 때가 되면 더 이상 돌아오지 않습니다. 그가 "오래도록 돌아오지 않는 때"가 되면, 그때에 부모와 아이는 "서로의 삶을 맞바꾼 듯" 마주 봅니다. 그 아이의 성장에는 평생을 뒤에서 "기다려 준" 부모가 있었던 것입니다. 하지만 아이는 그것을 모르고, 그는 이제 오직 자기 아이만을 기다립니다. 그것도 좋고 당연한 것이지만, 그 뒤에는 어버이날에도 지하철역에 앉아 있어야 하는 늙은 부모가 계시지요.

돌아가신 어머님의 손을 내내 생각했던 덕분인지, 집으로 오면서 복통은 한결 나아졌습니다. 그랬더니 인간의 마음이란 간사하여, 우리 동네 역에서 내리자 바람을 좀 더 쐬려고 동네 공원에 들렀습니다. 항상 사람들이 많이 나와 운동을 하던 곳인데, 이렇게 사람이 적은 날은 처음 봤습니다. 설날도 추석도 이렇게 사람이 없지는 않았습니다. 그래도 어버이날이라고 다들 부모님을 모시고 어디선가 식사를 하러 갔나 봅니다. 그래서 노인은 노인대로 젊은이는 젊은이대로 보이지 않습니다.

하지만 내일이 되면 단 하루로 주어졌던 의무의 봉양을 다 마친 젊은이들은 모두 자신의 장소로 떠나고, 다시 공원은 혼자가 된 노인들로 채워지게 될 겁니다. 노인들은 "훌쩍 날아올라 꽃그늘을 벗어나서" 자신의 길을 찾아갈 수밖에 없습니다. 그렇게 조금은 쓸쓸하지만 씩씩하게 살아가야 하는 것입니다. 나희덕 시인은 말합니다.

> 노인은 늙어 가는 것이 아닙니다
> 노인도 살아가는 것입니다

네. 혹시 죽어 간다고 말한다손 치더라도, 그 순간까지는 살아가는 겁니다. 다들 살아갑시다. 아름답게. 씩씩하게.

우리에겐
음악과 예술이 있어요
- 만나지 않아도 자라는 우리의 우정

　이제 마지막 편지를 쓰게 되는군요. 지금까지 한 학기가 끝날 때마다, 다음 학기에는 만나게 되기를 바라면서 '마지막 편지'라고 불렀던 편지를 썼습니다. 2년 반이 지났으니 '마지막 편지'도 벌써 다섯 번째가 됩니다. 이번만은 정말 마지막이기를 두 손 모아 기원합니다.

　인생의 한 부분을 도둑맞은 것 같고, 잊을 수 없을 생채기를 남긴 2년 반의 기간이 이렇게 지나갔습니다. 하지만 불가항력의 상황에서도 우리는 적응하며 살아왔고 또한 그러면서 배우고 성장했다고 생각합니다. 여러분은 어떠신가요?

　저는 정말 많이 배웠습니다. 그리고 제법 성장했습니다. 특히 금년은 일부러 책을 적게 읽으려고 했습니다. 그러면서 그동안 책과 음악에서 배웠던 것들을 넘어서, 세상에 나가서 거리에서 다시 담금질을 하고 사람들 사이에서 더욱 벼를 수 있었습니다. 이 시간을 통해 세상을 더 넓게 볼 수 있게 되었고, 사람들을 더욱 사랑하게 되었으며, 이웃을 향한 연민을 더 키웠다고 감히 말씀드릴 수 있습니다. 그래서 다시 만난다면, 더 나은 모습으로 여러분을 뵐 수 있을 것이라고 생각합니다.

코로나 기간 동안 여러분을 뵙지 못했지만, 뜻하지 않게 또 다른 분들을 많이 만나는 기회가 되기도 했습니다. 특히 그중에는 이 편지나 『풍월한담』(코로나 기간에 풍월당에서 발행하기 시작한 무크지紙입니다. 음악을 중심으로 한 예술과 문화를 다룹니다. 현재 15호까지 발행했고, 앞으로도 계속 출간할 예정입니다)이나 책읽기에서 추천한 책들을 통해서 새로 알게 된 분들도 많습니다.

그런데 그런 것들을 통하여 어린 시절의 몇몇 친구들과도 연락이 닿았습니다. 그래서 지방일 경우는 일부러 찾아가서 만나기도 했습니다. 코로나가 아니었다면 바빠서 만날 시간이 없었을지도 모르니, 코로나 시대 덕분이기도 합니다. 옛 친구들과의 오랜만의 만남은 긴 세월의 어색함을 얼음처럼 쉽게 녹여 버렸습니다. 그렇게 고등학교 때 제 짝꿍을 만나 낮술도 하고, 까맣게 잊었던 초등학교 때의 친구도 만났습니다.

부산 광복동에 있는 '동서도서'는 일본 서적을 파는 서점입니다. 과거에는 모든 분야에서 우리보다 앞섰던 일본이었던 만큼 일본 출판물은 중요했습니다. 그러니 서점도 한때 번성했을 겁니다. 하지만 이제는 세월에 빛바랜 사업이 되었지요. 그런 곳에서 60대 남자 두 명이 세월에도 아랑곳 않는 듯이 일하고 있었습니다.

둘 다 이*씨인 두 사람은 매일 아침 출근하면 문을 열고, 앰프를 켭니다. 그리고 말러의 CD를 플레이어에 넣습니다. 음악이 서점 공간을 가득 채우기 시작하면, 커피를 타고 하루를 시작합니다. 지금도 여전히 별의별 일본책들이 다 있고 최신 잡지들이 즐비합니다. 하지만 이제는 손님이 오지 않습니다.

그래서 두 사람은 음악 이야기를 합니다. 일본 신간 중에 음악에 관한 책이 있으면 다 읽습니다. 그러니 일본의 음악계나 공연이나 신간에 관하여 가장 먼저 알고 또한 많이 아는 사람들입니다. 과거에도 그러했고 지금도 그럴 것입니다. 이 서점에 가서 카라얀이나 베토벤이라는 단어를 꺼냈다가는 집으로 쉽게 돌아가지 못할 것입니다. 두 사람이 번갈아 끝없이 이야기의 실타래를 풀어놓을 테니까요.

25년쯤 전에 이곳에 한 어린 아가씨가 들어왔습니다. 그 나이의 젊은 여성이 그러했듯이 『논노』 최신호를 사기 위해서였습니다. 그런데 그 아가씨가 서점 주인을 보고 놀랍니다. 주인도 놀랍니다. 서점의 두 남자는 국도레코드의 단골이었는데, 그 아가씨가 국도레코드의 직원이었던 것이죠. 그래서 낮에는 아가씨가 점원이고 아저씨들이 손님이지만, 저녁에는 아가씨가 손님이고 아저씨들이 점원으로 바뀌게 되었습니다.

그 아가씨가 최실장이죠. 일본 패션잡지를 사기 위해 들르곤 했던 그녀는 아저씨들의 해박한 음악지식에 놀라서, 근무가 끝나면 풀 방구리에 쥐가 드나들 듯이 서점을 방문했습니다. 그리고 아가씨는 매일 두 아저씨들이 끝도 없이 늘어놓는 음악세계의 천일야화를 눈을 똥그랗게 뜨고 들었습니다. 바흐에서 쇼스타코비치로, 첼리비다케에서 클라이버로, 정경화에서 미도리로…… 끝이 없었습니다. 그 하루하루의 '두 강사 한 청중' 수업이 최실장을 만든 개인교습이었습니다.

시간이 흘러서 그녀는 결혼해서 서울로 떠났고, 다시 세월은 흘렀습니다. 20여 년이 흐른 뒤 최실장이 저에게 부산에 가면 꼭 가 보라고 했던 곳이 그 서점이었습니다. 몇 년 전에 저는 그곳을 방문했습니다. 그런데 그곳의 이 사장님 말고 또 다른 한 분의 이 선생이 글쎄, 바로 저의 초등학교 친구가 아닙니까? 오랜 세월이 얼굴에서 찾을 수 있는 기억을 거의 지워 버렸지만, 이름은 또렷이 기억났습니다. 그도 저를 잘 기억하고 있었습니다. 둘은 천진했던 시절에 능풍장 골목을 뛰어다니던 기억을 나누었습니다.

우리는 45년을 넘어서 만났습니다. 그런데도 여전히 친구처럼 가깝게 느껴지는 것은 놀라운 일입니다. 그 후로 저는 부산에 갈 일이 있으면, 그 서점을 찾습니다. 저는 일본 책을 읽을 줄 모릅니다. 하지만 한자漢字를 아니, 한자에다 일본말 몇 글자 섞어 놓은 것을 대충은 짐작할 수 있습니다. 사진이나 그림으로도 얻는 것이 많습니다. 저의 생각을 열어 줍니다. 저는 그곳에 가면 보이는 대로 몇 권을 삽니다. 그러면서 늦게나마 맺은 그분들과의 소중한 인연을 다시 이어 갑니다.

지난주에 코로나가 끝나 갈 기미가 보이자, 풍월당의 전 직원이 부산으로 엠티를 다녀왔습니다. 3년 동안 회식 한 번도 없이 모든 점심을 묵묵히 도시락으로만 해결했던 직원들입니다. 그것이 안쓰러워 규제가 풀리고 학기가 마무리되는 것을 기다려 다녀왔습니다.

우리는 동서도서에 들러 인사도 드리고 좋은 말씀도 들었습니다. 그리고 직원들에게 자신의 관심사 중에 한 권씩 고르라고 했습니다. 남성, 여행, 디자인, 무기, 음악, 야구, 패션 등등의 책이 골라졌습니다. 그리고 저와 친구는 언젠가 또 만나겠지 하는 마음을 눈으로만 나누며 헤어졌습니다.

그런데, 서울로 올라오는 열차에서 최실장의 휴대전화로 그 친구가 무언가를 수줍게 보내왔습니다. 글을 찍은 사진이었습니다. 연필로 한 자 한 자 눌러서 쓴 우정의 고백…… 여러분은 동성의 친구에게서 이런 진심 어린 고백을 받아 본 적이 있으신가요? 특히 머리가 백발이 된 시절에 말입니다.

그것은 라이너 마리아 릴케의 「사랑의 노래」였습니다. 한 줄 한 줄이 눌러쓴 글자처럼 가슴에 깊이 닿았습니다. 저는 서울로 올라오는 열차에서 옛 친구의 글을 읽으며 내내 눈시울이 뜨겁도록 행복했습니다.

그대 넋에 내 영혼이 스치지 않으려면
내 영혼을 어떻게 지탱해야 할 것인가?
그대를 넘어서 다른 것에 이르려면
내 영혼을 어디로 드높여야 할 것인가?
아아 어둠 속 어느 잃어버린 자리에
내 영혼을 묻어 두고 싶구나
그대 마음속 깊이 흔들려도
더는 흔들리지 않는 낯선 어느 고요한 자리에
하지만 우리, 그대와 나를 스치는 것은
모두가 우리를 한 몸으로 묶어 놓는 것
활줄 둘을 그으면 소리 하나 흘러나오듯
어느 악기를 타고
우리는 팽팽히 늘어서 있는 것인가?

어느 바이올리니스트 손에
　우리는 묶여 있는 것인가?
　오오 달콤한 노래여

　제가 이 글을 여기에 옮기는 것은 여러분을 향한 저의 마음도 다르지 않다는 뜻입니다. 비록 한 분 한 분 일일이 전하지는 못하지만, 이 말씀을 꼭 드리고 싶습니다. 코로나 시대의 3년을 서로 얼굴을 보지 않으면서도 풍월당을 향한 끈을 놓지 않고 여전히 손을 잡아 주고 계신 분들은 이제 모두 저희의 동지요, 풍월당의 식구이며, 나중에는 다 저와 함께 추억을 나눌 친구들이라고 생각합니다.
　그래서 시를 쓰던 릴케의 심정이나, 그 시를 제게 써 준 친구의 심정이나, 그것을 다시 여러분께 드리기 위해 자판으로 두들기고 있는 저의 심정이나 모두가 같은 것입니다. 시인의 말처럼 우리는 모두 음악이라는, 예술이라는 공통의 실로 한 몸으로 묶여 있습니다.

　사랑하고 존경하는 여러분,
　저의 제자이면서 동시에
　제가 선생님이라고 부르는 여러분!
　우리는 비록 비천한 세상에서

사소하고 유치한 일상을 살지만,
저 너머에 넓고 위대한 세상이 있다는 것을
예순을 통해 알고 있습니다.
매일 숫자를 비교하고 여전히 자주 다투는 세상이지만,
맑은 정신과 깨끗한 아름다움을 흐르는
예술의 강이 있습니다.

죽음 너머에 천국이 있다지만, 죽기 전에도 천국을 경험할 수 있습니다. 이승에서 천국의 아름다움을 가장 쉽게 느낄 수 있는 것이 예술이고 음악일 것입니다.

여름 내내 건강에 유의하세요.
가을이 되면 뜨겁게 만납시다.
그동안 정말 감사했습니다.

2022년 6월

코로나 시대의 편지

초판 1쇄 펴냄   2022년 12월 24일

지은이   박종호

펴낸곳   풍월당
출판등록   2017년 2월 28일 제2017-000089호
주소   [06018] 서울시 강남구 도산대로53길 39, 4,5층
전화   02-512-1466
팩스   02-540-2208
홈페이지   www.pungwoldang.kr

만든사람들
편집   조민영
디자인   정승현

ISBN 979-11-89346-39-3 03810

이 책의 내용을 이용하려면 반드시 저작권자와 풍월당의 동의를 받아야 합니다.